本书系教育部人文社会科学研究青年基金项目"我国国际经贸领域的直接适用法研究"（15YJC820009）的最终成果，同时受中央高校基本科研业务费专项资金资助（17CX05009B）

国际经贸领域的直接适用法研究

董金鑫 / 著

On the Rules of Immediate Application in Fields of International Economy and Trade

中国社会科学出版社

图书在版编目(CIP)数据

国际经贸领域的直接适用法研究/董金鑫著.—北京：中国社会科学出版社，2018.3
ISBN 978-7-5203-1213-4

Ⅰ.①国… Ⅱ.①董… Ⅲ.①贸易法-研究 Ⅳ.①D996.1

中国版本图书馆 CIP 数据核字(2017)第 256666 号

出 版 人	赵剑英
责任编辑	许 琳
责任校对	石春梅
责任印制	李寡寡
出　　版	中国社会科学出版社
社　　址	北京鼓楼西大街甲 158 号
邮　　编	100720
网　　址	http：//www.csspw.cn
发 行 部	010-84083685
门 市 部	010-84029450
经　　销	新华书店及其他书店
印刷装订	北京君升印刷有限公司
版　　次	2018 年 3 月第 1 版
印　　次	2018 年 3 月第 1 次印刷
开　　本	710×1000　1/16
印　　张	17.25
插　　页	2
字　　数	280 千字
定　　价	69.00 元

凡购买中国社会科学出版社图书，如有质量问题请与本社营销中心联系调换
电话：010-84083683
版权所有　侵权必究

目　录

导论 ·· (1)
第一章　直接适用法的基本内涵 ······································· (15)
第一节　直接适用法的含义 ··· (15)
　　一　直接适用法的表述 ··· (16)
　　二　直接适用法的特征 ··· (17)
第二节　直接适用法的理论构造 ·· (18)
　　一　直接适用法所属的规范类型 ··································· (19)
　　二　直接适用法发生的冲突领域 ··································· (28)
　　三　直接适用法代表的选法方法 ··································· (33)
　　四　小结 ··· (43)
第三节　直接适用法的概念辨析 ·· (44)
　　一　直接适用法制度和公共秩序保留的辨析 ················ (44)
　　二　直接适用法制度和法律规避禁止的辨析 ················ (48)
　　三　直接适用法制度和单边冲突规范的辨析 ················ (51)
　　四　直接适用法制度和法律适用但书条款的辨析 ········ (54)
　　五　直接适用法制度和统一民商事国际公约的辨析 ····· (55)
　　六　小结 ··· (58)
第二章　直接适用法的发展历程 ·· (59)
第一节　直接适用法理论的发展历程 ································· (59)
　　一　法国的公序法理论 ··· (59)
　　二　英国的超越法理论 ··· (67)
　　三　德国的干预规范理论 ··· (80)

四　荷兰的优先规则理论 …………………………………… (85)
　　　五　对上述直接适用法理论的评价 ………………………… (87)
　第二节　直接适用法立法的发展历程 ………………………………… (88)
　　　一　国际立法的发展历程 …………………………………… (88)
　　　二　国内立法的发展历程 …………………………………… (98)

第三章　直接适用法的判断标准 …………………………………… (108)
　第一节　直接适用法判断的冲突法标准 …………………………… (108)
　　　一　直接适用法判断的公益标准 …………………………… (109)
　　　二　直接适用法判断的超越标准 …………………………… (112)
　　　三　冲突法标准的缺陷 ……………………………………… (115)
　第二节　直接适用法判断的实体法标准 …………………………… (116)
　　　一　通过实体法标准判断直接适用法的缘起 …………… (117)
　　　二　转介条款的解释功能与直接适用法的判断 ………… (118)
　　　三　转介条款的解释标准与直接适用法的判断 ………… (119)
　　　四　转介条款的解释范围与直接适用法的判断 ………… (132)
　　　五　实体法标准的局限 ……………………………………… (139)

第四章　直接适用法的领域分布 …………………………………… (141)
　第一节　直接适用法在国际贸易领域的分布 ……………………… (141)
　　　一　技术进出口合同的缔约资质的直接适用法分析 …… (142)
　　　二　技术进出口合同的标的对象的直接适用法分析 …… (143)
　　　三　技术进出口合同的登记许可的直接适用法分析 …… (145)
　　　四　限制性商业条款使用禁止的直接适用法分析 ……… (148)
　　　五　小结 ……………………………………………………… (150)
　第二节　直接适用法在国际金融领域的分布 ……………………… (151)
　　　一　未经审批的对外担保合同效力的实践争议 ………… (152)
　　　二　未经审批的对外担保合同效力的法律适用 ………… (153)
　　　三　未经审批的对外担保法律适用的重构 ……………… (155)
　　　四　未经审批的对外担保法律适用的发展 ……………… (160)
　　　五　小结 ……………………………………………………… (164)

第三节　直接适用法在国际投资领域的分布 (166)
  一　外资股权转让审批要求与直接使用法 (166)
  二　晚近我国外国投资法发展动向与直接适用法 (170)
  三　中外合作勘探开发自然资源合同与直接适用法 (173)
  四　小结 (175)

第四节　直接适用法在国际航运领域的分布 (175)
  一　凭单放货要求能否直接适用于记名提单的争议 (176)
  二　记名提单凭单放货要求的冲突法分析 (177)
  三　记名提单凭单放货要求的实体法分析 (179)
  四　直接适用承运人赔偿责任限制条款的比较法借鉴 (182)
  五　小结 (183)

第五节　直接适用法在竞技体育领域的分布 (184)
  一　欧盟法在竞技体育领域的直接适用 (185)
  二　瑞士法在竞技体育领域的直接适用 (186)
  三　其他国家法律在竞技体育领域的直接适用 (188)
  四　竞技体育领域的直接适用法的特殊性及启示 (189)
  五　小结 (194)

第五章　直接适用法的管辖影响 (195)
第一节　直接适用法对仲裁管辖的影响 (195)
  一　直接适用法对争议的可仲裁性的影响 (196)
  二　直接适用法对裁决的承认执行的影响 (200)

第二节　直接适用法对诉讼管辖的影响 (204)
  一　无心之举——普通法系法院的实践 (205)
  二　防患未然——德国法院的实践 (206)
  三　秋后算账——法国法院的实践 (207)
  四　对上述做法的评价 (208)

第三节　中国直接适用法对管辖的影响 (211)
  一　中国直接适用法对仲裁管辖的影响 (211)
  二　中国直接适用法对诉讼管辖的影响 (215)

第六章　直接适用法的域外承认 …………………………（219）
第一节　中国直接适用法在英国的承认 ………………（220）
一　中国对外担保审批规定的法律适用价值 ………（221）
二　《罗马公约》背景下中国对外担保审批规定在英国的承认 ……………………………………（222）
三　《罗马条例Ⅰ》背景下中国对外担保审批规定在英国的承认 ……………………………………（226）
四　法律适用冲突出现的原因 ………………………（230）
五　中国的应对办法 …………………………………（232）
第二节　中国直接适用法在美国的承认 ………………（235）
一　冲突法路径——《第二次冲突法重述》 ………（236）
二　实体法路径——美国纽约州的特别规则 ………（241）
三　国际法路径——《国际货币基金协定》 ………（247）
四　中国的应对之策 …………………………………（250）

结束语 ……………………………………………………（252）
附录　直接适用法制度一览 ……………………………（257）
参考文献 …………………………………………………（260）
后记 ………………………………………………………（268）

导　论

一　研究背景和研究价值

（一）研究背景

在经济全球化的时代，频繁的跨国经贸往来带来众多的商业合同争议。自法国学者杜摩兰以来，允许涉外合同的当事人选择适用法已经成为各国的共识。[①] 作为内容定向的选法模式的集中体现，将法律选择权交给缔约方处置可以避免法官代为选法的盲目性，提高法律适用的可预见性。以往，各国对当事人选择法律施加了诸多的限制，如法律规避或选法善意原则、只能选择特定法域的法律、所选的法律需要与案件存在客观的联系[②]、合同关系须满足国际性要求以及不允许默示选择、事后选法或变更准据法等情形。随着对选法意思自治的越发尊重，上述限制在当代不断地被弱化。[③] 然而由于市场调节作用的内在缺陷，在实体法层面各国逐步加强对私人商事活动的管理，表现为外汇管制、反垄断等公法措施的出台。上述体现一国重大公益属性的管制性立法不宜由当事人选择的法律支配，甚至不属于根据最密切联系等客观标准确立的合同准据法体系，以此推动了直接适用法理论的兴起。

[①] 目前仅有中东和拉美的个别国家不承认当事人选法。See Jürgen Basedow, *The Law of Open Societies: Private Ordering and Public Regulation of International Relations*, *Recueil des Cours*, Vol. 360, (2012), pp. 166–169.

[②] Generally see Kerstin Ann-Susann Schäfer, *Application of Mandatory Rules in the Private International Law of Contracts*, Peter Lang, 2010, p. 46.

[③] 参见许庆坤《论国际合同中当事人意思自治的限度》，《清华法学》2008年第6期。

反映在立法上，特别在欧盟层面，规范合同之债法律适用的1980年《罗马公约》和2008年《罗马条例Ⅰ》相继确立了直接适用法制度，产生了广泛的影响。2010年《中华人民共和国涉外民事关系法律适用法》（以下简称《法律适用法》）第4条在我国历史上首次设置了强制性规定的直接适用条款，其范围由2012年12月10日通过、2013年1月7日施行的《关于适用〈中华人民共和国涉外民事关系法律适用法〉若干问题的解释（一）》（以下简称《〈法律适用法〉解释（一）》）第10条加以界定，形成了较为全面的直接适用法制度。然而，关于直接适用法的判断标准和具体分布，不仅学者们的观点不统一，而且各地法院的做法也大相径庭。即使当下的重心转向如何判定此类规范，也难以摆脱机械的做法。直接适用法的类型化依赖于司法解释给出解答，由此形成甲法是而乙法不是的固化观念，势必会影响当事人对我国涉外司法审判的信心。

(二) 研究价值

1. 理论价值

从冲突法的角度，直接适用法突破了从民事法律关系的分类到连结点的选择这一传统的双边选法模式，亟须确立判断标准和分布范围，以防止被法院和仲裁庭滥用；从实体法的角度，直接适用法构成如何解决跨国交易背景下各国公法强制规范在私法层面发挥作用这一亟待解决的问题。涉外管制立法在各国的大量出现使得公法强制规范通过何种途径作用于合同效力从一国法的范畴扩展到多国法律体系的适用冲突，特别需要解决使合同效力产生瑕疵的本国直接适用法与维护交易关系的外国准据法之间的矛盾。总之该问题的研究不仅丰富了冲突法的选法理论，有助于构建国际私法的多元主义方法，也为比较民法学的开展提供了新的契机。

2. 应用价值

在学理推广层面，本书的主要观点可以为编纂国际私法教材当中的直接适用法部分所援用，并向立法转化或为司法机关采纳。在规则制定层面，本书有助于最高人民法院为我国国际经贸领域的直接适用法的判断制定进一步的司法解释；就涉外司法审判实践，本书有助于裁判者正确理解《法律适用法》第 4 条的含义，增强当事人对我国涉外民事审判法律适用的预期，并在这一过程中实现保护私人合法利益和维护国家重要公益的有机统一。最后，考察其他国家对待我国直接适用法的态度，不仅有助于维护我国国民在对外交往中的合法权益，对合理限定我国直接适用法的适用范围也有助益。

总之，本书的研究主题服务于"一带一路"倡议和自贸区建设战略实施背景下我国进一步对外开放的大局，可以便利跨国商事交易的顺利开展，并在遵循司法礼让的基础上实现跨国民商事判决协调一致的国际私法终极目标，也构成《中共中央关于全面推进依法治国若干重大问题的决定》中关于建设涉外法治人才队伍、加强涉外法律工作的题中应有之义。

二 国内外的研究状况

(一) 国外的研究状况

国外关于直接适用法的研究成果一直比较丰富。[①] 受法国学者弗

---

① 2000 年来出版的德文专著有：Andreas Köhler, *Eingriffsnormen – Der 'unfertige Teil' des europäischen IPR*, Mohr Siebeck, 2013. Paul Hauser, *Eingriffsnormen in der Rom I – Verordnung*, Mohr Siebeck, 2012. Irene Pötting, *Die Beachtung forumsfremder Eingriffsnormen bei vertraglichen Schuldverhältnissen nach europäischem und Schweizer IPR：Eine vergleichende Betrachtung*, Peter Lang, 2012. Lisa Günther, *Die Anwendbarkeit ausländischer Eingriffsnormen im Lichte der Rom Ⅰ – und Rom Ⅱ – Verordnungen*, Verlag Alma Mater, 2011. Elke Benzenberg, *Die Behandlung ausländischer Eingriffsnormen im internationalen Privatrecht*, Sellier European Law Publishers, 2008. Jette Beulker, *Die Eingriffsnormenproblematik in internationalen Schiedsverfahren. Parallelen und Besonderheiten im Vergleich zur staatlichen Gerichtsbarkeit*, Mohr Siebeck, 2005. André Stoll, *Eingriffsnormen im internationalen Privatrecht*, Peter Lang, 2002. Johannes Fetsch, *Eingriffsnormen und EG – Vertrag. Die Pflicht zur Anwendung der Eingriffsnormen anderer EG – Staaten*, Mohr Siebeck, 2002. 英文专著：Kerstin Ann – Susann Schäfer, *Application of Mandatory Rules in the Private International Law of Contracts*, Peter Lang, 2010. Ivana Kunda, *Internationally Mandatory Rules of a Third Country in the European Contract Conflict of Laws*, Rijeka：Faculty of Law, 2007. Dr Seyed Nasrollah Ebrahimi, *Mandatory Rules and other Party Autonomy Limitations*, Athena Press London, 2005.

朗西斯卡基先后提出的直接适用法（lois d'application immédiate）以及公序法（lois de police）的影响，在参考欧盟法院 Arblade 案[1]判决的基础上，《罗马条例 I》第 9 条第 1 款将直接适用法定义为，一国保护其诸如政治、社会或经济运行之类的公共利益而被视为至关重要的条款，以至于对属于其适用范围的所有情况，不论根据条例指引的合同准据法为何都必须适用。由此，直接适用法需同时符合公益标准和超越标准的观点备受推崇。[2] 然而，各国立法没有不以维护经济、社会等公益为目的，公益标准容易失之泛泛；更何况除非强行法的字面含义具有超越冲突规范适用的地位，否则超越标准更多说明其在冲突法层面的实施效果。

就规范的类型，法国学者梅耶（1986）认为，直接适用法通常包括竞争法、货币管制、环境保护法以及禁运、封锁和抵制措施，也可能旨在保护弱者一方的交易者，如工人以及商事代理人[3]；相反，德国学者巴斯多（1988）将现代经济管制措施分为维护制度的法律（statuta institutionalia）和保护特殊人群的法律（statuta interventionalia），只有前者才是不顾冲突规范单边适用于国际情形的强制规范。[4] 此种理论争议使得各国就此类规则的认定大相径庭。根据普伦德（2009）的研究，法国法院通常将保护弱者利益的规定视为直接适用法，而严格遵守公益标准的德国法院则将之排除在外。[5] 作为一国公共利益的集中体现，直接适用法的分布自然因为历史、文化乃至法律

---

[1] ECJ, 23 November 1999, Joint cases C – 369, 376/96 (Arblade and Leloup).

[2] Ivana Kunda, Defining Internationally Mandatory Rules in European Contract Conflict of Laws, *GPR*, Vol. 4, No. 5, (2007), pp. 210 – 222. 直接适用法的判断存在两种观点，一种强调规范在实质上要求保护至关重要公益的必要，以弗朗西斯卡基为代表；另一种更注重规范的直接适用属性，即超越冲突规范。详见第三章第一节的内容。

[3] Pierre Mayer, Mandatory Rules of Law in International Arbitration, *Arb. Int'l*, Vol. 2, No. 4, (1986), p. 275.

[4] Jürgen Basedow, Wirtschaftskollisionsrecht: Theoretischer Versuch über die ordnungspolitischer Normen des Forumstaates, *RabelsZ*, Bd. 52, H. 1 – 2, (1988), pp. 17 – 38.

[5] Richard Plender & Michael Wilderspin, *The European Private International Law of Obligation*, 3rd ed., Sweet & Maxwell, 2009, pp. 351 – 353.

传统的不同而有所差异。国外的研究只能作为我国的借鉴和参考，不宜直接照搬。

(二) 国内的研究状况

1. 中国大陆①

早在改革开放的初期，李浩培（1984）和韩德培（1988）两位先生分别介绍了"警察法"②和"直接适用的法律"③，开创了中国直接适用法研究之先河。20世纪90年代之后出现多篇对此深入分析的论文。这些研究涉及直接适用法的定义、性质、调整方式以及与冲突规范、专用实体规范、公共秩序保留和法律规避禁止制度的关系。④另外，学者在从事瑞士、荷兰等国别国际私法研究时或多或少谈及该国直接适用法的情况。⑤ 随着欧盟一体化进程的发展，对欧盟统一国际私法中的直接适用法制度也有较多论述。⑥ 就直接适用法的具体表

---

① 直接适用法在我国研究情况的梳理，还可参见王立武《国际私法的强制性规则适用制度研究》，中国人民大学出版社2015年版，第343—348页。

② 警察法是指为了保障一国的政治、经济或社会组织，一切公民必须遵守的法律，它起源于现代国家的活动侵入了传统上属于民法范围的事项，其特征在于它必须由国家机关或公共服务机构实施。法学卷编委会《中国大百科全书·法学》，中国大百科全书出版社1984年版，第331—332页。

③ 直接适用的法律是指，有些法律规则适用于国际性的案件，对制定该法律规则的国家来说，具有十分重要的意义，以至于该国需要适用这种规则，不管该国法根据一般冲突规范能否适用于这种案件。韩德培：《国际私法的晚近发展趋势》，《中国国际法年刊》1988年卷，第14—15页。

④ 徐冬根：《论"直接适用的法"与冲突规范的关系》，《中国法学》1990年第3期；肖永平、胡永庆：《论"直接适用的法"》，《法制与社会发展》1997年第5期；胡永庆：《论公法规范在国际私法上的地位——"直接适用的法"问题的展开》，《法律科学》1999年第4期。

⑤ 参见陈卫佐《瑞士国际私法法典研究》，法律出版社1998年版，第53—56页；袁泉《荷兰国际私法研究》，法律出版社2000年版，第174—178页。

⑥ 杨永红：《论欧盟区域内的强制性规则》，《当代法学》2006年第4期；王军、王秀转：《欧盟合同法律适用制度的演进》，《清华法学》2007年第1期；李凤琴：《欧盟合同之债法律适用制度的新发展》，《时代法学》2010年第2期；邹国勇：《欧盟合同冲突法的新发展——〈罗马条例Ⅰ〉述评》，《广西社会科学》2012年第7期。

现，现有文献集中于劳动合同监管①、外汇管制②、证券法③、竞争法④以及经济制裁⑤等领域，对直接适用法在国际商事仲裁中的适用有一定关注。⑥

在《法律适用法》和相关司法解释出台的当下，直接适用法的研究出现了小高潮⑦，目前特别注重对涉及直接适用法的判决作实证研究。就此，有的侧重分析《法律适用法》颁布前我国直接适用法通过公共秩序保留或法律规避禁止适用的司法实践⑧，有的则就《法律适用法》颁布后直接适用法在我国法院的实际运用作

---

① 孙国平：《论劳动法上的强制性规范》，《法学》2015 年第 9 期；时琴：《涉外劳动合同中"直接适用的法"之研究》，《中国劳动关系学院学报》2007 年第 3 期。

② 李仁真、刘音：《外汇管制冲突及其法律选择问题刍议》，《中国国际私法与比较法年刊》2006 年卷；张晓静：《论外汇管制的国际私法规则》，《国际经济探索》2011 年第 9 期。

③ 杨峰：《我国证券法域外适用制度的构建》，《法商研究》2016 年第 1 期。

④ 程卫东、雷京：《论域外效力的滥用与主权平等》，《江苏社会科学》1997 年第 3 期；包锡妹：《反垄断法的域外适用及其冲突》，《法制与社会发展》1998 年第 2 期。

⑤ 胡剑萍、阮建平：《美国域外经济制裁及其冲突探析》，《世界经济与政治》2006 年第 5 期；杜涛：《美国单边域外经济制裁的国际法效力问题探讨》，《湖南社会科学》2010 年第 2 期；杜涛：《欧盟对待域外经济制裁的政策转变及其背景分析》，《德国研究》2012 年第 3 期。

⑥ 张潇剑：《强行法在国际商事仲裁中的适用》，《当代法学》2006 年第 1 期；张圣翠：《国际商事仲裁强行规则研究》，北京大学出版社 2007 年版。

⑦ 阎愚：《强制性规则新探——从我国〈法律适用法〉第 4 条和欧盟〈罗马第一条例〉第 9 条谈起》，《中国国际私法与比较法年刊》2011 年卷；杨赞：《对〈中华人民共和国涉外民事关系法律适用法〉第 4 条规定的解读》，《信阳师范学院学报》（哲学社会科学版）2012 年第 3 期；朱丛琳：《直接适用的法在中国的发展简评》，《黑河学刊》2012 年第 5 期；肖永平、张弛：《论中国〈法律适用法〉中的"强制性规定"》，《华东政法大学学报》2015 年第 2 期。Ruiting Qin, Eingriffsnormen im Recht der Volksrepublik China und das Neue Chinesische IPR - Gesetz, *IPRax*, Jah. 31, H. 6, (2011). Yong Gan, Mandatory Rules in Private International Law in the People's Republic of China, *Yb. Priv. Int. L.*, Vol. 14, (2012 - 2013). Jinxin Dong, On the Internationally Mandatory Rules of the PRC, *Cambridge Journal of China Studies*, Vol. 11, No. 2, (2016)。

⑧ 刘仁山：《直接适用的法在我国的适用——兼评〈《涉外民事关系法律适用法》解释（一）〉第 10 条》，《法商研究》2013 年第 3 期。

初步统计，发现其中存在的争议。①虽然取得了不错的成果，但有关直接适用法在国际经贸领域的系统分布的研究尚没有全面开展。

2. 我国台湾地区

我国台湾地区对直接适用法的探索起步稍晚，但涌现出一批高质量的成果。直接适用法在传统国际私法地位与我国大陆的观点相似，如认为《法国民法典》第 3 条基于公共利益对外国法适用的间接限制，发生公共秩序的积极效力。②这容易使人认为除"警察及治安法"外，其他规范支配的领域不存在出于本国公益排斥外国法的空间，故直接适用法不构成包括公共秩序保留在内的传统选法理论的例外。自柯泽东教授的研究开始，台湾地区学者正式将直接适用法称为"即刻适用法"③。区别于以主权国家或政治实体为本位的传统方法，即刻适用法代表的是一种现代法律适用方法。④此类规范不仅包括具有公安性质的公法，还包括原属于私法冲突法的范畴但法律明文规定即刻适用范围的规范。⑤

近期，台湾地区学者不满足于对国外理论的简单介绍⑥，不仅朝

---

① 林燕萍：《〈涉外民事关系法律适用法〉第 4 条及其司法解释之规范目的》，《法学》2013 年第 11 期；卜璐：《国际私法中强制性规范的界定——兼评〈关于适用《涉外民事关系法律适用法》若干问题的解释（一）〉第 10 条》，《现代法学》2013 年第 3 期；王骞宇：《直接适用的法之实践检视与理论反思》，《江西社会科学》2015 年第 5 期。

② 参见马汉宝《国际私法·总论分论》，翰芦图书出版有限公司 2006 年版，第 235—238 页；林益山《国际私法与实例解说》，台北大学法学丛书编辑委员会 2009 年版，第 126 页。

③ 参见柯泽东《从国际私法方法论讨论契约准据法发展新趋势——并略论两岸现行法》，《台大法律论丛》1993 年第 1 期。

④ 参见柯泽东《论国际私法法律适用方法之演变》，《万国法律》1999 年第 6 期。

⑤ 参见柯泽东《国际私法》，（台北）元照出版公司 2010 年版，第 169 页。

⑥ 参见许兆庆《国际私法上「即刻适用法」简析》，《军法专刊》1996 年第 3 期；林恩玮《大陆法系国际私法选法理论方法论之简短回顾》，《法令月刊》2006 年第 3 期；吴光平《国际私法上的即刻适用法于法院实务及实证立法之运用》，《辅仁法学》2005 年第 1 期。

着海商法、劳动法等具体领域发展①，还注重对国际私法方法论的提炼，如认为直接适用法经历从实体法到法则再到方法的发展过程，构成与冲突法标准并列的法律适用方法，在这一点上台湾学者的研究达到前所未有的高度。② 只是2010年修订的"涉外民事法律适用法"未对此加以规定③，该问题在近期不是热点。对于希望直接适用的强制规范，有主张借助该法第7条对法律规避的规定适用。④

（三）研究的发展趋势

一言以蔽之，作为开拓性的选题，直接适用法的内涵和外延仍有待加深与拓宽。就它的判断标准以及在国际经贸领域的分布，我国现有的研究成果多从比较法的角度予以介绍，忽视了实体法作用的发挥，未深究该问题发生的根源。在合同领域，国内民法对公私法关系的研究正紧锣密鼓地开展⑤，实体法层面的利益分析已成为常态，然而这在国际私法学界没有引起太多关注。即便多少察觉到《中华人民共和国合同法》（以下简称《合同法》）第52条第5项违反法律、法规的强制性规定的合同无效和直接适用法问题存在一定的联系，但具

---

① 参见许兆庆《海事国际私法上「至上条款」与「即刻适用法则」简析——评新海商法第七十七条之订定》，《月旦法学杂志》2001年6期；吴光平《即刻适用法及其于海事国际私法上货物运送法律关系之运用——并论我国海商法第七十七条之规定》，《法学丛刊》2003年第1期；蔡佩芬《船舶碰撞问题研究》，《国立中正大学法学集刊》2002年第2期；吴光平《即刻适用法与劳动法的直接适用》，《玄奘法律学报》2005年第4期。

② 参见吴光平《重新检视即刻适用法——起源、发展，以及从实体法到方法的转变历程》，《玄奘法律学报》2004年第2期。类似的文献有，李双元、杨华：《论国际私法上直接适用法的重新界定》，《河北法学》2016年第5期。

③ 修正草案曾规定，契约依"中华民国"法律，应该适用"中华民国"之强制或禁止规定者，不适用本款之规定。参见赖来焜《当代国际私法之构造论》，（台北）神州图书出版公司2001年版，第256页。

④ 参见陈荣传《公平交易法对涉外授权契约的直接适用》，《月旦法学教室》2013年第9期。

⑤ 黄忠：《违法合同效力论》，法律出版社2010年版；许中缘：《民法强行性规范研究》，法律出版社2010年版；耿林：《强制规范与合同效力》，中国民主法制出版社2009年版；钟瑞栋：《民法中的强制性规范——公法与私法接轨的规范配置问题》，法律出版社2009年版。

体如何却并不清楚。

经济管制立法的大量出现以及对其适用效果认识的转变必然作用于涉外合同的法律适用，这是直接适用法产生的动因。与合同违反法律禁止这一公私法命题密切联系，直接适用法同样是出于维护重要公益的目的而对私人交易进行干预。唯独发生的领域存在隶属于一国法的国内交易和出现多国法律冲突的跨国交易的区别，从而表明后者的适用过程更为复杂。各国对于合同违反法律禁止的处理渐有共识，这有助于在直接适用法的判断上达成一致。然而从一国法律体系的角度出发，不能简单地认为在国内案件中能导致合同无效的强制性规定即在发生类似的涉外情形时一概构成直接适用法，需要解决如下问题：首先，直接适用法是否限于公法规范，而将维护弱势群体利益的保护性强制规范排除在外？其次，是否所有的公法性强制性规定都构成直接适用法，进一步限定的标准如何？总之，未来的研究应在结合实体法的基础上重构直接适用法制度。

三　研究目标和研究内容

（一）研究目标

1. 明确直接适用法的判断标准及在国际经贸领域的分布

本书结合直接适用法判断的冲突法标准和实体法标准，重点挖掘实体法关于强制规范作用于合同效力理论在直接适用法判断上的价值，为直接适用法的认定提供新思路，进而判断其在国际经贸领域的大致分布。

2. 结合实体法标准重构直接适用法制度

以往学理上认为直接适用法制度用以解决一国国际强制规范与合同准据法之间的适用冲突，主要发挥冲突法上的选法作用。然而，直接适用法制度不仅要打通直接适用法进入合同准据法体系的通路，还要解决干预性规范如何作用于合同效力。故《合同法》第52条第5项不属于合同准据法支配的对象，而是直接适用法制度的有机组成。本书力求将解决公私法冲突的转介条款融入直接适用法制度当中，使之具有复合的法律选择功能。

3. 探究直接适用法在司法管辖和承认执行阶段的表现

司法管辖、法律适用和判决或裁决的承认和执行构成处理国际私法案件的三个连续阶段。既往的研究在探讨直接适用法问题时，仅仅将视野投向法律适用阶段，没有顾及其对一国行使管辖权以及承认与执行外国判决或裁决的影响。一方面，如果完全不考虑直接适用法在上述阶段发挥作用，则合同当事人很可能会通过约定域外诉讼或仲裁的方式架空直接适用法制度；另一方面，动辄以直接适用法的适用为由否定当事人选择在域外法院诉讼或仲裁的约定有悖于意思自治原则。对此，本书试图平衡此类规范的直接适用要求与案件管辖和承认执行领域的其他价值。

4. 分析我国直接适用法的域外实施效果

以往的研究成果多关注直接适用法在本国的适用情形，而就其能否获得域外法院的承认则缺乏清晰的认识，此种做法容易加大直接适用法领域的国际冲突。本书专章分析我国直接适用法的域外效果，反思我国直接适用法的适用要求，做到二者的协调统一。

（二）研究内容

本书以国际经贸中的直接适用法在我国法律体系的存在以及司法实践的运用为研究对象，主要集中于合同领域，当然这并不表示民事法律主体①、法定之债②以及婚姻家庭继承③一定不存在直接适用法。

---

① 公司领域的直接适用法，Niklaus Meier, Eingriffsnormen im Gesellschaftsrecht: Ein Beitrag zur teleologischen Auslegung des Art. 18 IPRG, unter besonderer Berücksichtigung des Gesellschaftsrechts, Universität Zürich, (2010).

② 规范非合同之债法律适用的《罗马条例Ⅱ》第16条仅规定了法院地直接适用法制度，这在成员国之间引发争议。Gralf - Peter Calliess, ed., *Rome Regulations: Commentary on the European Rules on the Conflict of Laws*, Kluwer Law International, 2011, pp. 567 - 568.

③ 虽然国际法院在1958年审理福果（Boll）案确立了涉外监护领域保护未成年人的强制规范在准据法外的适用，推动了直接适用法的发展，但基于问题的复杂性，规范离婚和法定分居法律适用的2010年《罗马条例Ⅲ》及2012年《关于继承事项的管辖权、准据法、裁决的承认与执行及作准文件的接受与执行和及欧洲继承证书的创设条例》都没有加以规定。不过，2016年《关于婚姻财产制事项的管辖权、法律适用和判决承认与执行的条例》第30条以及《关于登记伴侣财产制事项的管辖权、法律适用和判决承认与执行的条例》第30条都确立了法院地直接适用法制度。

具体而言，本书首先从直接适用法的基本内涵以及发展历程出发，探求规范的判断标准以及分布情况，其次分析其适用意图是否足以影响法院管辖权的行使和承认与执行外国判决或裁决的态度，最后从能否获得域外承认的视角再次验证我国直接适用法的判断与分布，最终得出结论。

已出版的拙作《第三国强制规范在法院地国的适用研究》[①]以既不属于准据法又非法院地法的第三国直接适用法如何由法院地国适用为研究对象，同样聚焦于涉外合同，但选题和内容都有实质差异。从宏观的角度，一方面，直接适用法制度为涉外民事关系的法律选择在冲突规范指引准据法之外开辟了新路，对法院地直接适用法制度的研究将有助于外国直接适用法在我国的适用；另一方面，由于立法尚未规定外国直接适用法在我国的适用，故该书的重心在于我国是否要效仿欧盟等立法实践建立此种适用制度。而我国直接适用法制度为《法律适用法》所确立，亟须设置行之有效的判断标准。

从微观的角度，《第三国强制规范在法院地国的适用研究》为外国特别是第三国直接适用法在我国的适用作出了路径安排，不仅强调建立第三国直接适用法制度，还着重分析原有的冲突法标准以及在准据法下判断其效力的实体法标准在这一过程中的作用；本书则主要解决法院地直接适用法在一国法律体系下的判断标准和具体分布，进而延伸至管辖权的确立以及域外承认的情况。综上，本书是对既有研究扩展的结果，堪称《第三国强制规范在法院地国的适用研究》的姊妹篇。

四　研究思路和研究方法

（一）研究思路

本书由紧密相连的三部分组成。第一部分是直接适用法的基础问题，主要解决直接适用法在理论层面上的困惑，包括基本内涵和历史发展；作为从理论层面到应用层面的过渡，第二部分是直接适用法的

[①] 董金鑫：《第三国强制规范在法院地国的适用研究》，中国人民大学出版社2016年版。

本体问题，包括判断的标准和分布的领域；第三部分是直接适用法的前沿问题，主要探讨直接适用法在实践中的应用，包括对司法管辖的影响以及在域外的承认情况。具体思路如下：

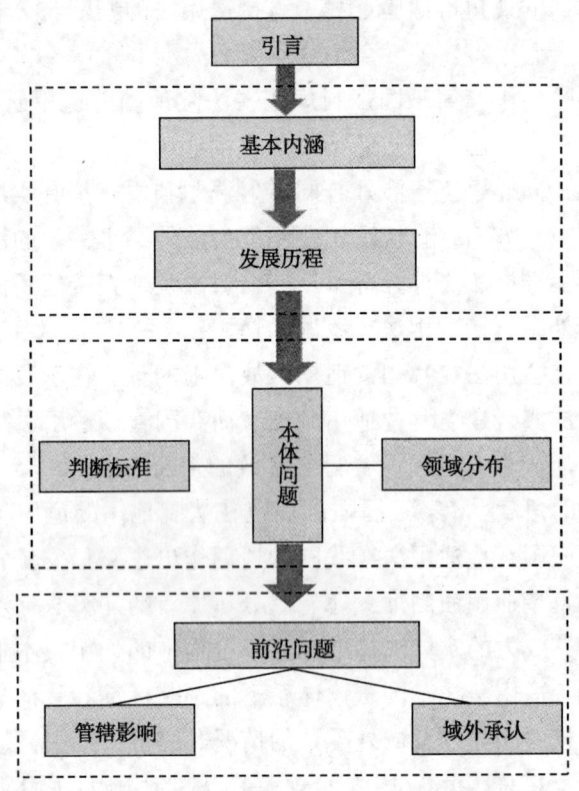

以上三者存在有机联系。首先，本书拟对直接适用法的基础内容进行归纳总结，从中得出各国的分歧与共识；其次，引入实体法标准，为本体问题的解决提供方法论上的支持；最后，在初步得出结论的基础上，进一步探讨前沿问题，对直接适用法的判断标准和分布领域进行反思。总之，作为涉外民事法律适用的例外，直接适用法的频繁援引会损害当事人对公正审判的信心，进而影响一国司法的国际声誉。需慎之又慎，避免轻率武断的结论。

（二）研究方法

作为社科研究特别是法学研究一般方法的体现，本书主要采用理论和实际相结合的研究方法，具体包括历史分析、实证分析以及比较分析方法。

1. 历史分析方法

对此，本书专章探讨直接适用法的发展历程，分析此类规范判断的困难，尤其在梳理欧盟以及我国直接适用法制度确立的过程中，得出各阶段立法和司法的经验与不足，为系统解决我国直接适用法问题提供借鉴。

2. 实证分析方法

实证分析包括规范分析和案例分析。就规范分析，结合《罗马公约》《罗马条例Ⅰ》以及其他立法例，本书为我国直接适用法的界定以及直接适用法制度的完善提供参考；就案例分析，本书不仅重点分析直接适用法制度在我国的实施效果，明确司法对直接适用法的判断标准以及分布领域的态度，还通过相关国家的实践展现了我国直接适用法的域外承认情况。

3. 比较分析方法

历史分析和实证分析需要通过比较分析的方法明确事物发展的过程与异同。就此，本书不仅在法理层面对比法国、英国、德国、荷兰等诸国的直接适用法理论，指出其共性、差异及背后的原因，为我国直接适用法制度的解释和完善提供帮助，还注重比较英美国家对待外国直接适用法的态度，从而明晰我国直接适用法的域外实施效果。

五 拟突破的重点与难点

本书的重点在于明确直接适用法在国际经贸领域当中的分布，并分析其对国际民事诉讼、商事仲裁管辖权的确立以及外国法院判决、仲裁裁决承认和执行的潜在影响，为我国司法实践综合处理直接适用法带来的国际私法问题提供有力参考。

本书的难点在于如何设置行之有效的直接适用法判断标准。除继续坚持传统的冲突法标准外，从实体强制规范对合同效力的民法解释当中获得启示，即发挥《合同法》第52条第5项之类的转介条款在直接适用法判断中的作用。

六 研究特色和创新之处

(一) 研究特色

比较法与我国法并重。在《法律适用法》颁布以前，国际私法学界多热衷从比较法的角度介绍直接适用法理论，就其在中国法体系下的表现关注较少。对此，本书一方面继续在比较法领域进行深入挖掘，重点分析直接适用法在西欧诸国以及欧盟层面的发展历程与现实表现，为我国直接适用法的判断提供参考；另一方面，探索我国直接适用法在国际经贸领域的分布情况以及域外承认现状，力求做到古为今用、洋为中用。

冲突法与实体法并重。就直接适用法的判断，以往多聚焦于冲突法领域，即优于冲突规范的适用。仅仅以涉及一国重大公益表述其性质过于简单。实际上，直接适用法不构成一类单独的规范类型，而是实体法中独特的规范在法律适用上的投射。本书援用民法学的公私法理论，探求直接适用法的实体法对应，实现冲突法与实体法的统一结合。

(二) 创新之处

本书最大的创新在于以问题为导向，选取跨学科的视角，运用民法中的公私法理论分析国际私法的直接适用法现象。将解决公私法冲突的转介条款融入直接适用法制度当中，对现有的法律适用理论有所发展。由此，该制度既要赋予直接适用法在冲突法层面的适用资格，又要用以判断其在实体法层面的适用结果，一并处理国家法冲突和公私法冲突。就适用资格和适用结果的关系，实体法上的适用结果构成确立冲突法上适用资格的判断标准，冲突法上的适用资格又是达到实体法上适用结果的前提条件，二者互为因果。

第一章

直接适用法的基本内涵

区别于传统选法模式,直接适用法不仅影响双边冲突规范、当事人选法意思自治的实施效果,还能对公共秩序保留、法律规避禁止等冲突法制度的功能与定位发挥作用。要解决这一在国际私法理论与实践中最具争议的问题,必须明确它的基本内涵。本章首先阐述直接适用法的定义,进而完善直接适用法的理论构成,最后辨析直接适用法制度与相关法律概念的关系。

第一节 直接适用法的含义

所谓直接适用法,即国际私法中的强制规范(internationally mandatory rules)[1],是指为维护一国在政治、社会、经济与文化等领域的重大公共利益,无须多边冲突规范的指引,直接适用于国际民商事案件的实体强制规范。[2] 为了产生较为直观的认识,以下将介绍直接适用法的常用表述以及法律特征。

---

[1] Trevor C. Hartley, Mandatory Rules in International Contracts: The Common Law Approach, *Recueil des Cours*, Vol. 266, (1997), p. 346. 对应法语词汇"règles internationalement impératives"。准确地说,国际强制规范是指无须冲突规范指引的强制规范,并非国际法层面的规范(international rules),其"国际"(internationally)乃修饰限定"强制"。

[2] 肖永平、龙威狄:《论中国国际私法中的强制性规范》,《中国社会科学》2012年第10期。

一 直接适用法的表述

直接适用法在各国的表述不尽相同。[①] 在学理上,英语的常用表述为超越法(overriding statutes)[②]、超越型强制规范(overriding mandatory rules)[③]、冲突法意义上的强制规范(conflicts - mandatory rules)[④]、绝对规则(peremptory norms)[⑤];法语的表述为公序法(*lois de police*)[⑥]、直接适用规范(*règles d'application immédiate*)[⑦];德语的主要表述为干预规范(*eingriffsnormen*)[⑧]、专属规范(*exclusivnor-*

[①] 用语的汇总,还可参见吴光平《重新检视即刻适用法——起源、发展,以及从实体法到方法的转变历程》,《玄奘法律学报》2004年第2期。

[②] 即超越型制定法。Lawrence Collins, et al. , eds. , *Dicey, Morris & Collins on the Conflict of Laws*, 14th ed. , Sweet & Maxwell, 2006, p. 25. 国内学者译为超越成文法,参见[英] J. H. C. 莫里斯《戴西和莫里斯论冲突法》(上),李双元等译,中国大百科全书出版社1998年版,第17页。这一表述在结构上构成动宾短语,故加以修正。该术语的译法,还可参见阎愚《强制性规则新探——从我国〈法律适用法〉第4条和欧盟〈罗马第一条例〉第9条谈起》,《中国国际私法与比较法年刊》2011年卷,第224页。

[③] Michael Hellner, Third Country Overriding Mandatory Rules in the Rome I Regulation: Old Wine in New Bottles? *J. Priv. Int'l L.* , Vol. 5, No. 3, (2009), p. 447.

[④] 对应合同(实体)法意义上的强制规范(contracts - mandatory rules)。See Michal Wojewoda, Mandatory Rules in Private International Law, *Maa. J. Eur. & Comp. L.* , Vol. 7, No. 2, (2000), p. 184.

[⑤] Hilding Eek, Peremptory Norms and Private International Law, *Recueil des Cours*, Vol. 139, (1973), p. 1.

[⑥] Pierre Mayer, Les lois de police étrangères, *JDI*, Vol. 108, n° 2, (1981), 277. José Antonio Perez - Bevia, Dispositions Imperatives et Lois de Police dans la Convention de Rome du 19 Juin 1980 sur la loi Applicable aux Obligations Contractuelles, *RHDI*, Vol. pp. 35 - 36, (1982 - 1983), 17. 对应葡萄牙语词汇"leis de polícia"。

[⑦] Phocion Francescakis, Quelques Précisions sur les 'Lois d'application Immédiate' et Lles Rapports Avec les Régles de Conflits de Lois, *R. C. D. I. P.* , Vol. 55, n° 1, (1966), p. 1. 对应葡萄牙语词汇"normas de aplicação imediata"。

[⑧] Kurt Siehr, Ausländische Eingriffsnormen im inländischen Wirtschaftskollisionsrecht, *RabelsZ*, Bd. 52, H. 1 - 2, (1988), p. 41.

men)①、经济冲突法（wirtschaftskollisionsrecht）②；荷兰语的表述为优先规范（voorrangsregels）③；日语的表述为即时介入法规（即時介入法規）、介入法规（介入法規）、绝对的强行法规（絶対的強行法規）④、特别联系的绝对的强行法规（絶対的強行法規の特別連結）⑤；意大利语的表述为必须适用的规则（norme di applicazione necessaria）⑥。

在立法上，《罗马公约》第 7 条的英文本采用了强制规范（mandatory rules）的通常表述，无法使之与一般意义上的强制规范相区别。同样，《法律适用法》第 4 条沿用强制性规定这一国内法的用语，容易产生误解。对此，《罗马条例Ⅰ》第 9 条使用的超越型强制条款（overriding mandatory provisions）能够充分体现此种规范直接适用的意图。

二 直接适用法的特征

上述用语的代表是公序法和直接适用法。前者说明此类强制规范维护的公益属性，后者则注重直接适用的方式，即无须冲突规范的援

---

① Gerhard Kegel, *Internationales Privatrecht*: *Ein Studienbuch*, 6. Auflage, C. H. Beck, 1987, p. 170.

② Jürgen Basedow, Wirtschaftskollisionsrecht: Theoretischer Versuch über die ordnungspolitischer Normen des Forumstaates, *RabelsZ*, Bd. 52, H. 1-2, (1988), p. 17.

③ Cathalijne van der Plas, Het Leerstuk van de Voorrangsregels Gecodificeerd in Boek 10: Werking (ssfeer), *NIPR*, Afl. 3, (2010), p. 422.

④ 参见國井敏明『準拠法の選択，解釈と抵触法的な等価性』，『東京大学法科大学院ローレビュー』2007 年第 2 期。

⑤ 参见高橋宏司『契約債務の準拠法に関する欧州議会及び理事会規則（ローマⅠ規則）——ローマ条約からの主要な変更点を中心に』，『同志社法学』，2012 年 63 卷 6 号，第 23 页。

⑥ F. Pocar, Norme di Applicazione Necessaria e Conflitti di Leggi in Tema di Rapporti di Lavoro, *Riv. dir. int. priv. proc.*, Vol. 3, (1967), p. 734.

引。① 这反映了在直接适用法判断上存在两种观点，一种观点强调规范在实质上要求保护至关重要的公益；另一种则更注重强制规范形式上的直接适用属性，即超越冲突规范。尽管侧重不同②，但综合起来可以发现直接适用法具有如下特征：

首先，作为涉外民事领域中的实体强制规范，直接适用法必须能够调整民事关系。一方面，纯粹的公法规范不构成直接适用法，除非它能作用于民事案件，对民事行为产生效果；另一方面，那些是否适用受制于当事人意愿的任意规范不涉及重大公共利益，无直接适用的需要。另外，诉讼程序规范虽然是强制性的，而且为一国法院审理案件时必须适用，但由于不能调整民事关系，并非研究的对象。

其次，直接适用法无须冲突规范的指引。即使冲突规范指向直接适用法所属国之外的法律体系时，也不影响它的适用。然而，此类规范的适用必须满足自身的适用范围，这可以是属地、属人之类传统联系，也有可能是基于效果原则、产品来源等其他联系标准。

最后，直接适用法是一国民商事领域中实体强制规范的一部分。服务于自身的功能，它的适用具有十分重要的意义，或者说对公共利益的维护特别重要以至于不得不适用。因而，区别于它不能由当事人协议减损的规范，即国内意义的强制规范，注定只能于极其例外的情形适用。

第二节　直接适用法的理论构造

理论构造的关键在于明确直接适用法在实体法上的表现，在冲突法上具有何种价值，从而发现它与传统国际私法所解决的法律冲突的

---

① Bénédicte Fauvarque - Cosson & Denis Mazeaud, *European Contract Law: Materials for a Common Frame of Feference*, Sellier European Law Publishers, 2008, p. 110.

② 直接适用法须满足国际效力要求（*internationaler geltungsanspruch*）和超出个人目标的指向（*überindividuelle zielrichtung*）两个条件。Thomas Rauscher, hrsg, *Europäisches Zivilprozess - und Kollisionsrecht: Rom I - VO, Rom II - VO*, Sellier European Law Publishers, 2011, S. 426 ff.

方法存在何种差异。以下从直接适用法所属的规范类型出发，明确其发生的冲突领域，进而分析代表的选法方法，为探究直接适用法的基本内涵打下理论基础。

一 直接适用法所属的规范类型

从实体法的角度，合同乃当事人自治的产物。为弥补意思表示的不足，合同法多表现为候补或示范性质的任意规定（default rules, optional rules）。反映在国际私法上，当事人无疑可以就能够自由处分的事项选择准据法，与合同存在特定联系的强制规范能否由当事人选择的法律支配在理论上则一直存在争议。[1] 直接适用法必然构成调整民事关系的强制规范，这同样离不开与民法存在关联的强制规范的分类。由于纯粹的私法和出于社会政策目标制定的法律不易区分，在有民法典的国家，可以考查强制规范是否在民法典之内作为分类的标准。[2] 根据强制规范与民法典的关系，强制规范可分为内设型、外接型以及前置型强制规范。[3] 内设型强制规范指传统民法典当中能够为私人构建交易框架的强制规范[4]，如合同的缔结程序规则；外接型强制规范则包括劳动者保护法、消费者保护法等特别私法（*parteischutzvorschriften*）[5] 中的强制规范；前置型强制规范则对应行政法、刑法等

---

[1] See Ernst Rabel, *The Conflict of Laws: A Comparative Study*, University of Michigan Law School, 1958, p. 396.

[2] A. V. M. Struycken, General Course on Private International Law: Co-ordination and Co-operation in Respectful Disagreement, *Recueil des Cours*, Vol. 311, (2004), p. 411.

[3] 参见钟瑞栋《民法中的强制规范——公法与私法接轨的规范配置问题》，法律出版社 2009 年版，第 147 页以下。强制规范可以区分为单纯的国内强制规范、直接适用法以及特别私法规范。See also Jürgen Basedow, et al., *Max Planck Encyclopedia of European Private Law*, Oxford University Press, 2012, p. 1230.

[4] Peter E. Nygh, *Autonomy in International Contracts*, Oxford University Press, 1999, p. 203.

[5] See Andrea Bonomi, Overriding Mandatory Provisions in the Rome I Regulation on the Law Applicable to Contractual Obligations, *Yb. Priv. Int. L.*, Vol. 10, (2008), p. 291.

公法性强制规范。

(一) 内设型强制规范与直接适用法的关系

内设型强制规范用以界定私法上形成及处分权利义务的界限。此类规范的违反不会导致合同无效,而是在获得有权者许可前不生效力[①],无须出于重大公共利益的目的。萨维尼的法律选择理论特别服务于那些拥有传统民法典的法律体系。双边选法体系运行的前提条件是内外国的民法规范具有可交换性(interchangeability)[②],由此借助对法律关系的确定分类和单一连结点的指引实现中立选法。这并非说各国法律的内容完全一致,而是规则的差异处于法院地国所能忍受的限度内,即发生所谓的虚假冲突。故可交换的范围不限于民法体系中的任意规范,本应构成准据法的强制规范同样可以为当事人选择的法律所替代。[③] 从现实的角度,不是所有的强制规范都需要在国际层面加以遵守,否则将为跨境交易带来极大的负外部性。随着意思自治理念的深入人心,允许合同当事人对强制规范支配的领域进行法律选择已经成为各国的共识。于是乎,在国内案件中必须遵守的内设型强制规范在冲突法层面却可以交换,此时其适用与否具有一定的任意性。[④] 只有在例外的情况才能运用公共秩序保留变更法律选择的结果,故此类强制规范无直接适用的必要。

反映在当代国际私法立法当中,《罗马公约》第3条第3款、《罗马条例Ⅰ》第3条第3款都允许当事人为只与一国存在联系的合同选

---

① 参见孙鹏《论违反强制性规定行为之效力——兼析〈中华人民共和国合同法〉第52条第5项的理解与适用》,《法商研究》2006年第5期。

② Jan-Jaap Kuipers, *EU Law and Private International Law: The Interrelationship in Contractual Obligations*, Martinus Nijhoff, 2011, p. 139.

③ See Kerstin Ann-Susann Schäfer, *Application of Mandatory Rules in the Private International Law of Contracts*, Peter Lang, 2010, p. 45.

④ 基于当事人的选法,国内法背景下的实体性非任意规则在国际环境中并不必然是强制的。参见[德]迈克尔·J. 温考普、玛丽·凯斯《冲突法中的政策与实用主义》,阎愚译,北京师范大学出版社2012年版,第40页。

择准据法，只要这样做不影响该国法中不得通过协议减损的规范的适用。① 区别于直接适用法，此种不得协议减损的规范乃是普通意义的强制规范。的确，当所有的案件事实均与某一外国存在联系而当事人选择法院地法时，该唯一联系国的直接适用法可以借助上述条款适用，无须援引直接适用法制度。② 但此类条款有着严格的适用限制，类似于外国法在实体法层面的并入（materiellrechtliche Verweisung），发挥的作用极其有限，即便认为其包括那些存在完全不重要的涉外联系情形。③ 故内设型强制规范应该由以当事人选法为特征的合同准据法支配。

就个别内设型强制规范能否直接适用曾存在争议，如要式合同。苏联④等社会主义国家要求合同必须以书面方式做出，故形式要求构成国际统一实体公约支配的例外。⑤ 然而目前各国的实体法大多允许当事人自由选定合同的形式，反映在法律选择上表现为有利于合同成立的理念，如《罗马公约》第9条、《国际货物销售合同法律适用公约》第11条、《罗马条例Ⅰ》第11条、《德国民法施行法》

---

① 此类立法的国内实践，如《俄罗斯联邦民法典》第1210条、《韩国修订国际私法》第25条、《德国民法施行法》第27条。

② Allan Philip, Mandatory Rules, Public Law (Political Rules) and Choice of Law in the E. E. C. Convention on the Law Applicable to Contractual Obligations, in P. M. North, ed., Contract Conflicts, *The E. E. C. Convention on the Law Applicable to Contractual Obligations: A Comparative Study*, North-Holland Pub. Co., 1982, p. 97.

③ 作为《国际私法统一法的比荷卢条约》第13条前身的1951年《比荷卢国际私法统一法》第17条第1款规定，当合同与某一国家如此紧密联系以至于其被认为主要属于该国的法律体系，则除非当事人意图该合同之全部或部分适用其他国家的法律，否则适用该国的法律。此种意图不应该具有使合同免受前述与之存在密切联系的法律体系中的强制规范的效力。

④ Chia-Jui Cheng, ed., *Schmitthoff's Select Essays on International Trade Law*, Martinus Nijhoff, 1988, p. 594.

⑤ 《国际货物销售合同公约》第12条和第96条允许缔约国在一方当事人的营业地位于该国的情形下对第11条合同无须以书面订立或书面证明作出保留。该保留不发生积极效力，即其他缔约国无须承认保留国的特别形式要求。

(*Einführungsgesetz zum Bürgerlichen Gesetzbuch*, *EGBGB*) 第 11 条第 2 款以及《瑞士联邦国际私法》第 124 条。① 即使一国法律中存在特殊的形式要求，能否构成维护重大公益的直接适用法也值得商榷。特别对动产买卖合同而言，采用书面形式往往基于有利于证明等私人利益，其违反不必然导致合同无效。《统一商法典》第 2—201 条要求价格达到 500 美元的货物买卖合同必须以书面形式订立，但未采用仅仅意味着当事人不得要求法院强制执行。②

(二) 外接型强制规范与直接适用法的关系

出于福利国家建设的需要，各国纷纷针对特定交易人群制定保护性强制规范。③ 从实体法的角度，此类在法律体系上外接于传统民法的强制规范乃是国家政策作用于私人生活的结果，标志着民法体系从技术性或曰中立性转向政策性，构成普遍规则的例外，于是私法的理念从关注当事人的意思变为强调其身份。从国际私法的角度，虽然萨维尼意义上的纯粹私法已经面临政策化或者社会化的趋势，即不再被视为主要为平衡私人利益的工具，但此种变化并不足以强大到消除国际弹性、各国私法规范的可交互性以及平等对待它们的可能性。④ 为实现该领域的强制规范适用之目的，需制定特别类型的冲突规范。一方面，各国私人生活的相近以及民事立法的趋同，外接型强制规范能够在较大范围内进行交换；另一方面，通过法律关系的合适分类以及连结点的恰当选用，特别是在劳动者和消费者保护领域，于技术层面

---

① 另外，《第二次冲突法重述》认为合同形式由准据法支配，同时通常可接受满足签署地法形式要求的合同。与上述规定不同，合同订立地构成准据法选用的连结点，尤其在当事人没有选法时，符合订立地形式要求的订立地法通常构成合同形式的准据法。

② 同样，《合同法》第 36 条规定，法律、行政法规规定或者当事人约定采用书面形式订立合同，当事人未采用书面形式但一方已经履行主要义务，对方接受的，该合同成立。

③ 此类强制规范特别表现为民法上的半强制规范，即如果当事人的约定比法律规定更有利于公共政策的实现，则发挥任意规范的作用。另外，国内法还存在授权一方当事人的强制规范。参见钟瑞栋《民法中的强制规范——公法与私法接轨的规范配置问题》，法律出版社 2009 年版，第 33 页。

④ Jan Kropholler, *Internationales Privatrecht*, 6. Auflage, Mohr Siebeck, 2006, S. 18.

存在由特别双边冲突规范支配的可能。

就立法模式而言，一种遵循有利于弱者①原则，即当事人选择的法律不影响与弱者一方有最密切联系国家法律中的强制规范所能给予的保护。该做法为《罗马公约》第5②、6条③和《罗马条例Ⅰ》第6、8条所采用，产生了广泛的影响；另一种模式是就某些偏向于保护弱者一方的合同类型，完全不允许当事人选法，而整体适用与弱者存在密切关联法域的法律。如《法律适用法》第42、43条。无论采用何种立法模式④，外接型强制规范的适用仍然是此类特别冲突规范设置的重要因素。

即便特别冲突规范的内容直接反映了外接型强制规范的适用需要，也只表明其在法律关系的分类和连结点的选用上具有实体法取向，仅仅是对传统选法机制的改良，不能与直接适用法相提并论。以劳动合同为例，以前我国法院在审理涉外劳动案件时往往不说明理由地直接适用《中华人民共和国劳动法》（以下简称《劳动法》）。⑤ 究其原因，根据《劳动法》第2条在我国境内的企业、个体经济组织和与之形成劳动关系的劳动者适用该法的规定⑥，该法被认为具有公法

---

① 认定弱者往往需要根据自然人的年龄、生理情况、家庭背景、隶属关系、经济地位及知识技能等情况综合作出判断。

② 合同当事人所作的法律选择不影响消费者惯常居所地国法律中的强制规范的保护。

③ 合同当事人作出的法律选择不影响劳动者依照当事人没有选择时要适用法律中的强制规范的保护。

④ 除有利于弱者一方及不允许双方选法而求助于特定连结点之外，还存在只允许合意选择特定法域的法律的情形，如《瑞士联邦国际私法》第121条第3款对劳动合同法律适用的规定。Peter E. Nygh, *Autonomy in International Contracts*, Oxford University Press, 1999, p. 156. 在不允许双方选法时，不排除立法允许弱势方单方选择特定范围的法律，如《法律适用法》第42条。以上情形的总结可参见曲波《国际私法本体下弱者利益的保护问题》，法律出版社2009年版，第74—77页。

⑤ 参见黄进、杜焕芳、孙吉《2009年中国国际私法司法实践述评》，《中国国际私法与比较法年刊》2010年卷，第506页。

⑥ 类似的如《劳动合同法》第2条。

性质而应适用于我国境内的所有劳动关系，不允许当事人自主选择法律。① 然而劳动基准法所确立的劳工保护最低标准仅具有半强制性质②，难以构成一国重大公益的反映。对此，《法律适用法》第 43 条明确劳动合同只能通过客观连结点指引法律，在确立劳动合同适用劳动者工作地法这一基本原则之外，还规定劳务派遣可适用劳务派出地法的例外规则，从而建立了比较完善的涉外劳动合同法律适用体系。由于劳动合同自身的人格和经济从属性以及继续性的属地性特征导致劳动者工作地与之存在最密切联系③，该法增加了劳动者工作地在法律选择中的权重。考虑到劳动诉讼管辖的特点和当事人选法的偏好，这将有助于我国劳动法的适用。

具体而言，对一般的劳动合同，无论劳动者工作地还是工作地难以确定时④作为替补的用人单位主营业地，都大致满足我国劳动基准法的属地适用要求。⑤ 对于劳务派遣这种特殊的用工方式，如外籍员工派遣至我国工作且派遣地的劳动基准低于我国，自然适用我国的基准。如高于，则适用派遣地的劳动基准亦满足我国基准最低保护的目的；当我国员工被派遣至海外工作且我国劳动基准高于工作地的基

---

① 参见许军柯《论当事人意思自治原则在涉外劳动合同中的适用空间》，《政法论丛》2009 年第 1 期。
② 参见孙国平《论劳动法上的强制性规范》，《法学》2015 年第 9 期。
③ 参见吴光平《即刻适用法与劳动法的直接适用》，《玄奘法律学报》2005 年第 4 期。
④ 根据欧盟的立法与实践，难以确定的情形表现为雇员经常性地在多国开展工作，如空乘人员。
⑤ 在祝年宽与东莞美源钢结构工程有限公司劳动合同纠纷案中，中国员工被外派至安哥拉工作，法院基于《法律适用法》第 4 条和《〈法律适用法〉解释（一）》第 10 条的列举情形直接适用了我国劳动法，(2014) 东中法民五终字第 1342 号判决书。此种外派不同于中国法下的劳务派遣，不能适用派出地法。如果是临时的短期外派，不构成工作地的改变；如果是长期外派，一般构成工作地的改变。如该工作地的劳动基准法低于我国，此时即便有必要取代该外国法也只能通过公共秩序保留完成，不宜选择直接适用法制度。原因在于直接适用法不顾冲突规范的援引，而此时中国法发挥作用却是比较外国法适用的结果。在修订《法律适用法》第 43 条时，宜效仿《罗马公约》和《罗马条例Ⅰ》增加更密切联系的但书条款。

准，则在必要时完全可以援引劳务派遣适用派出地法这一特殊规定。反之，我国劳动基准没有取代工作地法的需要。无论发生何种情形①，都不必直接援引我国的劳动基准法。

最后，就外接型强制规范与直接适用法的关系，一种观点认为二者不发生并用；另一种观点认为当外接型强制规范无法通过特别冲突规范的指引适用时，可以直接适用②；还有的学者认为，适用与否要根据个案中何者能为弱者提供更多的保护。③总之，因为国际私法立法的滞后以及各国在人群保护类别的意见不一、缺乏共识，一国仍有直接适用外接型强制规范的可能。④不过，为了实现功能上的良好区分，此种做法只是权宜之计。⑤不同的是，《外国人在中国就业管理规定》要求用人单位聘用外国人须为该外国人申请就业许可，经获准并取得《外国人就业许可证书》后方可聘用，此规范属于反映我国重大公益的劳动行政公法规范⑥，不在上述保护性强制规范之列，具

---

① 除上述属地适用和派遣工的特别属人情形，想不出我国劳动基准法需要适用的其他情形。即使发生某一与中国联系不大的外国雇佣纠纷，如冲突规范指引的工作地法规定雇主可以无须任何补偿或提前通知即可解除合同，此适用结果被我国法院认为是损害我国公共利益的情形，也只是公共秩序保留的结果。

② See Gralf-Peter Calliess, ed., *Rome Regulations: Commentary on the European Rules on the Conflict of Laws*, Kluwer Law International, 2011, p. 197.

③ See Jan-Jaap Kuipers, *EU Law and Private International Law*, Martinus Nijhoff, 2011, pp. 95-97.

④ 在国际私法欧盟化之前，比利时、荷兰、苏格兰及法国都有过直接适用本国劳动法的实践。参见吴光平《即刻适用法与劳动法的直接适用》，《玄奘法律学报》2005年第4期。

⑤ But see Frank Vischer, General Course on Private International Law, *Recueil des Cours*, Vol. 232, (1992), pp. 158-159（出于建设现代福利国家以及冲突法实体关切的考虑，直接适用法的界限不断拓宽，将特别联系规则限定在国家组织或运行下的做法不现实）。

⑥ 保护性劳动法（protective labour law）和公法性劳动法（public labour law）在法律适用上存在差异，See F. Gamillscheg, Rules of Public Order in Private International Labour Law, *Recueil des Cours*, Vol. 181, (1997), p. 329.

有直接适用的空间。①

(三) 前置型强制规范与直接适用法的关系

直接适用法主要对应宪法、行政法等公法领域中的前置型强制规范。一方面,此种公法规范大致存在于以民法典为表现形式的私法体系之外,属于强行法 (jus cogens) 的范畴,不能通过双边冲突规范进行交换。无论根据属地、属人、效果或是其他标准,其能否适用都由自身的意图决定。②另一方面,在合同领域,此类前置型强制规范往往作用于合同效力,构成连结公私法领域的转介条款下的强制规范或禁止规范,故需要涉外民事审判加以关注。即使认为经冲突规范指引的准据法包含公法性强制规范,也无法实现准据法之外的前置型强制规范的适用,发生直接适用的问题。

最早系统关注前置型强制规范的直接适用法属性的乃是特别联系理论 (Sonderanknüpfungslehre)。该理论源于德国,旨在实现外汇管制法在域外的适用。为应对1929年爆发的世界性经济危机,德国政府颁布了严格的外汇管制法令,德国居民在纽约发行的债券因上述法令的实施无法按期兑现。由于合同约定适用纽约法且本息在纽约支付,德国外汇管制法无法得到美国法院的承认。③对此,德国法学家温格指出,与合同法的一般规则通过冲突规范的指引适用不同,强制规范适用的唯一联系是规范的立法意图。④将所有的合同问题都交由单一准据法解决的萨维尼体系无法应对当前的国际交易需求,应该为每个

---

① 参见《劳动法》第18条第1项、《劳动合同法》第26条第1款第3项对劳动合同无效的规定。

② See Jieying Liang, Statutory Restrictions on Party Autonomy in China's Private International Law of Contract: How Far Does the 2010 Codification Go? *J. Priv. Int'l L.*, Vol. 8, No. 1, (2012), p. 105.

③ Michal Wojewoda, Mandatory Rules in Private International Law, *Maa. J. Eur. & Comp. L.*, Vol. 7, No. 2, (2000), p. 186.

④ See Wilhelm Wengler, Die Anknüpfung des zwingenden Schuldrechts im internationalen Privatrecht, *ZVglRWiss*, Bd. 54, (1941), 168, cited in Nicolas Nord, Ordre Public et Lois de Police en Droit International Privé, Université Robert Schuman, 2003, p. 330.

源自合同的强行法支配问题进行具体的法律选择。那些当事人不能自由处分的规则将在发挥效力以及自身意图的范围内适用①，以达到国际间判决协调之目的。②

在立法上，《罗马公约》《罗马条例Ⅰ》都规定了直接适用法制度。《罗马公约》第7条仅使用强制规范的表述，无法与《罗马公约》第3条第3款指代的内设型强制规范以及第5、6条指代的外接型强制规范区别。《罗马条例Ⅰ》第9条较好地解决了这一问题，即不仅采用超越型强制条款的表述，而且在定义中强调自身的重大公益属性。其前言第37项说明，成员国法院只有在特殊情况下才可基于公共政策的考虑例外地适用公共秩序保留和超越型强制条款。后者应区别于不能通过协议减损的条款，并严格加以解释。与之对应的是，前置型强制规范体现了很强的国家意志和公共政策，尤其是国家干预经济的目标。这类规范作用于合同便排除意思自治，发生当事人期望之外的法律效果，往往导致合同的根本无效。而在国际私法层面，涉外合同的当事人虽然享受更大的自由，可以通过法律选择排除中立性强制规范的适用，但同样不及于违反公法作用于合同效力问题，由此需要直接适用。

关于强制规范在实体法上的分类、可交换性、与法律适用层面的对应关系以及立法上的表现，可参见下表：

强制规范的实体法分类	可交换性的有无	法律适用层面的对应	国际私法立法上的表现
内设型强制规范	具有	冲突规范的指引	《罗马条例Ⅰ》第3条第3款
外接型强制规范	原则上具有	特别冲突规范的设置	《罗马条例Ⅰ》第6、8条以及《法律适用法》第42、43条
前置型强制规范	不具有	直接适用法制度的援用	《罗马条例Ⅰ》第9条、《法律适用法》第4条

---

① Wilhelm Wengler, Stidienzum internationalen Obligationenreclit in SIMMITKA STREIT 535, 568 (1963), (written in 1939). Cited in Hans W. Baade, Operation of Foreign Public Law, *Tex. Int'l L. J.*, Vol. 30, No. 3, (1995), p. 469.

② 参见吴光平《重新检视即刻适用法——起源、发展，以及从实体法到方法的转变历程》，《玄奘法律学报》2004年第2期。

二 直接适用法发生的冲突领域

明确了直接适用法在实体法上的表现,则应回归到国际私法要解决的本质问题——法律冲突。既然直接适用法主要由前置型的公法性强制规范构成,则此类规范在国际私法层面又会引发何种法律冲突,其与传统国际私法当中的冲突规范所解决的法律冲突是否存在本质不同,从而是否需要特别应对?为建构直接适用法的理论基础,以下将从法律冲突的分类展开论述。

(一) 传统法律冲突的分类

为了说明冲突规范发挥作用的范围,传统学说已经将法律冲突区分为公法冲突和私法冲突,并相应提出了不同的应对方法。[①] 就公法冲突而言,由于公法涉及国家公益,各国一贯坚持属地主义的立场,原则上不承认外国公法具有在本国适用的效力,此种冲突只能依照内国法的要求单边解决;就私法冲突而言,由于各国承认外国私法在内国适用的域外效力,从而可以借助冲突规范从内外国法当中作出选择。上述理论没有探讨跨国背景下的公私法冲突问题,无法应对因直接适用法的出现引发的特殊法律冲突问题。

(二) 视为私法冲突的不足

有学者对公私法冲突的交叉现象有所关注,但认为应援引解决私法冲突的冲突规范从中选择[②],由此导致了准据法理论(proper law theory, *Schuldstatutstheorie*, *Vertragsstatuttheorie*)的盛行。该理论形成于20世纪的三四十年代,受世界经济大萧条带来的货币急遽贬值的影响,各国纷纷通过立法废止具有货币保值功能的金约款。金约款的取缔反映了一国的对外经济政策[③],对跨国贸易和金融支付产生极大的影响。根据"统一联系"(unitary connection, *Einheitsanknüpfung*)

[①] 参见肖永平《法理学视野下的冲突法》,高等教育出版社2008年版,第7页。
[②] 参见张仲伯《国际私法学》,中国政法大学出版社2012年版,第89页。
[③] 如果不通过立法加以废止,当出现货币急遽贬值的情况,司法实践一般会以情势变更为由调整此种约款。

原理，许多判决认为合同准据法包括所属法域嗣后通过的禁止金约款的规定。① 故此类直接适用法同样构成支配合同有效性事项的准据法的一部分。② 当它属于冲突规范指引的准据法体系，则在满足自身的适用条件时可以适用。除此之外，只有法院地直接适用法可以借助公共秩序保留等例外机制执行。③

准据法选择的界限应以民事立法为限④，此种准据法理论的内在限制无法解决公法的适用问题。统一指引虽然有助于准据法所属国直接适用法的适用，但此种实用主义的做法仍欠缺法律适用的逻辑。准据法支配的范围不会因为当事人具体选择哪一国家法律而有所改变。当事人仅仅期待服务于矫正正义（corrective justice）的中立型强制规范构成准据法，而那些基于分配正义（distributive justice）的公法性强制规范则不能通过当事人的选择适用。⑤ 无论将准据法视为能调整民商事关系的具体规范还是规范所在的法律体系，都不能改变公法性强制规范并不属于冲突规范指引的一国私法的范畴。直接适用法因其内在的性质需要适用，不会因为当事人选择该国法的缘故构成准据法。准据法所属国与直接适用法所属国的偶然契合的确可能有助于特定法律适用结果的达成，但对法律适用理论的构建没有实际意义。

另外，即使根据客观连结点的指引选择法律，将公私法冲突视为

---

① A. V. M. Struycken, General Course on Private International Law: Co‑ordination and Co‑operation in Respectful Disagreement, *Recueil des Cours*, Vol. 311, (2004), p. 425.

② See Frank Vischer, General Course on Private International Law, *Recueil des Cours*, Vol. 232, (1992), p. 170.

③ See Dieter Martiny, VO (EG) 593/2008 Art. 9 Eingriffsnormen, in Franz Jürgen Säcker & Roland Rixecker, hrsg, *Münchener Kommentar zum BGB*, Band 10, 5. Auflage, C. H. Beck, 2010, Rn. p. 37.

④ 参见國井敏明『準拠法の選択，解釈と抵触法的な等価性』，『東京大学法科大学院ローレビュー』2007 年第 2 期。

⑤ Mahmood Bagheri, *International Contracts and National Economic Regulation: Dispute Resolution through International Commercial Arbitratrion*, Kluwer Law International, 2000, pp. 190 - 191.

私法冲突解决也存在弊端。除非合同关系整体上位于一国，否则根据最密切联系确立准据法的方式往往存在争议。以货物销售合同为例，在当事人没有选择法律时，1955年《国际货物销售法律适用公约》(Convention on the Law Applicable to International Sales of Goods) 第3条指向卖方营业地法。此时可以实现卖方所在国的出口禁令希望发生的民事制裁，但对买方所在国颁布的进口禁令则完全视而不见。此种区分的原理是什么？特别优待准据法下的公法的正当理由又在何处？[1]在我国，司法实践一直将直接适用法引发的法律冲突作为私法冲突对待。虽然2004年中国银行（香港）诉铜川鑫光担保纠纷上诉案[2]已经认定外汇管制法能够直接适用，但我国法院更多是援引公共秩序保留或法律规避禁止制度[3]来排除外国准据法，从而根据统一联系原理适用我国的外汇管制法。《法律适用法》的颁布并未彻底改变此种做法[4]，直接适用法只在我国法没有得到冲突规范指引的情况下才可能直接适用。

（三）视为公法冲突的不足

由于国家主权因素的作用，解决公法冲突的属地适用理论一直存在，并于20世纪中后期兴盛。德国克格尔等学者认为保护政治经济政策的法律关系国家利益，宜由另一套冲突法体系解决[5]，属于国际行政法的范畴。它试图建立两套不同的选法体系，其中各国私法的适

---

[1] Frank Vischer, General Course on Private International Law, *Recueil des Cours*, Vol. 232, (1992), p. 166.

[2] (2004) 粤高法民四终字第6号判决书。

[3] 参见中国银行（香港）诉湛江第二轻工公司、罗发、湛江市政府担保纠纷案，(2004) 粤高法民四终字第26号判决书。

[4] 在东亚银行与香港千帆等融资租赁合同纠纷案中，法院认定当事人在《租赁协议》中约定适用的香港法律违反我国的金融法律政策及相关的禁止性规定，而没有直接适用之。(2014) 厦民初字第189号判决书。

[5] See F. Klein, et al., eds., *Basle Symposium on the Rôle of Public Law in Private International Law*, Schriftenreihe des Instituts für internationales Recht und internationale Beziehungen, Helbing & Lichtenhahn, 1991, p. 132.

用由私法冲突法解决，而根据公法冲突法（public conflict of laws），一国公法在本国领土之外没有效力[①]，从而发生国际私法的双轨制（Zweispurigkeit）。[②] 然而属地适用理论未如准据法理论那般声名显赫，更没能发展出一套普遍完善的法律适用规则，因此容易为人所忽视。不仅如此，其于直接适用法问题的解决也有不足之处。

首先，直接适用法能体现公法和私法的双重价值，单纯依靠解决不同国家公法冲突的方法容易忽略其中存在的私法因素。尽管公法冲突理论在强调本国公法必须适用的意图的同时，有时也会适当考虑国际交往利益的需要，从而对本国法的适用有一定的限制，但此种考量的要求往往不系统[③]；其次，由于公法冲突的性质，公法冲突理论不存在适用外国公法的可能，即使在本国公法限制的情形，只能驳回诉讼请求；而在一国面临涉外公私法冲突时，外国公法仍有直接适用的空间。

反垄断等公法领域的法律冲突主要依靠制定国单边解决，即由立法提前规定或由司法事后限定本国公法的适用范围。不同于国际私法的双边选法模式，若本国公法在案件审理时不可适用，亦不能将外国公法作为裁判的依据。该领域法律冲突的双边解决，乃是各国通过签订国际条约、协定的方式对管辖权事项加以协调分配。如所谓国际税

[①] F. A. Mann, Conflict of Laws and Public Law, *Recueil des Cours*, Vol. 132, (1971), p. 120.

[②] 参见杜涛《国际经济制裁法律问题研究》，法律出版社2015年版，第259页。

[③] 如美国《第三次对外关系法重述》第403条"立法管辖权的限制"第1、2款规定，即使402条构成立法管辖权的基础，在不合理的情况下，一国不能就与另一国有关的人或活动行使立法管辖权。对人或行为行使管辖权是否合理取决于对所有因素的适当评价：（1）活动与监管国领土的联系，如活动发生在该国，或对该国领土产生实质、直接及可预见的效果；（2）监管国和对被监管活动首要负责的人或监管旨在保护的人之间存在如国籍、居住地或经济活动的联系；（3）被监管活动的性质、监管对监管国的重要性、其他国家监管此类活动的程度以及普遍接受此类监管的程度；（4）所保护或损坏的合理期待的存在；（5）监管对国际政治、法律或经济体系的重要性；（6）监管和传统国际体系一致的程度；（7）另一国可能对监管活动存在利益的程度；（8）与另一国监管冲突的可能性。

法中的冲突规范，实质上是由税收协定规定在特定情形下缔约国可以对涉外所得行使征税权，与国际私法上的冲突规范存在本质区别。故此，在国际私法案件中可能发生司法管辖权和法律适用的分离，即受理案件的一国法院适用另一国法律作出判决，而在涉外公法诉讼中二者必须是统一的。

（四）公私法冲突与直接适用法

要明确直接适用法所属冲突类型的实质，必须从两方面考虑。一方面，直接适用法理论的兴起并非是说其原本应由冲突规范指引，而是因内在的公法性以及公私法律冲突的差异本身就需要特别对待。即作为私法适用法的国际私法，如何应对在跨国背景下的本国或外国公法在私人关系中的适用问题；另一方面，此种发生在私人诉讼当中的公法适用仅仅是公法对私人生活的干预，故不能交由解决国家间公法冲突的属地原则来处理。

无论外国准据法还是法院地法，都是指一国的私法体系。直接适用法属于公法的范畴，传统上不能由确立私法准据法的国际私法主宰，宜有其他的缘由。就国内民事案件而言，公法的入侵打破了私法自给自足的局面，从而需要发展应对此种公私法冲突的理论；就涉外民事案件而言，公法的入侵打破了由以当事人选法和最密切联系为特征的冲突规范指引的合同准据法以及在外国准据法无法被接受时运用公共秩序保留矫正的法院地法支配合同法律适用的局面，发生更为复杂的公私法冲突情形。在这一过程中，应注意发挥解决公私法冲突的转介条款的作用。①

从实体法的角度，公法作用于私法体系需要转介条款的帮助，且问题的关键在于如何解释转介条款。此类条款在涉外合同法律适用层面的归属值得关注，即在跨国背景下选择哪一国家的转介条款进行解释，特别是当出现强制规范所属国和准据法所属国的态度不一致的情况时。或许认为交由法院地的公共政策矫正，即在法院地的前置型强

---

① 参见第三章第二节的内容。

制规范没有明确规定自身发生的私法效果，原则上交由准据法所属国的转介条款支配，从而放大法院地公共政策的功能，使之承担公共秩序保留制度所不具有的任务。此种做法的适当性宜作进一步的分析。另外，国际私法领域中的公私法冲突毕竟与纯粹发生在国内的公私法冲突不同。其解决除了需要借助实体法对转介条款的解释外，还应融合国际一致等冲突法价值。以下是法律冲突的领域、类型以及解决方式三者的关系：

冲突的领域	冲突的类型	冲突的解决
纯粹的私法领域	私法冲突	冲突规范
纯粹的公法领域	公法冲突	属地适用
公私法交叉领域	公私法冲突（公法、准据法以及转介条款的冲突）	直接适用法制度（公法的属地适用、转介条款的解释以及国际一致等冲突法价值融合）

三　直接适用法代表的选法方法

建构直接适用法理论的过程如果不探求不同法律适用方法发生的本源，将造成不必要的误会。根据直接适用法所属的规范类型以及由此发生的特殊类型的法律冲突，可以发现直接适用法制度代表的乃是一种不同于以往的新的选法方法。

（一）既往选法方法的表现

从历史上看，14世纪意大利后注释法学派（*Postglossatoren*）的代表人物巴托鲁斯[①]脱离了传统解释罗马法的经院做法，基于如下假设创建法则区别说（*Statutentheorie*）：其一，法律冲突的解决应基于有关国家各自法律的适用意图；其二，通过检验所涉国家的实体法规范可以发现上述适用意图，并确定其是否希望适用于具体案件当中。

---

① 通过明确那些隐藏在罗马文本中的裁决基本原理，巴托鲁斯创设出一系列享有罗马法权威的新规则，由此只有巴托鲁斯主义者才可以成为法律工作者。See Peter Stein, *Roman Law in European History*, Cambridge University Press, 2004, p. 73.

与之相反，萨维尼建立的双边方法聚焦于纠纷或者说法律关系的分类。[1] 有学者对此作出评价，他断然抛弃延续了五百多年的法则区别说，从法律或法则自身的性质来探讨法律冲突的解决方法，改而从法律关系的性质入手，通过寻求其应隶属地域的法律，即所谓的"本座"，来解决各种不同法律关系应适用的法律。我们知道，法律规则乃是从社会关系中抽象出来的行为规则，因此，就法律规则与其调整的法律关系的关系来讲，法律关系是第一位的，法律规则是第二位的，法律关系决定法律规则。法则区别说的基础是建立在对法律规则的划分之上的，而萨维尼的法律关系本座说却抓住了法律关系本身的属性和分类来确定应予适用的法律，因此，后者显然比前者更准确地反映了法律冲突的本质，因而是一种更客观、更先进的法律选择办法。[2]

可见，法则区别说和法律关系本座说的差异极为有限。巴托鲁斯理解的法则正是抽象层面的法律关系的自身，只是在他所处的时代，法律方法还没有发达到可以专门创设这一概念，而只能借助法则区别此种注释方法来构成法律体系。[3] 总之，法则区别说解决的是私法规范引发的法律冲突，存在由相应的法律关系支配的空间，单边方法不是唯一的选择[4]，其最终形成的选法规则与双边冲突规范别无二致。

---

[1] Symeon C. Symeonides, *The American Choice – of – Law Revolution: Past, Present and Future*, Martinus Nijhoff, 2006, p. 367.

[2] 李双元、吕国民：《萨维尼法学实践中一个矛盾现象之透视》，《浙江社会科学》2000年第2期。

[3] 有学者经考证认为，当时对法源个别内容注释的方法之一便是区分（divisiones）。中世纪意大利法学没有发展成统一的法体系，但利用区别办法（distinguieren），先避免交错重叠，然后设法建立个别的法体系，即法源章句的相互关系，从而解决法源之间的矛盾。参见戴东雄《中世纪意大利法学与德国的继受罗马法》，中国政法大学出版社2003年版，第92页。

[4] 只是在强调那些令人厌恶的禁止性法则不得域外适用时，巴托鲁斯才集中使用单边方法。See Joseph Henry Beale, trans., *Bartolus on the Conflict of Laws*, Harvard University Press, 1914, p. 32.

故在法律关系本座说出现以后，法则区别说最终被理论层面所抛弃。

双边冲突规范指引准据法的过程，乃是从特定民事关系出发，根据法律关系中某些可地域化的特征即连结点指引应适用的法律，带有明显的私法属性。由于实体法对当事人意思自治的尊重，反映在冲突法层面，合同应适用当事人选择的法律。然而，实体法和冲突法毕竟是两个不同的领域。一国合同法下的意思自治，以任意规范支配的范畴为限。冲突法乃是解决因各国法律不同产生的私法冲突。如果将当事人可选择法律的范围同样限于任意规范支配的范围，则不仅会面临各国在界定任意和强制上缺乏一致性的难题，而且在效果上与不允许选择合同准据法的做法差别不大，毕竟当事人完全可以在实体层面将任意规范的内容并入合同当中，从而弥补意思表示的不足。

双边选法机制建立在各国民法能够普遍交换的基础上，内容趋同的合同法更是如此。那些构成合同基础的原则性规定，如契约必须信守、缔约自由，作为各国民法体系中的一般原则，虽是强制的，却不易产生法律冲突。而各国关于合同的形式、是否需要对价的态度不一，即使在国内法中规定了强制要求，为国际交往的需要，也不宜延伸至涉外领域。除了在极其例外的情形下利用公共秩序保留排除外国法，否则该领域的强制规范应由准据法支配，可以广泛地参与国际交换。

(二) 直接适用法的选法逻辑困惑

必须明确不同类型的法律冲突，否则单边或双边的提法容易混淆。巴托鲁斯的单边主义和萨维尼的双边主义都建立在私法冲突的基础上，而直接适用法却发生于公私法冲突领域。虽然直接适用法不构成法律选择上的普遍方法[1]，但它与冲突规范代表了两种截然相反的

---

[1] See Thomas G. Guedj, The Theory of the Lois de Police, a Function Trend in Continental Private International Law: A Comparative Analysis with Modern American Theories, *Am. J. Comp. L.*, Vol. 39, No. 4, (1991), p. 695.

调整涉外民事法律关系的方法。① 由于私法的适用基本上可以由双边冲突规范支配，即将内外国法置于平等地位；与之不同的是，作用于私法关系的公法性强制规范不具有可交换性，因而无法借助法律关系本座说，只能从个别规范的内容出发得出适用范围，这可以视为单边选法方法的回归。

以星花投资服务有限公司等债务及担保合同纠纷案②为例，就事后未登记的外商独资企业自行提供的对外担保③的效力，最高人民法院突破了 2000 年《关于适用〈中华人民共和国担保法〉若干问题的解释》（以下简称《〈担保法〉解释》）第 6 条的规定，认为此时担保人应受到行政处罚，而担保合同有效。虽然该案的实体结果值得肯定，但法律适用的路径存在不足。一方面，判决认为当事人选择香港法的行为规避了我国对外担保登记制度，从而以存在法律规避为由认定法律选择条款无效；另一方面，中国法适用的结果却是担保合同的效力仍应该得到维护，不因为未经登记而被否定。既然认为《〈担保法〉解释》第 6 条不适用于该案的对外担保合同，那么合同法律选择条款又有何必要借助所谓的违反我国法律中的禁止性规定而加以否定呢？④ 此种思路延续到当下，则法院一方面基于《法律适用法》第 4 条认定某些强制规范构成直接适用法，从而可以在冲突规范的指引之外适用，另一方面又从实体法的角度认为它不能对合同效力产生影响，进而丧失直接适用的资格，这无疑自相矛盾。

上述逻辑困惑乃是人为割裂了法律选择过程和法律适用结果。尽管

---

① 徐冬根：《论"直接适用的法"与冲突规范的关系》，《中国法学》1990 年第 3 期。国际私法存在直接与间接调整方法的区别，多认为直接适用法代表的是一种充满法律选择灵活性的直接方法。

② （2004）民四终字第 21 号判决书，案情参见第三章第二节的内容。

③ 根据《境内机构对外担保管理办法实施细则》第 8 条第 2 款的规定，此种情况事前不需要得到外汇管理部门的逐笔审批。

④ 金振豹：《境内机构违反规定对外提供担保的法律适用——星花投资服务有限公司 (Star Flower Investment Services LTD) 与杭州金马房地产有限公司等债务及担保合同纠纷上诉案》，《判例与研究》2008 年第 3 期。

二者通常存在适用上的顺序，即先确定准据法所在的法律体系，后寻找作用于本案的具体法律规则，但在特殊情况下并非如此。由于直接适用法集管辖权选择和规则选择于一体①，以直接适用法的适用为由否定或限制当事人选法应特别考虑强制规范对案件结果的影响。就合同领域而言，如果强制规范不能作用于合同效力，那么它在法律适用过程中也就失去了价值，毕竟法院处理的是当事人承担民事责任的私人纠纷。

（三）选法方法差异的实质

从深层次讲，这是由于以法律关系本座说为代表的双边方法和以直接适用法为代表的单边方法在方法论上的差异造成的。无论民事案件是否涉外，法律适用都是以涵摄为核心、运用三段论的过程②，这离不开对法律关系性质的分析。作为概念法学的体现，法律关系本座说的优点在于它利用法律关系的思维模型，将法律选择寓于法律适用③，从而构成符合大陆法系适用法逻辑的双边方法。依照法院地法将案件定性为特定民事关系，结合该法律关系所对应的冲突规范中的连结点事实找出应适用的法律体系。虽然只有冲突规范指引的准据法体系中的具体规则才能最终决定某种法律关系是否产生以及权利义务如何确定，冲突规范包含的法律关系不过是为了寻求准据法先行预判罢了，但法院地法和准据法发生定性冲突的情形并不常见。毕竟法律关系本座说建立双边方法的前提是各国民法体系具有可交换性，而可交换性的关键在于法律关系分类的近似程度。

对涉外民事案件中的直接适用法，由于自身的公法性质以及涉及私人类型的诉讼，其难以遵循上述形式逻辑。回到未经登记的外商独资企业对外担保问题，既然最高人民法院认为此种做法仅导致行政处

---

① See Thomas G. Guedj, The Theory of the Lois de Police, a Function Trend in Continental Private International Law: A Comparative Analysis with Modern American Theories, Am. J. Comp. L., Vol. 39, No. 4, (1991), p. 679.

② 参见陈自强《民法讲义Ⅰ：契约之成立与生效》，法律出版社2002年版，第2页。

③ 就国内民事案件，法律适用的步骤仍要将具体的社会关系定性为法律关系，这是法律适用逻辑的起点。

罚的发生，但不及于合同效力，则不能再以此为由否定当事人选法的效力，毕竟此种选法限制正是出于特定实体结果的发生。目前先确立准据法后进行事实认定和适用法律的判决论述方式在阐述直接适用法问题时会遭致不便。就此，要么在查找准据法所在法律体系的部分一并探讨强制规范对合同效力所能产生的影响，从而明确其有必要在准据法之外直接适用的地位[1]；要么仅在此部分确定合同所要适用的准据法，而就强制规范能否构成效力性强制性规定进而直接适用留在实体法律适用部分论述。后一种方法虽然尚且不为法院所使用，但从逻辑证成的角度是较好的选择。

（四）直接适用法的双边化

1. 直接适用法双边化的动因

尽管直接适用法在方法论上构成真正意义的单边方法，但在制度层面的双边化亦有必要。有学者认为，任何法院都必须遵从本国的立法意图适用规范涉外合同的法律，规定法院地直接适用法制度是多余的。[2] 对其他国家的直接适用法，如果缺乏相应的适用制度，则不存在于法院地国适用的依据。就此，尽管各国对外国特别是第三国直接适用法的适用标准仍缺乏共识[3]，但在法院地直接适用法大行其道、

---

[1] 虽案涉《权益确认书》约定适用香港法，但根据《法律适用法》第4条，《外汇管理条例》要求对外担保需通过外汇管理机关的批准及登记，故判定作为国内法人的被告向境外公司即原告提供担保的效力问题上，应直接适用内地的法律规定。（2011）东二法民四初字第126号判决书。

[2] A. L. Diamond, Harmonization of Private International Law Relating to Contractual Obligations, *Recueil des Cours*, Vol. 199, (1986), pp. 291 – 292. 法院地直接适用法可以通过公共秩序保留、认定为程序问题、法律规避制度等间接方式适用。See Dieter Martiny, VO (EG) 593/2008 Art. 9 Eingriffsnormen, in Franz Jürgen Säcker & Roland Rixecker, hrsg, *Münchener Kommentar zum BGB*, Band 10, 5. Auflage, C. H. Beck, 2010, Rn. p. 37.

[3] 强制规范所属之第三国是否限于没有选择时的自体法所属国？其他拥有重大或密切联系的国家的法律能否适用？是存在宽泛的自由裁量权，从而将社会、道德或政治因素予以考虑，还是由国内法律和实践指导此类规范的适用？是否限于国际普遍接受的价值？最重要的是，如何协调执行第三国直接适用法的权力和意思自治原则以及确定性和可预见性的关系？See Peter E. Nygh, *Autonomy in International Contracts*, Oxford University Press, 1999, p. 223.

日益冲击着传统双边选法机制的今天，如果一概不承认外国直接适用法在法院地国的适用资格，将会加重当代国际私法的危机。毕竟各国经济法的实施首先不依赖于法院，而是依赖于专门的经济行政机构，因此无论法院地国是否考虑外国经济法的适用结果，都不会妨碍外国行政机构在其管辖范围内执行本国的经济法，从而对在他国进行的诉讼产生实际影响。① 更何况在全球化的背景下，各国在反垄断、反贿赂、环境治理、弱者保护等领域上的价值共识与法律合意逐渐浮现，承认外国公法的效力也是一国积极参与全球治理的题中之义。②

故此，加强在直接适用法领域的相互合作乃至形成直接适用法共同体成为各国的必然选择。这说明适用法层面的礼让已经不仅仅表现为国家间的友好谦让，而是基于现实的需要。③ 反之，对外国直接适用法不加以规定容易使人认为中国的做法只是单纯为了照顾内国法的适用和内国利益的实现，缺乏国际社会利益互助共建的追求。④ 具体而言，直接适用法的双边化并非单边冲突规范的补足，而是一种特别的双边主义。传统私法领域的双边化乃是通过一国制定双边冲突规范来完成；而传统公法领域的双边化则表现为各国签订国际条约分配国际公法上的管辖权。⑤

与上述做法不同，无论法院地直接适用法还是外国直接适用法都需要对单个或若干强制性规则的性质、目的进行判断，构成单边选法模式。然而从一国法律适用的整体情况看，如果对外国直接适用法的适用不作过多的限制，则同样可以实现双边的选法结果。考察外国直

---

① 参见宋晓《当代国际私法的实体取向》，武汉大学出版社 2004 年版，第 278 页。

② 参见肖永平、龙威狄《论中国国际私法中的强制性规范》，《中国社会科学》2012 年第 10 期。

③ See A. V. M. Struycken, General Course on Private International Law: Co-ordination and Co-operation in Respectful Disagreement, *Recueil des Cours*, Vol. 311, (2004), p. 43.

④ 参见沈涓《法院地法的纵与限——兼论中国国际私法的态度》，《清华法学》2013 年第 4 期。

⑤ 此类双边合作的范例，参见杜涛《经济冲突法：经济法的域外效力及其域外适用的理论研究》，《国际经济法论丛》2003 年卷，第 242—243 页。

接适用法的适用意图构成反向单边主义①,能弥补法院地直接适用法的缺陷,无疑突破了传统单边选法理论。从可交换性与法律选择的关系看,直接适用法的双边化并非表现为不同国家的直接适用法的直接替代,而是在长期国际交往的过程中,通过此类规则在涉外私法案件中的普遍单边适用实现相互尊重国家政策的目标。

2. 直接适用法双边化的举措

就现有的立法而言,与法院地直接适用法"应该适用"的含义没有异议相比,"可以考虑"外国直接适用法的措辞模棱两可。② 严格来讲,可以考虑(prise en considération)是一项实体法的表达,如同《法国刑事诉讼法》第689条③在对当事人量刑时考虑对其已在国外遭受的刑罚。④ 与公法领域不同的是,在国际私法层面,作为法律适用的外国直接适用法要考虑规范本身的性质和目的,进行利益分析和平衡,其适用后果最终要受到法院地法的检验⑤;而作为案件事实的外国直接适用法则更多考虑此种规范造成的特定情势对合同履行的实际影响,对外国法的礼让因素并非要考虑的主要问题。由于《罗马公约》《罗马条例Ⅰ》中的外国直接适用法作为案件应适用的法律的一部分,可以说其中的"考虑"就是指"适用"。简而言之,当法院地直接适用法和外国直接适用法存在真实冲突时,法院地法优先;而当多个外国直接适用法发生冲突时,则特别考虑规范的性质、目的以及

---

① Jürgen Basedow, The Law of Open Societies: Private Ordering and Public Regulation of International Relations, *Recueil des Cours*, Vol. 360, (2012), p. 330.

② Martiny, VO (EG) 593/2008 Art. 9 Eingriffsnormen, in Franz Jürgen Säcker & Roland Rixecker, hrsg, *Münchener Kommentar zum BGB*, Band 10, 5. Auflage, C. H. Beck, 2010, Rn. p. 52.

③ 同见《中华人民共和国刑法》第10条"对外国刑事判决的消极承认"。

④ Pierre Mayer, Les lois de police étrangères, *JDI*, Vol. 108, n° 2, (1981), p. 308.

⑤ 从立法的表述看,性质和目的与适用后果的要求并重。但有学者认为当外国直接适用法为公法性,应关注其服务的利益;若是私法性的,更需考虑适用的后果。See Michael Hellner, Third Country Overriding Mandatory Rules in the Rome I Regulation: Old Wine in New Bottles? *J. Priv. Int'l L.*, Vol. 5, No. 3, (2009), p. 468.

适用与不适用的后果。

就外国直接适用法在法院地国的适用应特别考虑的事项，在积极层面需要满足价值共生原则，即外国直接适用法所服务的利益必须能增进法院地国的利益。从瑞士国际私法的角度，除非法院地国和直接适用法所属国的利益一致，否则法院地国不会接受外国的民事制裁。[1] 一旦出现价值共享的情况，则很难不适用外国的直接适用法，故利益等同构成是否适用的首要条件。[2]

霍特认为，法院可以对推动共同接受的政策或阻止共同承认的罪恶的外国政府经济制裁予以考虑。事实上，法院的确有时将本国支持相同的政策和价值的情形作为适用此类外国禁止的额外考虑因素。例如德国最高法院认为美国对东德禁运硼砂的禁令同样保护西德的利益而予支持。在另一案件中，该院认可了外国（尼日利亚）对本国文物的出口禁令。此外，价值共生既解释了国际货币基金组织准许的成员国货币管制应被其他成员国承认的原因，又解释了那些投票赞成抗议南非（种族隔离行为）的无法律约束力的联合国大会决议的一国为何给予另一国实施上述抗议措施以效力的原因，还解释了北约国家相互承认针对社会主义国家采取的贸易禁运的原因。[3] 上述案件虽然多在直接适用法制度确立之前发生，但足以说明外国直接适用法如若希望在规范层面上为法院地国所承认，必须与法院的法规命令或政策

---

[1] Frank Vischer, General Course on Private International Law, *Recueil des Cours*, Vol. 232, (1992), p. 174.

[2] 在一起关于比利时公司和突尼斯公司签订的独占销售协议的案件中，比利时法院以突尼斯的法律不具有普遍性为由，拒绝根据《罗马公约》第 7 条第 1 款考虑适用禁止排他销售协议的突尼斯竞争法。Tribunal de commerce de Mons, 2.11.2000. See Max Planck Institute for Comparative and International Private Law, Comments on the European Commission's Green Paper on the Conversion of The Rome Convention of 1980 on the Law Applicable to Contractual Obligations into a Community Instrument and its Modernization, p. 82, http://ec.europa.eu/justice/news/consulting_public/rome_i/contributions/max_planck_institute_foreign_private_international_law_en.pdf.

[3] H. van Houtte, Impact of Trade Prohibitions on Transnational Contracts, *Int'l Bus. L. J.*, No. 2, (1988), p. 149.

目标具有类似的价值。不过，是外国直接适用法的适用必须增进法院地的利益，还是仅仅需要不违反法院地的公共利益，此种一致的程度存在争议。[1] 但无论如何，价值一致并非规范内容相同。[2]

相反在消极层面，因为存在价值或利益上的严重冲突，当一国为应对外国法的域外效力而颁布对抗性的法律（blocking statutes）[3] 时，该国的法院绝对不可能适用外国的直接适用法，否则将违反本国法的意图。甚至在其具有准据法的身份时，也难改变不被承认的命运。外国直接适用法的排除还往往发生在所属国出于自私利益制定歧视或压迫法律的情形。在 Frankfurther 案中[4]，原告奥地利籍的犹太人和被告英国公司存在有偿委托关系。在第二次世界大战前夕，被德国控制的奥地利颁布了具有纳粹性质的法令，规定任何与犹太人的交易都是非法的，由此原告被迫通知被告向奥地利当局支付剩余的手续费。后来原告逃往英国并希望获得上述手续费，而被告则以奥地利的法令为抗辩。此种法令构成一国直接适用法，但英国法院认为，奥地利压迫性的法令违反英国公共政策而不能给予效力。

同样在 1959 年德国联邦最高法院审理的东德外汇管制案中[5]，虽然法院最终运用外国公法不适用理论排除了东德外汇管制法的适用资格，但其对东德法律仅出于本国自私利益的评价说明该法本身的不合理才是不适用的真正理由。故在直接适用法理论的背景下，出于自私利益制定的法律以及在缺乏国际法依据的情况下针对他国采取的禁运、制裁、抵制等政治性敌对措施即使构成一国直接适用

---

[1] See Kerstin Ann – Susann Schäfer, *Application of Mandatory Rules in the Private International Law of Contracts*, Peter Lang, 2010, p. 154.

[2] But see Andreas Bucher, La dimension sociale du droit international privé, *Recueil des Cours*, Vol. 341, (2009), p. 258.

[3] 也有翻译为障碍法或预防性立法。参见何其生、孙慧《外国公法适用的冲突法路径》，《武大国际法评论》第 14 卷第 1 期（2011 年），第 205 页；杜涛《经济冲突法：经济法的域外效力及其域外适用的理论研究》，《国际经济法论丛》2003 年卷，第 237 页。

[4] Frankfurther v. WL Exner Ltd., [1947] Ch. 629.

[5] BGH 17.12.1959, BGHZ, 31, 367.

法，因为有损他国的主权或国民的利益，也注定得不到域外法院的支持。①

四 小结

直接适用法基本理论的构造需要从规范分类、冲突类型以及选法方法三个方面加以展开。就规范分类而言，作为实体强制规范在冲突法层面投射的反映，直接适用法表现为公法性的前置型强制规范，而非内设型或外接型强制规范；就冲突类型而言，直接适用法的出现导致跨国背景下的公私法冲突的发生，不同于传统国际私法所解决的纯粹私法冲突以及属地适用理论所应对的公法冲突。此类冲突需要将转介条款纳入直接适用法制度当中加以妥善解决；就选法方法而言，作为特别联系理论作用的结果，直接适用法不同于法律关系本座说为代表的双边选法方法，在方法论上构成真正意义上的单边方法。但通过直接适用法制度的双边化，可以考虑外国同类规则在本国涉外民商事审判中的适用，以此区别于在涉外公法诉讼中解决公法冲突的属地主义做法。以下是它们的对应关系：

规范分类	冲突类型	选法方法	理论基础	立法表现
内设型强制规范	私法冲突	双边方法	准据法理论	《罗马条例Ⅰ》第3条第3款
外接型强制规范	特别私法冲突	双边方法	准据法理论（特别冲突规范）	《罗马条例Ⅰ》第6、8条
前置型强制规范	公私法冲突	单边方法（考虑直接适用外国同类规范）	特别联系理论	《罗马条例Ⅰ》第9条
	公法冲突	单边方法（不考虑直接适用外国同类规范）	属地适用理论	无

---

① Nathalie Voser, Mandatory Rules of Law as a Limitation on the Law Applicable in International Commercial Arbitration, *Am. Rev. Int'l Arb.*, Vol. 7, No. 3-4, (1996), p. 353.

第三节　直接适用法的概念辨析

基于既往的理论和司法实践，作为援用直接适用法依据的直接适用法制度容易与公共秩序保留、法律规避禁止、单边冲突规范、合同法律适用的但书条款以及统一民商事国际公约等概念发生混淆，本节将分别予以辨析，从外部的视角进一步明确直接适用法的功能内涵。

一　直接适用法制度和公共秩序保留的辨析

明确直接适用法和公共秩序保留的关系一直是国际私法理论体系当中老生常谈却又十分重要的话题。由于二者都能达到限制外国法适用的目的[1]，以往包括我国[2]在内的大陆法系国家多认为直接适用法彰显公共秩序的积极功能[3]，从而与公共秩序保留构成一枚硬币的两面。[4] 早在1861年，意大利的孟西尼即将反映法院地公共政策的公法属地适用视为一项法律适用原则[5]，从而改变了之前视为国际私法例外的认识。由于我国的公共秩序和善良风俗在实体法当中笼统地表述为社会公共利益[6]，更加剧了学者对直接适用法制度和公共秩序保留

---

[1] 参见梅傲《国际私法人本论》，法律出版社2015年版，第117页。

[2] 2002年《涉外商事审判实务问题解答》（讨论稿）第54条将违反我国法律的限制性或者禁止性规定视为违反我国社会公共利益的情形。

[3] Jan Kropholler, *Internationales Privatrecht*, 6. Auflage, Mohr Siebeck, 2006, S. 244. 甚至仍有个别学者认为法院地直接适用法可以由基本公共政策条款涵盖。See Kurt Siehr, General Problems of Private International Law in Modern Codifications, *Yb. Priv. Int. L.*, Vol. 7, (2005), p. 57.

[4] Michael Bogdan, Private International Law as Component of the Law of the Forum, *Recueil des Cours*, Vol. 348, (2010), p. 184.

[5] G. Parra-Aranguren, General Course of Private International Law – Selected Problems, *Recueil des Cours*, Vol. 210, (1988), pp. 122–123.

[6] 2017年《民法总则》第143条、153条采用"公序良俗"取代"社会公共利益"作为民事法律行为无效的依据。

功能混同的担忧①,因而存在辨析的必要。

(一) 直接适用法制度和公共秩序保留差异的表现

德国国际私法学者巴斯多教授提出了较为系统的观点,认为二者存在如下区别②:

首先,所属领域的不同。直接适用法多存在于合同、证券交易之类的商事领域,公共秩序保留则集中于人的身份领域。如家庭、继承领域的海牙法律适用公约以及关于离婚和司法别居法律适用的《罗马条例Ⅲ》确立了公共秩序保留,但都未对直接适用法制度作出规定。不过多数国家在进行国际私法编纂时都没有将直接适用法限于商事领域,而是将其作为法律选择的一般原则。

其次,监管程度的不同。公共秩序保留指引的多是国家、社会或某一法律领域的基本秩序,而直接适用法的援用则往往表明具体的规则和监管优于普通冲突规范。这一论断存在例外。如采用效果原则的《德国反限制竞争法》(*Gesetz gegen Wettbewerbsbeschränkungen*, *GWB*)整体上构成直接适用法,而公共秩序保留可以演化为更为具体的情形,如确保当事人离婚的权利、对在本国举行的婚姻要求登记。

再次,适用范围的不同。直接适用法可以包括明确的适用范围,而公共秩序保留下的公共秩序具有一般性质,并没有规定其属地或属人的联系。但直接适用法的适用范围更多地需要解释立法的目的,从而类似于公共秩序保留的运用。要注意的是,无论公共秩序保留还是直接适用法,最终都需要案情与法院地存在联系。只有维护基本人权的普遍价值才可以超越地域的限制,从而通过公共秩序保留的方式在法院地国适用。

最后,表现形式的不同。区别于直接适用法,除了制定法和案例法中的成文规则之外,公共秩序还包括每个法律体系中最为重要的非

---

① 参见林燕萍《〈涉外民事关系法律适用法〉第4条及其司法解释之规范目的》,《法学》2013年第11期。

② Jürgen Basedow, The Law of Open Societies: Private Ordering and Public Regulation of International Relations, *Recueil des Cours*, Vol. 360, (2012), pp. 432–436.

成文规则。从历史的角度来看，这个假定反映了制定法和判例法逐渐增多的趋势。许多原则一开始是非成文的，因外国法的适用人们才意识到它的存在。但这种情形十分少见，那些普遍承认的原则已经成文化。

（二）直接适用法制度和公共秩序保留的实质区别

从以上方面大致可以勾勒出二者的差异，但不应只停留于作用机制上的比较①，应特别注意区别它们的内涵。就性质而言，直接适用法与国家公共机构的运行功能密切相关。追求一国特别目标的条款并非为确保基本的道德观念和正义原则，而是表现为国家出于维护经济秩序和社会福利的目的对私人活动的监管。② 由此，作为直接适用法判断标准的公共利益更确切地说是国家利益，特别反映在国家对具体部门领域的监管层面，通过立法自上而下推行；而作为外国法管控机制的公共秩序保留，则更多表现为一国的道德观念或法律原则，偏向于公序良俗的范畴，与一国社会环境、习惯传统以及人的观念密不可分，需要法官在司法实践中自下而上地加以认定。

由于法律禁止和公序良俗都表现为对民事主体滥用意思自治的限制，这种区分只是一种理想状态。从冲突法的角度，如果一国没有直接适用法制度，其功能仍要通过公共秩序保留完成。从实体法的角度，当商业代孕协议③在我国需要被认为无效时，在立法规制通过前④，法院只能援用公序良俗加以否定。这反映了国家法与民间法之

---

① 除此之外，作用机制的细微差异如下：其一，根据有些国家的实践，公共秩序保留的结果未必总倒向法院地法；其二，法院地不会直接考虑外国的公共秩序；其三，公共秩序的改变具有溯及力。See Peter E. Nygh, *Autonomy in International Contracts*, Oxford University Press, 1999, p. 206.

② See Seyed Nasrollah Ebrahimi, *Mandatory Rules and other Party Autonomy Limitations*, Athena Press London, 2005, p. 191.

③ 各国对待代孕的态度，参见肖永平、张弛《比较法视野下代孕案件的处理》，《法学杂志》2016年第4期。

④ 目前我国唯一禁止代孕的规定是卫生部2001年颁布的《人类辅助生殖技术管理办法》第3条。该规定不仅效力位阶低，且仅针对的医疗机构和医务人员不得实施代孕技术。

间的互动,也构成公法与私法沟通的方式。即使已经为法律明确禁止,是选择法律禁止还是公序良俗作为评判依据往往取决于法官个人的偏好。故在合同领域,二者反映了因法律禁止而生的不法(malum quia prohibitum)与违反公序良俗此种本质的不法(malum in se)[①]是否要统一的争论,即如何看待《合同法》第52条第4项和第5项的关系。一旦合同违反法律和不道德的规定在实体法上二元并立[②],无论对国内案件还是涉外案件,都应尽量寻求明确的法律禁止依据,避免对抽象的概括条款的过分依赖。

由此,作为《合同法》第52条第4项和第5项的对应,《法律适用法》第5条和第4条可以实现选法功能的良好划分,在各自领域内发挥限制外国法适用的效果。此时,《合同法》第52条第5项的强制性规定构成潜在的《法律适用法》第4条的直接适用法,而《合同法》第52条第4项导致合同无效的社会公共利益不构成直接适用法。[③] 后者只有在外国准据法判定合同有效的结果与我国社会公益严重不符时,才能通过公共秩序保留排除外国法并转向我国法时适用。故就直接适用法制度和公共秩序保留的关系,应关注二者所希望援引的法院地规范在实体法的表现,尽量避免功能上的重叠。

最后,此种重叠特别出现在英国普通法下通过判例的方式规则化的公共政策(crystallised rules of public policy)。在Rousillon案,住所都位于法国的瑞士人与法国人约定瑞士人不得在英国与法国人竞争生

[①] See G. van Hecke, The Effect of Economic Coercion on Private Transactions, *Rev. Belge Dr. Int'l*, Vol. 18, (1984 - 1985), p. 118. G. van Hecke, Foreign Public Law in the Courts, *Rev. Belge Dr. Int'l*, Vol. 3, (1969), p. 67.

[②] 有关违法和违反公序良俗应该采用一元论还是二元论的争议,参见谢鸿飞《论法律行为生效的"适法规范"——公法对法律行为效力的影响及其限度》,《中国社会科学》2007年第6期。

[③] 《德国民法典》第138条被认为不构成直接适用法,否则与强制规范积极适用的性质相矛盾。See Alexander J. Bělohlávek, *Rome Convention - Rome I Regulation*: Commentary: *New EU Conflict - of - Laws Rules for Contractual Obligations*, Juris Publishing, 2010, p. 1497.

意。该协议依法国法有效,但违反英国的公共政策。英国法院认为不应该执行一项违反本国公共政策的合同,无论其在何处缔结。如果一国法院仅仅因为合同在他国成立就应当执行,即使这样做会违反本国的公共政策,这简直是荒谬的。[①] 此时,对限制贸易协议的禁止构成普通法下规范合同不法的确定规则,并非抽象的公序良俗。此类规则在国际私法层面的适用,到底要借助公共秩序保留,还是构成直接适用法,存在争议。[②]《〈罗马公约〉报告》认为直接适用法既可以是制定法,也可以是判例法[③],故倾向于直接适用之。

二 直接适用法制度和法律规避禁止的辨析

法律规避（*Gesetzesumgehung*）,又称僭窃法律（*fraude a la loi, fraus legis*）或欺诈设立连结点（fraudulent creation of points of contact）,是指当事人故意制造某种连结点的构成要素,避开本应适用的强制性或禁止性规则,从而使得对自己有利的法律得以适用的行为。[④] 需要明确的是,此处以合法形式（制造或改变连结点）掩盖非法目的（达到改变法律选择结果从而避开对其不利的强制规范的适用）的做法不满足意思表示的构成要件,不同于《合同法》第 52 条第 3 款规制的民事法律规避行为,因此不存在是否有效的问题。同理,法律规避禁止是指人为制造连结点的事实不发生当事人希望的法律选择结果,即不具有法律选择价值,从而构成冲突法上的矫正制度,其自法

[①] Rousillon v. Rousillon, (1880) 14 Ch D 351.

[②] Lawrence Collins, et al., eds., *Dicey, Morris & Collins on the Conflict of Laws*, 14th ed., Sweet & Maxwell, 2006, p. 26. But see James J. Fawcett & Janeen M. Carruthers, eds., *Cheshire, North & Fawcett Private International Law*, 14th ed., Oxford University Press, 2008, p. 736.

[③] Mario Giuliano & Paul Lagarde, Report on the Convention on the Law Applicable to Contractual Obligations, OJC 282, http://eur-lex.europa.eu/LexUriServ/LexUriServ.do? uri = CELEX: 31980Y1031 (01): EN: HTML. 出处下同。

[④] 参见肖永平《法理学视野下的冲突法》,高等教育出版社 2008 年版,第 154 页。

国最高法院审理鲍富莱蒙案①以来长期在欧陆国际私法②中占据一席之地。③

（一）当事人主观状态的关注与否

与直接适用法制度不同，法律规避禁止更关注当事人在形成连结点事实时的主观状态，因此难以在当今的合同法律适用领域立足。首先，当事人的选法行为构成一种特别类型的法律行为，不属于制造连结点的情形。法律规避的应有之义是当事人不具有法律选择的权利，这明显与合同法律适用原则相矛盾。故学理上认为，如果因某些特别重要的强制规范的适用需要限制当事人选法的效力，宜通过直接适用法制度完成。④ 在实践中，自直接适用法制度兴起以后，极少有立法在确立该制度的同时对法律规避禁止加以规定。⑤ 如《〈罗马公约〉报告》认为，《罗马公约》第7条的直接适用法条款能够直接挫败当事人逃避准据法之外法律体系下的特别强制规范的意图，故而不需要规定法律规避禁止。在我国，由于法律规避禁止在实践中主要服务于我国公法性强制规范的直接适用，《法律适用法》没有作出安排。⑥

---

① Cass. Civ. 18 mars 1878, S. 1878. 1. p. 193.

② 在英美法系，除合同等少数领域，法律规避禁止在国际私法上不具有重要地位。James J. Fawcett, Evasion of Law and Mandatory Rules in Private International Law, *Cambridge Law Journal*, Vol. 49, No. 1, (1990), p. 44.

③ 据不完全统计，以下国家和地区曾经设置法律规避禁止制度。亚洲：中国大陆、台湾地区、澳门地区、乌兹别克斯坦、吉尔吉斯斯坦、哈萨克斯坦、阿塞拜疆等；欧洲：罗马尼亚、比利时、匈牙利、葡萄牙、西班牙、白俄罗斯、南斯拉夫、乌克兰等；非洲：塞内加尔、加蓬、突尼斯、阿尔及利亚等；美洲：阿根廷、巴拿马等。

④ Henri Batiffol & Paul Lagarde, *Traité de Droit International Privé*, Vol. 1, 8th ed., Pichon et Durand‐Auzias, 1993, p. 595.

⑤ 参见许庆坤《我国冲突法中的法律规避制度：流变、适用及趋势》，《华东政法大学学报》2014年第4期。

⑥ 参见郭玉军《中国国际私法的立法反思及其完善——以〈涉外民事关系法律适用法〉为中心》，《清华法学》2011年第5期（强制性规定不需要考察当事人是否有法律规避的主观故意，只要规定本身具有强制性即可得到适用，因此可以替代法律规避制度的功能）。

《〈法律适用法〉解释（一）》第 11 条虽然重新规定，但要求只能是一方当事人为制造连结点规避我国法，故将其排除于合意选择法律的领域。① 故在《法律适用法》实施后，直接适用法制度存在取代法律规避禁止的趋势。

（二）所针对强制规范的类型差异

除当事人的意图以及适用的领域外，二者更关键的区别在于面临的强制规范类型的不同，即是否由准据法支配。② 根据强制规范以及法律冲突的分类，直接适用法针对的是传统私法之外的强制规范，其发生冲突的领域为公私法冲突；法律规避禁止当中的强制规范理应由冲突规范支配，只是那些采用硬性连结点的冲突规范容易被当事人加以利用，从而改变连结点的指向。故此类强制规范属于私法的范畴，能够进行国际交换，这一点类似于矫正法律选择结果的公共秩序保留适用的情形。我国立法一直强调法律规避的对象是法律、行政法规的强制性规定，与直接适用法的位阶一致，从而容易发生混淆。尽管如此，随着冲突规范软化处理（softing process）③ 的普遍采用，法律规避禁止发挥作用的空间越小④，逐渐被抛弃。

（三）对直接适用法的规避

既然作为一项冲突法制度的法律规避禁止乃是针对可以进行普遍

---

① 在我国直接适用法制度确立的背景下，法律规避禁止制度被认为完全没有存在的必要。参见许庆坤《国际私法中的法律规避制度：再生还是消亡》，《法学研究》2013 年第 5 期；王骞宇《直接适用的法之实践检视与理论反思》，《江西社会科学》2015 年第 5 期。

② 参见徐崇利《法律规避制度可否缺位于中国冲突法——从与强制性规则适用制度之关系的角度分析》，《清华法学》2011 年第 6 期。

③ 参见徐冬根《国际私法》，北京大学出版社 2013 年版，第 160 页；李双元、张明杰：《论法律冲突规范的软化处理》，《中国法学》1989 年第 2 期。

④ 法定婚龄的规定毫无争议地构成中立型强制规范，从而能够参与跨国交换。即使外国婚龄更低，但只要达不到援用公共秩序保留的程度，仍可得到我国法院的认可。然而，以往我国结婚的法律适用采用婚姻缔结地作为唯一连结点，从而使国籍和住所皆在我国的当事人通过旅行婚姻的方式恶意规避法定婚龄的规定。考虑目前《法律适用法》第 21 条对共同属人法的青睐，该问题不复存在。

交换的私法领域的强制规范，不免存在如下疑问，那些要求直接适用的公法性强制规范是否存在被规避的可能。从实体法的角度看，《合同法》第52条除确立了违反法律、行政法规强制性规定的合同无效规则之外，还规定以合法形式掩盖非法目的的合同无效①，此处的非法同样应限于《〈合同法〉解释（二）》第14条的效力性强制性规定。②《合同法》第52条第3项本质上只是在重申第5项必须适用的要求，即此类强制性规定不能通过迂回的方式逃避。即便没有此项规定，法官通过对强制性规定的目的解释也可以得出相同结论。③

区别于上述反映掩盖事实、改变定性等实体法上逃避方式，当事人在国际私法层面可以通过冲突法上的方式规避《合同法》第52条的法律、行政法规强制性规定。特别当某一直接适用法具有较为明确的属地或属人适用范围，为摆脱此类规范的直接适用，当事人故意在该法域之外设置联系，如成立导管公司、虚拟交易地。此时，行使自由裁量权的法官必须在探究强制规范内在的适用意图和维护交易安全之间寻求平衡，以决定此时是否发生法律禁止的情形④从而能否直接适用，故不需要单独设置禁止规避直接适用法的条款。

三 直接适用法制度和单边冲突规范的辨析

单边冲突规范是指系属直接指出国际民事关系应适用某国法特别是内国法的冲突规范。⑤ 作为法院地法本位主义的体现，单边冲突规范在国际私法理论尚不发达的时期盛行。为应对实践当中出现的纠

---

① 关于该款含义的争议，参见朱广新《论"以合法形式掩盖非法目的"的法律行为》，《比较法研究》2016年第4期。

② 参见王轶《民法总则法律行为效力制度立法建议》，《比较法研究》2016年第2期。

③ 除了规定虚假的意思表示之外，《民法总则》在民事法律行为部分没有规定类似于《合同法》第52条第3项的条款。

④ 如由于A国禁止向B国出口某种货物，A国公司在无此种禁止的C国准备货源或进行生产并出口至B国，是否违反此类禁止？或A国公司先将货物从A国出口至C国，然后转售B国，是否违反此类禁止？

⑤ 参见章尚锦、杜焕芳《国际私法》，中国人民大学出版社2014年版，第40页。

纷，此种立法的不全面可以通过司法上的双边化予以补足。随着国际私法立法的向前推进，单边冲突规范已经不多见。

(一) 理论分歧的解决

就直接适用法制度和单边冲突规范的关系，首先，有学者认为直接适用法自身包含单边冲突规范[1]，如此一来直接适用法也需要冲突规范的指引，因此其存在的必要性大打折扣[2]；其次，二者在影响当事人的法律选择方面具有类似的功能，即否认了当事人选择法律的效力[3]；另外，考虑到通常直接适用法制度限于法院地法的范畴，而一国法下的单边冲突规范也往往指向法院地法，更容易使人认为它们的结构和功能存在类似之处。

然而，二者无论在选法模式、法域还是规则指向上以及是否存在功能性考量方面都存在诸多差异。[4] 从本体的角度看，包括单边冲突规范在内的冲突规范都旨在解决不同国家的私法冲突，而直接适用法则是跨国领域内公法介入私法关系的结果；从方法论的角度看，法律关系本座说采取立法演绎的方式对民事法律关系作系统分类，进而选取恰当的本座用以确定一类规则的适用，偶然出现的单边冲突规范也是如此；而直接适用法则需要法官从单个规范的适用意图出发，是否构成需要进一步地归纳。

另外，由于在选法结果上于单边冲突规范的性质类似，选择法院

---

[1] Trevor C. Hartley, Mandatory Rules in International Contracts: The Common Law Approach, *Recueil des Cours*, Vol. 266, (1997), pp. 346 – 348.

[2] 我国学者也有此种看法，如认为直接规范都需要间接规范的指引才能适用，参见谢石松《论国际私法中的"直接适用的法"》，《中国国际法年刊》2011年卷，第441页；谢石松《国际私法学》，高等教育出版社2007年版，第73页。此种观点混淆了直接适用法和作为直接适用法判断依据的适用范围条款以及直接适用法制度，后者只是前者在冲突法上的反映，并非援用的充分依据，能否构成直接适用法最终由强制规范自身的性质和目的决定。

[3] 参见徐冬根《国际私法趋势论》，北京大学出版社2005年版，第404页。

[4] 参见许兆庆《海事国际私法上「至上条款」与「即刻适用法则」简析——评新海商法第七十七条之订定》，《月旦法学杂志》2001年6期。

地法作为连结点的冲突规范也被称为假性双边规范。① 就此类冲突规范与直接适用法的关系，有观点认为此种只要诉讼在该国提起就必须适用的法院地强行法（compulsory rules）构成直接适用法的特殊形态。② 此种求助于法院地法的做法更多地是出于案件审理的便利，如《中华人民共和国海商法》（以下简称《海商法》）第272条规定，船舶优先权适用受理案件的法院所在地法律。这无法体现一国的重大公益，也不可能考虑该领域外国同类规范的适用。

（二）实践争议的处理

直接适用法制度和单边冲突规范的界限在实践中有模糊之处。如规定在我国境内履行的中外合资企业合同、中外合作企业合同、中外合作勘探开发自然资源合同适用我国法的《合同法》第126条第2款形式上是单边冲突规范，其实仅针对《中华人民共和国中外合资经营企业法》（以下简称《中外合资经营企业法》）、《中华人民共和国中外合作经营企业法》（以下简称《中外合作经营企业法》）等法律文件中特殊强制规范的适用。之所以产生此种情形，是因为传统国际私法对直接适用法的认识不足，故一国在立法时为了实现维护本国重大公益的强制规范必须适用，只能借助单边冲突规范对当事人法律选择的边界加以界定。的确，较利用公共秩序保留或法律规避禁止排除外国法适用的做法，单边冲突规范在表达上更为清晰，然而为本国某些强制规范的适用一概排斥外国法对特定法律关系支配的做法缺乏针对性，超出了立法者的意图，理应为直接适用法制度所取代。

就此，作为《法律适用法》第51条的补充，《〈法律适用法〉解释（一）》第3条第1款规定，《法律适用法》与其他法律对同一涉

---

① 参见沈涓《法院地法的纵与限——兼论中国国际私法的态度》，《清华法学》2013年第4期。

② 参见［加］威廉·泰特雷《国际冲突法：普通法、大陆法及海事法》，刘兴莉译、黄进校，法律出版社2003年版，第83页。

外民事关系法律适用规定不一致的，原则上适用《法律适用法》的规定。① 由于《法律适用法》没有为上述合同的法律适用作特别安排，规范以上三类关系的强制性规定只有在符合《法律适用法》第4条的要求时才能直接适用。这说明《合同法》第126条第2款事实上被取代。我国法院目前在处理中外合资经营企业股权转让纠纷时，已经习惯援用《法律适用法》第4条作为适用强制规范的依据②，不过此类规范是否有直接适用的必要还需作进一步地分析。③

四 直接适用法制度和法律适用但书条款的辨析

在《法律适用法》通过前，有法院在审理未经审批的对外担保案件时援用合同法律适用的但书条款作为强制规范适用的依据。④ 此类条款在允许当事人选择适用法的同时，施加法律另有规定的限制，如《中华人民共和国民法通则》（以下简称《民法通则》）第145条第1款、《合同法》第126条第1款。这是表明不允许当事人就某些合同类型选择法律，还是说当事人选法所支配的范围应有所限制，即是构成分割合同法律关系还是固化合同适用法，并不清晰。

作为上述例外条款的细化，原《关于审理涉外民事或商事合同纠纷案件法律适用若干问题的规定》第8条第9款规定，中国法律、行政法规规定应适用中国法律的其他合同适用中国法。⑤ 此处的法律、行政法规与《法律适用法》第4条的强制性规定的位阶一致。然而与

---

① 《票据法》《海商法》《民用航空法》等商事领域法律的特别规定以及知识产权领域法律的特别规定除外。
② 如（2012）沪一中民四（商）终字第S950号判决书。在《关于审理涉外民事或商事合同纠纷案件法律适用若干问题的规定》未被废止之前，有的法院同时援用了该规定第8条第4项。郑振欣等诉恒发世合同纠纷案，（2013）民四终字第30号判决书。
③ 详见第四章第三节的内容。
④ 法院一般同时援用公共秩序保留或法律规避禁止制度，（2012）民四终字第27号判决书。
⑤ 这为更多种类的合同适用中国法留下余地，有滥用强制性法律之嫌。参见沈涓《法院地法的纵与限——兼论中国国际私法的态度》，《清华法学》2013年第4期。

其说法律、行政法规规定某类合同必须适用中国法，不如说是基于自身的适用要求直接适用于特定合同关系，该但书条款不具有援引直接适用法的一般功能。

比较法上也曾有类似的实践。在1939年维他食品案中①，承运人在英国纽芬兰自治领的港口签发了将一批鲱鱼运往美国纽约港的提单。实施《海牙规则》的1932年纽芬兰《海上货物运输法》规定，任何在纽芬兰签发的提单都必须约定适用《海牙规则》。运输责任的纠纷首先在同为英国领地的加拿大新斯科舍法院审理，后上诉到英国枢密院（Privy Council）。该院认为，在满足善意、合法且不违反公共政策的前提下，当事人选择英国法的行为有效，从而在普通法上确立了当事人选择合同自体法的做法必须符合成文法的原则。

上述做法有力推动了直接适用法制度的发展，但在法理上却混淆了法律适用逻辑的起点与终点。此种双边选法的例外依旧从法律关系出发，不同于着眼于具体规范的适用意图的单边选法方法。直接适用法作为准据法支配范围的外部限制，而非选法过程中的内在矫正机制，不能认为能导致合同无效的法律、行政法规的强制性规定同样受制于以当事人选法为特征的合同自体法。由此，《法律适用法》第41条没有包含此种含义模糊的但书条款。

五　直接适用法制度和统一民商事国际公约的辨析

统一民商事国际公约以统一各国民商法当中的任意条款为目的，为当事人提供了一套可供选择的中立规则，并非构成维护一国重大公益的直接适用法。② 即便认为公约存在便利国际交易开展的公益，也与直接适用法下的公益类型大相径庭。对缔约国而言，此类能纳入国内法律体系进而调整涉外民商事关系的国际公约与直接适用法的适用

---

① Vita Food Products Inc. v. Unus Shipping Co. Ltd., [1939] A. C. 277 (P. C.).
② 为适用《国际货物销售合同公约》，上海市高级人民法院援引《法律适用法》第4条为依据。(2012) 沪高民二（商）终字第4号判决书。

方式类似，都无须冲突规范的指引。故容易发生混淆，尤其是包含最低责任限制规定的海上货物运输领域的国际公约。单从字面上理解，统一民商事国际公约乃是真正意义的"国际"私法，则其中的强制规范构成调整涉外民商事关系的"国际"强制规范。但此类公约的直接适用非出于冲突法上的特殊考虑①，缔约国法院无须考虑统一民商事国际公约中的强制规范是否构成直接适用法，而只需援用一国关于规范国际条约和国内法关系的法律适用条款。②

从理论上讲，对本国未生效的民商事国际公约，法院应根据规范自身的目的、意图来认定此类公约当中的强制规范是否构成外国法下的直接适用法，实际情形却更加复杂。以我国为例，《〈法律适用法〉解释（一）》第9条首次介入未对我国生效的国际条约在司法层面的适用问题。③ 这是将未生效的条约内容并入合同准据法当中，还是认为其具有准据法的资格，众说纷纭。④ 从适用效果上看，仅就未对我国生效的统一民商事国际公约当中的任意规范，是并入合同准据法还是本身具有准据法资格的差别不大，最终都构成当事人约定的一部分发生效力。但强制规范的情形大不相同，如视为并入，则作为当事人的合意不得违反准据法下的所有强制规范；而一旦认为此类公约自身具有准据法的资格，则其中的强制规范原则上仍将得到适用。

从现实的角度看，在我国直接适用法支配的范围外且不违反公共利益的情况下，当事人援用未对我国生效条约的情形更适合作为合同准据法。以海上货物运输合同为例，虽然我国未加入《海牙规则》

---

① 参见林燕萍《〈涉外民事关系法律适用法〉第4条及其司法解释之规范目的》，《法学》2013年第11期。

② 如《民法通则》第8章"涉外民事关系的法律适用"第142条第2款"国际条约优先适用"的规定，该条款为《〈法律适用法〉解释（一）》第4条所肯定。

③ 当事人在合同中援引尚未对中华人民共和国生效的国际条约的，人民法院可以根据该国际条约的内容确定当事人之间的权利义务，但违反中华人民共和国社会公共利益或中华人民共和国法律、行政法规强制性规定的除外。

④ 参见王慧《论我国涉外民事关系法律选择方法的构建基础与体系展开》，《法学评论》2015年第5期。

《海牙——维斯比规则》《汉堡规则》抑或《鹿特丹规则》,但在司法实践法院对当事人于提单中自愿选择此类公约为合同准据法的做法多持积极肯定的态度。① 即便公约关于海事赔偿责任的强制性规定与《海商法》中的强制规范不同,也往往将之作为裁判的依据。那么,《〈法律适用法〉解释(一)》第9条的法律、行政法规的强制性规定究竟指哪类强制规范? 根据《合同法》第52条第5项,违反法律、行政法规的强制性规定的合同无效。涉外合同当事人选择包括未生效公约在内的法律可以支配一般性的强制规范,但不影响《合同法》第52条第5项的强制性规定的适用。海事责任赔偿的规定仅仅为了平衡运输双方的利益,自然无须突破当事人的选法直接适用。

对一国生效的统一民商事国际公约也是如此。虽然根据适用法的逻辑,作为承担国际义务的结果,已经生效的国际公约应当优于缔约国一切的国内选法机制,但直接适用法支配的正是统一民商事国际公约力有未逮之处。以《国际货物销售合同公约》为例,公约第6条强调其不关注合同、任何条款以及惯例的效力,而后者恰恰是具有公法性质的直接适用法发挥作用的领域。② 所以应澄清的是,由于统一民商事国际公约与冲突规范发生私法上的替代效应,认为直接适用法无须冲突规范指引是不全面的,它的适用同样不受统一民商事国际公约的影响③,无论其在法院地国是否生效。总之,由统一民商事国际公约支配的合同存在监管立法的直接适用问题,故直接适用法发挥作用的范围较合同自体法更加宽泛。

---

① 较早发生的案例有:美国总统轮船公司与菲达电器厂、菲利公司、长城公司无单放货纠纷再审案,(1998)交提字第3号判决书;晴川7号轮货损纠纷案,参见彭丽明《国际实体私法条约在我国的适用问题研究》,《中国国际私法与比较法年刊》2013年卷,第147页。此种做法为2012年《涉外商事海事审判实务问题解答(一)》第39条所肯定。
② 《海牙规则》等提单公约关于海事责任限制的强制规范的违反不会导致合同的整体无效,不属于直接适用法的范畴。
③ 又如能够起到法律适用补缺作用的《跟单信用证统一惯例》等国际商事惯例。

六 小结

上述概念与直接适用法制度在具体运用时有类似之处，但在方法论上存在本质区别。虽然构成解决涉外民商事领域法律冲突的冲突法方法，但表现为双边选法模式例外的公共秩序保留、法律规避禁止、单边冲突规范以及合同法律适用的但书条款针对的是各国间私法层面的适用冲突，无法充分实现要求单边适用的直接适用法的意图，更无法在适用过程中权衡国家之间、当事人之间以及国家和当事人之间的利益。统一民商事国际公约作为直接消除各国私法冲突的实体法（统一法）方法，在对一国生效的情况下，所表现出的无须冲突规范的指引是落实国际义务的结果，并非基于维护一国重大公益的要求。最后，直接适用法制度与公共秩序保留、法律规避禁止、单边冲突规范以及合同法律适用的但书条款所代表的传统冲突规范、统一民商事国际公约的关系可以通过下图表示：

比较对象	作用范围	选法方法	
直接适用法制度	公私法冲突	冲突法方法	单边方法
传统冲突规范	私法冲突		双边方法
统一民商事国际公约	私法冲突	实体法方法	

第二章

直接适用法的发展历程

在 20 世纪中期，法国公序法等一大批直接适用法理论逐渐兴起，为统一立法的出现打下良好的铺垫。本章从比较法的角度首先探讨直接适用法在理论上的发展历程，然后分析该领域的立法在当今各国确立的基本情况。

第一节 直接适用法理论的发展历程

在直接适用法制度全面确立之前，国际私法理论层面已经有较多关注，从而为国际、国内立法的最终接纳奠定了坚实的基础。代表性的观点有法国的公序法、英国的超越法、德国的干预规范以及荷兰的优先规则理论，以下将逐一进行分析。

一 法国的公序法理论

虽然法国传统国际私法主要由法国最高法院（*Cour de cassation*）的判例构成，但其直接适用法理论建构走在世界前列，被国际私法学界公认为是直接适用法系统研究的肇始[1]，对欧盟[2]乃至其他国家和地区的直接适用法制度产生重大影响。然而仔细审视以公序法为代

---

[1] 参见韩德培、肖永平《国际私法》，高等教育出版社、北京大学出版社 2014 年版，第 51 页。

[2] 1980 年《罗马公约》签订于共同体时代。1991 年《马斯特里赫特条约》即《欧洲联盟条约》首次出现了"欧盟"的概念，而作为取代欧共体的独立法人的欧盟是在《里斯本条约》生效后才出现。为了表述简便，文中的欧盟有时也指代欧共体。

称的法国强行法理论，不难发现其最初的含义与直接适用法大相径庭，只是在理论和实践中加以改造才逐步成为超越冲突规范的选法机制。

在具体展开之前，首先对用语的翻译作如下说明："*Lois de police*"指维护公共秩序的法律，简称公序法。自李浩培先生开始通常译为"警察法"的做法不适当。法语的"*police*"源自希腊语的"*politeia*"，在当时的历史背景特指国家运行（organisation of the state）[①]，或者说公共行政（public administration）甚至公共生活的组织。[②] 这在国际投资公约也有体现。[③]《2012年美式双边投资协定范本》第5条"最低限度的待遇标准"将"充分保护及安全"解释为要求每一缔约方依据习惯国际法提供"管理保护"（police protection）。这并非纯粹警察或治安上的保护，而是指所有的行政措施。另外，除了直接适用法之外，公序法有时还被称为公法（*lois de droit public*）、属地法（*lois territoriales*）、政策法（*lois politiques*）、保护法（*lois protectrices*）。[④]

（一）公序法的渊源：《法国民法典》第3条第1款

《法国民法典》第3条第1款规定，有关公共秩序和安全的法律（*Les lois de police et de sûreté*, statutes relating to public policy and safety），对法国境内的居民均有约束力。此处的"公共秩序和安全的法律"是公序法的最初渊源。该款为比利时等国所效仿，但被同样拥有法国法传统的《魁北克民法典》拒绝，理由是公共秩序和安全的法

[①] See Jan-Jaap Kuipers, *EU Law and Private International Law*, Martinus Nijhoff, 2011, p. 130.

[②] Jürgen Basedow, The Law of Open Societies: Private Ordering and Public Regulation of International Relations, *Recueil des Cours*, Vol. 360, (2012), p. 431. 法国传统国际私法存在公共秩序法（lois ordre public）的分类。二者实质范围相似，但方法不尽相同，前者构成新的选法方法，后者基于积极公共秩序的考虑。

[③] 参见玉田『国際投資協定における知的財産権の保護可能性——自由な技術移転と対価回収の確保』，『投資協定仲裁研究会報告書（平成22年度）』，第64页。

[④] See Ali Mezghani, Méthodes de Droit International Privé et Contrat Illicite, *Recueil des Cours*, Vol. 303, (2003), p. 250.

律与民法关系无直接关联。①

该款在形式上与直接适用法制度差别甚大，更接近于公法属地适用规则的范畴。《法国民法典》的制定背景处于法则区别说盛行的年代，此时萨维尼式的双边冲突规范尚未出现。因此，《法国民法典》第 3 条为仅指向法国法的单面规则。该条第 2 款和第 3 款分别规定法国人的身份和能力以及在法国的不动产适用法国法，对应人法和物法的范畴。而第 1 款则指既关涉人又关涉物的混合法则，按照法国法则区别说的观点仍要属地适用。② 此外，沿用《法学阶梯》编排体系的《法国民法典》分为人、物、行为三编，不难得出第 3 条第 1 款针对法国居民在法国的行为，尤其是指侵权和合同。由此公共秩序和安全的法律并非法律适用的例外，而是一般性地作为法国法适用于发生在本国的民事行为的依据。可见，与其说《法国民法典》第 3 条第 1 款是超越双边选法机制的制度，毋宁说它构成较为原始、有待完善的单边冲突规范。

在实践中，该款曾作为公共秩序保留这一冲突法的例外机制适用。③ 随着孟西尼的观点在法国的传播，上述条款构成反映积极公共秩序的本国法适用的依据。与直接适用法不同，积极公共秩序所保护的法律范围广泛，一切要求属地适用的法律规范都可纳入其中。总之，《法国民法典》第 3 条第 1 款的适用范围不断扩大，最初主要关乎刑法等传统公法

---

① Germain Brière, Les Conflits de Lois quant aux Biens et aux Personnes (Analyse de L'article 6 du Code Civil), *Les Cahiers de Droit*, Vol. 3, n°6, (1958), p. 135.

② 法国达让特莱认为，当法则的一部分是人法，另一部分是物法，构成所谓的混合法则（statuta mixta），仍应如物法那样属地适用。Kurt Lipstein, General Principles of Private International Law, *Recueil des Cours*, Vol. 135, (1974), p. 120. 参见［德］马丁·沃尔夫《国际私法》（上），李浩培、汤宗舜译，北京大学出版社 2009 年版，第 29 页；陈卫佐《比较国际私法——涉外民事关系法律适用法的立法、规则和原理的比较研究》，法律出版社 2012 年版，第 452 页。

③ 《法国民法典》第 6 条规定的实体意义的公序良俗可发挥这一作用。

的监管作用,适用于侵权领域①,而后用以宣告违反外汇管制②、价格控制、竞争法的合同无效,之后又用来保护弱者。从发展历程可以看出公序法具有不同的机能,从规定强制规范的积极公共秩序规则到仅能导致行为无效（*l'annulation des actes*）的规则,不一而足。③

（二）公序法理论的出现:弗氏的学说

《法国民法典》第3条第1款适用的混乱状况直到弗朗西斯卡基（以下简称弗氏）的系统观点形成后才得以改变。通过对法国国际私法实践的长期观察,弗氏在1958年出版的《反致理论与国际私法体系的冲突》一书中首次提出了直接适用法,被公认是直接适用法理论的创始人。他认为,萨维尼式的双边冲突规范产生于法律冲突仍十分有限且各国法律体系基本相称的西欧社会背景之下,这种状况已经时过境迁。尽管通说仍认为作为辅助性工具的公共秩序用以修正法律选择的结果,但司法实践并非如此。那些具有公共秩序性质的法国规范往往直接适用于所有本地法考虑的情况,排除冲突规范的指引。④

之后,弗氏援用《法国民法典》第3条第1款为依据,以公序法取代直接适用法的表述,⑤构建系统的理论体系。他认为,公序法是指其遵守为维护一国政治、社会和经济运行所必要的法律（*lois dont*

---

① 参见［法］巴迪福、拉加德《国际私法总论》,陈洪武等译,中国对外翻译出版公司1989年版,第376页。

② 借助《法国民法典》第3条,可以将外汇管制法视为行政、刑法或纯粹政治性的限制,从而严格遵循属地原则。Ehwad C. Freutel, Exchange Control, Freezing Order and the Conflict of Law, *Har. L. R.*, Vol. 56, No. 1, (1942), p. 45.

③ Stanislas De Peuter, L'application du droit public étranger en droit international privé: Un Profil, *Int'l Bus. L. J.*, n° 1, (1990), p. 93.

④ Phocion Francescakis, La théorie du renvoi et les conflits de systèmes en droit international privé, Sirey, (1958). Cited in Nathalie Voser, *Die Theorie der Lois d'application immédiate im internationalen Privatrecht: Untersuchung zur zwingenden Anwendung von Bestimmungen des schweizerischen Rechts gemäss Art. 18 IPRG*, Helbing & Lichtenhahn, 1993, S. 7.

⑤ 虽然梅耶有不同看法,但一般认为二者的含义相同。Alfred E. von Overbeck, Cours Général de Droit International Privé, *Recueil des Cours*, Vol. 176, (1982), p. 177.

l'observation est nécessaire pour la sauvegarde de l'organisation politique, sociale ou économique du pays），具有如下特征：1. 干预不是冲突规范运行的结果；2. 适用范围由立法者单边决定；3. 可能属地也可能属人；4. 干预构成私人活动的例外，但就维护一国重大公益发挥重要的作用。① 由此，他特别强调公序法对维护一国公益的必要性，这也是放弃使用直接适用法的原因。在援用第3条第1款作为出于公益考虑而无须冲突规范指引的公序法存在依据的同时，弗氏对该款的内容进行了扬弃，淡化其属地性质。② 由此公序法并非一切基于属地联系适用的法律，基于属人或其他联系适用的强制规范可以因为自身功能所需构成弗氏定义的公序法。③

公序法理论在法国学界备受争议。一种观点认为该定义不精确，现代国家的立法没有不维护经济社会利益，公序法和其他法律的区别不过是程度而已④；另一种则认为其太过狭隘，如保护消费者之类的特定人群的立法，因不满足维护社会运行的要求而被排除在外。⑤ 还有的单从法律选择的角度界定公序法，即那些可直接适用的法律，无论默示还是明示，都根据自身的空间适用标准确定适用范围，无须双边冲突规范的指引。⑥

---

① See Phocion Francescakis, Lois d'application Immédiate et Droit du Travail, *R. C. D. I. P.*, Vol. 63, n° p. 2, （1974）, 273 – 296. Cited in G. Parra – Aranguren, General Course of Private International Law – Selected Problems, *Recueil des Cours*, Vol. 210, （1988）, p. 129. A. V. M. Struycken, La Contribution de L'Académie au Développement de la Science et de la Pratique du Droit International Privé, *Recueil des Cours*, Vol. 271, （1998）, p. 45.

② Francescakis, *Conflits de Lois（Principes Généraux）*, *Répertoire de Droit International*, *Encyclopédie Dalloz*, Vol. 1, Paris, pp. 480 – 481.

③ 受传统做法的影响，通常认为公序法指代属地适用的强制规范，这一点反映在欧盟法院审理的 Arblade 案的判决当中。ECJ, 23 November 1999, Joint cases C – 369, 376/96（Arblade and Leloup）.

④ Yvon Loussouarn, Cours Général de Droit International Privé, *Recueil des Cours*, Vol. 139, （1973）, p. 328.

⑤ Marie – Christine & Meyzeaud – Garaud, *Droit International Privé*, 2éd bréal, 2008, p. 45.

⑥ Burau & Muir Watt, *Droit International Privé*, Presses Universitaires de France, 2007, p. 560.

(三) 公序法的具体表现

1. 公序法的判断标准

公序法采用功能主义的路径，其适用范围由立法背后的政策目标控制，由此在选法过程中无须冲突规范的指引。就判断步骤而言，除根据法律规定的适用范围确立公序法的资格——1995年修订后的《法国消费者法典》第 L. 135—1 条①、《有关租船和海上运输的法律》第16条第1款②——外，需要在个案中判断，关键在于明确立法的意图以及所涉公益的重要性。

就具体标准而言，代表性观点认为应兼采形式标准、技术标准和最终标准。③ 首先应从形式上判断强制规范是否通过单边规则确定空间适用范围④；其次可借助已有的法律概念判断某一法律是否构成属地适用的法律；如仍不能明确，则最后需要求助于维护公共秩序的属性。该观点的特点在于采用技术标准，即归结于已有的法律分类。但所谓属地适用法的概念模糊，与公序法一样充满争议，难以运用。

2. 公序法的代际划分和分布领域

第一代公序法出于保护国民经济的需要，如外汇管制、竞争法，具有公法的性质。20世纪70年代以后又出现了以消费者权益保护为

---

① 即使合同准据法有相反的规定，如果消费者或非专业人士在欧盟成员国国境内拥有住所并且所提议的合同在此订立或执行，则第 L. 132—1 条适用于那些合同准据法为非欧盟成员国法律的情形。Créé par Loi n°95 - 96 du 1 février 1995 – art. 5/6 JORF 2 février 1995.

② 该法适用于装运港或目的港为法国港口的运输合同，这被认为是法国公序法的重要表现。Khaldoun Said Qtaishat, Le role de l'ordre public et des lois de police dans les relations internationales privees, *European Journal of Social Sciences*, Vol. 41, No. 2, (2010), p. 11.

③ Yvon Loussouarn, Cours général de droit international privé, *Recueil des Cours*, Vol. 139, (1973), p. 321.

④ 如果采用此种标准，则《法国民法典》第3条的三款都构成公序法，而明显只有第1款属于此种情形。

代表的第二代公序法。① 此类公序法传统上属于私法领域,更具有保护本国人的属人法特性。但与属地性联系密切,不仅仅构成当事人意思自治的矫正,还作为那些积极公共秩序的特别条款（Clauses speciales d'ordre public positif）的分类。与公共秩序的联系说明公序法同时指向价值与政策,其范围十分的广泛,以至于法国劳动法的大多数规范都被视为公序法。② 如早在1973年,法国行政法院即认定监管劳工关系的法国法构成公序法。故在法国雇佣超过50个雇员的公司,即使总部位于国外,也不免适用法国工会法的规定。③ 类似的是,法国最高法院认定保护劳工代表权利的法国法对在法国开展业务的所有公司和其他组织具有约束力,即便此时劳动合同的准据法为外国法。④ 只要雇员在法国工作,外国公司是否在法国设立机构、分支或地址在所不问。⑤

此外,法国的司法实践还在支付海员解雇金⑥、保护作品的完整性⑦、婚姻财产制度⑧、消费者信用⑨等领域确立了公序法。然不是所有反映公共秩序的立法都能构成公序法,其最终适用乃极其例外的情形。如法国法院认为,1991年6月25日商事代理人的法律第12条即《法国商法典》第L.134－1条有关在终止商事代理合同时给予代理

---

① 梅耶不仅将公序法视作直接适用法的一部分,还将之分为三类：1. 保护合同一方当事人的法律,如关于消费者、劳动者的法律；2. 为维护领土内的交易公平和安全而统一适用的法律,如某些婚姻财产制；3. 保护广泛的社会集体利益的法律,主要是公法。See Pierre Mayer, Les lois de police étrangères, *JDI*, Vol. 108, n° 2, (1981), pp. 288－292.

② Jan－Jaap Kuipers, *EU Law and Private International Law*, Martinus Nijhoff, 2011, p. 128.

③ Syndicat Général du personnel de la Compagnie des wagons－lits c/ la Compagnie des wagons－lits, CE, 29. 6. 1973.

④ Ass. Cass. Plen., 10. 7. 1992.

⑤ Cass. Soc., 14. 2. 2001.

⑥ Cass., 5. 3. 1969.

⑦ Civ. 1ère, 28. 5. 1991.

⑧ Civ. 1st, 20. 10. 1987.

⑨ Civ. 1ère, 7. 10. 2001.

人补偿的规定,仅构成保护国内公共秩序的法律,而非适用于国际秩序领域的公序法。①

3. 外国公序法的适用

弗氏只关注法院地的公序法,对外国法当中的同类规范未作太多考虑。② 在他看来,外国公序法只能经双边冲突规范的指引适用。然而经过弗氏的理论提炼,公序法已经逐渐摆脱《法国民法典》第3条第1款的绝对属地适用的束缚③,反映一国积极公共秩序的法律未必不能在域外直接适用。毕竟此种无须运用一般选法方法的特殊规定普遍存在于各国法律体系当中。

对此,巴蒂福尔和拉加德认为,当外国公序法属于冲突规范指引准据法所在的法域时,不考虑该国的公序法会忽略法律体系的统一性,因此公序法并非只能由制定国适用;另外,当案情与该国存在足够的联系时,现实主义理念要求考虑准据法之外的外国公序法。④ 总之,公序法理论为外国公序法在法国的适用预留了空间。⑤

不过在实践中,法国法院不承认适用要求过分的外国公序法。在1965年的 *Fruehauf* 案⑥中,一家由美国公司控制的法国子公司对外出售组装拖车的零部件,该批拖车将销往中国。由于美国对华采取严格的贸易封锁政策,美国财政部根据《与敌贸易法》下的规章要求美

---

① Com., 28. 11. 2000.

② Pierre Mayer, Les lois de police étrangères, *JDI*, Vol. 108, n° 2, (1981), p. 317.

③ 虽然公序法对欧洲乃至世界的直接适用法的立法影响重大,但此类制度只表明其不顾本应适用的法而适用,并未要求属地适用,具体的适用范围只能由直接适用法自身决定。See Jürgen Basedow, The Law of Open Societies: Private Ordering and Public Regulation of International Relations, *Recueil des Cours*, Vol. 360, (2012), pp. 431 – 432.

④ [法]巴迪福、拉加德:《国际私法总论》,陈洪武等译,中国对外翻译出版公司1989年版,第351页。

⑤ 受海牙法律适用公约适用外国法律体系的开明态度的影响,法国最终接受了《罗马公约》第7条第1款。Hélène Gaudemet – Tallon, The Influence of the Hague Conventions on Private International Law in France, *NILR*, Vol. 40, No. 1, (1993), p. 35.

⑥ Fruehauf Corp. v. Massardy, Ct. App. Paris, (1965).

国公司禁止子公司参与销售。如不履行该合同，法国子公司将面临巨额索赔，进而导致企业破产、工人下岗。为防止损害结果的发生，应公司少数法国董事的申请，当地商事法院及巴黎上诉法院另行指定了管理人员，以对抗上述美国财政部命令的域外效力。

二　英国的超越法理论

超越法（overriding statutes）理论诞生于英国[①]，而后对包括我国香港地区在内具有英联邦法律传统的国家和地区产生了广泛影响。在探讨制定法与冲突法的关系时，英国国际私法权威莫里斯在1946年发现了超越法的端倪，即在英国议会制定的法律当中越来越多地包含特殊的法律选择条款，旨在明确国内法规则的适用范围。[②] 此类不顾冲突法的一般规则而在自身规定的适用范围内必须适用的制定法构成准据法支配的例外，它存在的理由是，如果由当事人选择的外国法支配合同关系，则违反立法监管合同事项的意图。[③]

（一）超越法出现的原因

与直接适用法不同，传统英国冲突法视野下的超越法仅指英国议会通过的制定法对冲突法的超越。英国为普通法系国家，判例法与制定法二元并存。在冲突法欧盟化之前，英国冲突法主要以判例法的形式存在。作为一项宪法原则，制定法优于普通法规则，故其不必受制于一般的冲突规范，可以做出改变。[④] "二战"以后，受福利国家观念的影响，英国的传统私法领域出现了大量不允许当事人选择的制定

[①] 除此之外，直接适用法在英国还以公共政策、不法性、实质有效性等形式出现。See Kerstin Ann - Susann Schäfer, *Application of Mandatory Rules in the Private International Law of Contracts*, Peter Lang, 2010, p. 91.

[②] J. H. C Morris, The Choice of Law Clause in Statutes, *Law Quarterly Review*, Vol. 62, (1946), p. 170.

[③] Lawrence Collins, et al., eds., *Dicey, Morris & Collins on the Conflict of Laws*, 14th ed., Sweet & Maxwell, 2006, p. 25.

[④] Jan - Jaap Kuipers, *EU Law and Private International Law*, Martinus Nijhoff, 2011, p. 165.

法。这些立法包含保护特定人群的强制规范,必然突破当事人选法原则,而英国冲突法长期由判例法支配,这迫使议会在必要时为制定法确立适用范围,故探讨作为冲突法的判例法与作为实体法的制定法的关系成为英国冲突法的重要命题。[1]

虽然从冲突法的角度,制定法同样处在待援引的地位,但受制于制定法高于判例法的观念,英国冲突法的理论和实践都在小心处理本国冲突法和制定法的关系。由于议会主权(Parliamentary Sovereign)和立法最高(Legislative Supremacy)原则的存在[2],法院低于议会的宪法地位使其有义务将本国的立法适用于跨国案件,由此确定英国制定法的属地范围一度被认为与冲突法的适用过程毫无关联[3]。特别在现代,为避免法律适用的解释权完全由法院掌控,英国议会在立法时多特别明确法则的适用范围,此种成文法规定的法律适用范围自然优于作为普通法的冲突规范。相反,一旦立法没有明确包含超越冲突法的规定,是否具有超越效力则是法律解释的问题。由于传统普通法存在立法不希望域外适用的假定[4],则法院多会推定其属地适用,从而需要冲突规范的指引,除非有明显的立法政策表明这样做不合理。[5] 总之,直接适用法在英国出现的原因有其独特之处。

(二)超越法的分布

按照法则对适用范围的规定,《戚希尔、诺斯和福赛特论国际私法》将强制性制定法分为明确表示具有全部超越效力的制定法、明确表示具有有限超越效力的制定法、明确表示不具有超越效力的制定

---

[1] See F. A. Mann, Statutes and the Conflict of Laws, Bri. Yb. Int. L., Vol. 40,(1972 – 1973). Stuart Dutson, Territorial Application of Statutes, *Mon. U. L. R.*, Vol. 22,(1996).

[2] Adrian Briggs, *The Conflict of Laws*, 2nd ed., Oxford University Press, 2008, p. 51.

[3] Uglješa Grušić, The Territorial Scope of Employment Legislation and Choice of Law, *The Modern Law Review*, Vol. 75, No. 5,(2012), p. 751.

[4] Adrian Briggs, The Principle of Comity in Private International Law, *Recueil des Cours*, Vol. 354,(2011), p. 96.

[5] Susanne Knofel, Mandatory rules and Choice of Law: A Comparative Approach to Article 7(2) of the Rome Convention, *J. Bus. L.*, No. 3,(1999), p. 245.

法、没有明确表示是否具有超越效力但包含属地范围条款的制定法、既没有规定超越效力又不包含属地范围条款的制定法等五类。除了明确表示不具有超越效力的制定法外，其他的都有可能构成超越法。[1]

根据存在的领域，超越法可以分为能导致私人合同无效的经济管制立法，如外汇管制法[2]；为保护特定弱势人群的立法，如劳工保护法、消费者权益保护法[3]；为实施统一民商事国际公约的国内配套立法，如海上货物运输法、海事赔偿责任限制、航空运输法。[4] 总之，作为英国冲突法对制定法分类的结果，超越法是比较松散的体系，既包括特别私法领域的强制规范，又包括能发生私法效果的公法性管制规范；既包括一国单独制定的强行法，又包括为履行国际义务而实施的统一国际公约的立法。以下结合英国的相关立法说明超越法理论在实践中的运用。

1. 经济管制立法

为服务战时经济的需要，英国在"二战"期间颁布了一系列的管制立法，超越法的理念由此而生。根据1939年《紧急权力（防卫）法》(*Emergency Powers [Defence] Act*) 第3条第1款制定的《金融防卫条例》(*Defence Finance Regulation*) 第2条规定，除特定交易人外，在没有得到财政部批准的情况下，任何英国人举借外汇的合同非法无效。这被认为具有域外适用的效力。在 Boissevain 案中[5]，被告系居

---

[1] See James J. Fawcett & Janeen M. Carruthers, eds., *Cheshire, North & Fawcett Private International Law*, 14th ed., Oxford University Press, 2008, pp. 732–736.

[2] 又如2000年《金融服务和市场法》第28条和第30条规定未经许可的当事人或经由不法通信订立的投资协议不可执行。

[3] 如1977年《不公平合同条款法》第27条第2款、1979年《货物销售法》第56条、1974年《贸易联盟和劳动关系法》第30条第6款以及1996年《雇佣权利法》第204条（前身是1978年《雇佣保护（联合）法》第153条第5款）。此类适用范围条款皆表明该法中的某些强制规范构成超越法。

[4] 如1961年《航空运输法》第1条第1款、1965年《公路货物运输法》第1条、1971年《海上货物运输法》第1条第2款、1995年《商船法》第183条第1款。

[5] Boissevain v. Weil, [1949] 1KB 482 (CA); [1950] AC 327.

住在摩纳哥的英国人,从当地的荷兰籍原告处借入一笔法郎,允诺在"二战"后以约定的汇率用英镑偿还,并为此向原告签发一张付款人为英国银行的支票。被告未主动履行协议,支票也被证实为空头。原告在英国起诉,被告以合同违反英国外汇管制法为抗辩。一审上诉法院的丹宁法官认为,该案准据法为英国法,合同违反《金融防卫条例》无效。上议院认为,英国的外汇管制适用于所有英国人,不论交易发生在何地,所谓自体法无关紧要。这说明外汇条例具有超越合同自体法适用的资格。

哈特雷认为该案的判决结果对原告不公正,他不受英国法约束,而被告却可以从自己的过错中获利,但法院很难作出不同的判决,否则会损害英国强行法的效力。① 此种解释令人怀疑。虽然战时外汇管制的首要任务在于防止外汇未经许可而擅自流出,并通过限制英国的国民或居民举借外债的方式实现,但是不能因为本国人不履行公法义务而一概认定涉及另一国人的合同无效。

一方面,管制措施的适用必须服务于立法宗旨。如果达不到立法的目的,这种适用是过分的。首先,限制本国人举借外债是防止外汇的流失,从而使一国对本国内的外汇进行统筹利用以应对战争所需。该案借贷的发生地和双方当事人的住所地都在摩洛哥,有理由认为应在此地归还。被告完全可以利用其在英国之外的资金偿还,这不影响英国的收支情况;其次,合同约定借款人使用英镑偿还贷款,英镑作为英国的法定货币,其流出境外或由外国人持有无损本国的外汇储备,涉案金额也不足以扰乱一国的货币体系以及收支平衡;再次,合同约定的偿还时间在战后,此时英国的外汇管制虽未取消,但毕竟已不同于战时。另一方面,即使管制措施的适用条件得以满足,也要考虑公益和私益的平衡,不能一味地破坏合同机制。为跨国交易的便利,应该谨慎认定合同无效。如果外国当事人在缔约时不知道也不应

---

① Trevor C. Hartley, Mandatory Rules in International Contracts: The Common Law Approach, *Recueil des Cours*, Vol. 266, (1997), p. 421.

知道该管制措施的存在，其对合同有效的期待值得保护。况且公法的实施一般要受地域的限制，在交易地并非英国的情况下，当事人很难相信该措施能够域外适用。①

2. 保护特定人群的立法

英国超越法最典型的情形发生于消费者合同和劳动合同领域。②以《分期付款购买法》（*Hire Purchase Act*，《租购法》）为例，该法包含许多保护消费者利益的条款，如要求合同采取特种形式以及在特定情况下允许消费者解除合同。此类法令以前没有包括国际适用范围的条款。如果赋予国际销售合同的当事人选择外国法的行为以效力，则很有可能使得上述法令给予消费者的保护落空，从而违背其制定的意图。由此一来，有必要寻找为维护上述法令的宗旨而适用的依据。因为传统英国冲突法限制使用公共秩序保留以及很难证明存在逃避法律（Evasion of the Law），法院更愿意通过解释的方式发现议会对立法适用范围的意图。③

在苏格兰法院审理的 English 案中④，英格兰公司和苏格兰居民签订一份购销合同，协议在苏格兰磋商且消费者在苏格兰签字。⑤ 虽然

---

① 从国际法对管辖权分配的角度，曼恩对该案给予激烈的批评。一国不应该对非居民的国民行使管辖权，合理的做法是限制解释英国外汇管制法的适用范围。See F. A. Mann, The Doctrine of Jurisdiction in International Law, *Recueil des Cours*, Vol. 111, (1964), pp. 124 - 125. 外汇管制措施是否构成直接适用法，参见第四章第三节的内容。

② See P. Beaumont & P. McEleavy, *Anton's Private International Law*, 3rd ed., Thomson Reuters, 2011, p. 510.

③ See T. C. Hartley, Some Aspects of the Draft Convention from the Point of View of British Law, in Ole Lando, et al., eds., *European Private International Law of Obligations*, Mohr Siebeck, 1975, p. 108.

④ English v. Donnelly, [1958] SC 494. 澳大利亚也有类似的案件。维多利亚州的卖方和新南威尔士州的买方在维多利亚州订立合同，约定适用维多利亚州的法律。案件涉及新南威尔士州 1941 年《租购协议法》，新南威尔士州法院认为该法只有具有准据法资格才可适用。澳大利亚高院认为这违反立法意图，推翻了这一判决。Kay's Leasing Corp v. Fletcher, [1964] 116 CLR124, [1964] 64 SR (NSW).

⑤ 该签字只构成要约，只有公司以承诺的形式接受后方可成立。

合同约定适用英格兰法,但通过对法律意图的适当解释,法院认为这不妨碍在苏格兰生效的 1932 年《租购和小额债务法》(*Hire Purchase and Small Debt [Scotland] Act*) 对消费者在苏格兰境内签订的购销合同的适用。

3. 统一民商事国际公约的配套立法

在 Hollandia 案中①,作为托运人的原告利用承运人的船舶将设备从英国运至荷属西印度群岛,约定适用荷兰法。运输途中发生的货损远远高于荷兰法规定的承运人责任限额,原告在英国提起诉讼。案件发生时,英国已经是《海牙——维斯比规则》的缔约国,而荷兰则仍适用《海牙规则》。本案的责任限制条款根据实施《海牙——维斯比规则》的 1971 年英国《海上货物运输法》(*Carriage of Goods by Sea Act*) 第 8 条无效。该法第 5 条规定其适用于所有启运自英国港口的海上运输,本案无疑满足此要求。英国上诉法院认为实施《海牙——维斯比规则》的《海上货物运输法》具有超越法的性质,如果允许当事人通过选择另一国法律的方式排除该法的适用,则会有损《海牙——维斯比规则》的效力。因而《海上货物运输法》可以不顾当事人选择的自体法适用。

英国著名国际私法学者曼恩和莫里斯曾就此发生激烈争执。② 曼恩认为英国《海上货物运输法》只有在英国法构成合同准据法时才能适用,莫里斯则根据英国议会的意图支持直接适用该法。本质上,《海上货物运输法》并非直接适用法的范畴,而具有实施国际条约的国内法地位。③ 英国特殊的宪政结构④决定其参加的条约都必须转化

---

① The Hollandia, [1983] 1 AC 565 HL.

② See J. G. Collier, Conflict of Laws Carriage of Goods by Sea – Hague – Visby Rules – Contracting out, *The Cambridge Law Journal*, Vol. 82, No. 2, (1982), pp. 253 – 255.

③ See F. A. Mann, The Proper Law in the Conflict of Laws, *Int'l & Comp. LQ*, Vol. 36, (1987), p. 450.

④ 英国宪政层面的权限分配遵循行政权与立法权的分离,即订立条约的权力归于英王,而立法权完全由议会把持。

为国内法，即使那些内容十分明确的自执行条约也不例外。作为英国实施《海牙——维斯比规则》的结果，《海上货物运输法》的适用范围与该条约一致。① 为统一法之目的，条约的适用范围自然专设条文加以规定，不受冲突规范的影响。缔约国无论以转化还是纳入的方式实施，都要遵循国际法优于国内法的原则，善意履行国际义务。因而，英国法院超越当事人选法适用《海上货物运输法》与其他缔约国不顾冲突规范适用《海牙——维斯比规则》一致，构成国际统一实体规范直接调整的方式。

根据《罗马公约》第21条"与其他公约的关系"规定，该公约不妨碍由本公约缔约国或欧洲共同体成为或即将成为其成员国的国际公约的适用。故在《罗马公约》背景下，英国法院应援引该条作为《海牙——维斯比规则》适用的依据。② 至于当出现一国不受统一民商事国际公约约束的情况，此类规则的目的、宗旨对一国的公共利益是否至关重要，则是一件悬而未决的事情。③

（三）英国超越法理论的欧盟化

一方面，尽管存在不合理的成分，超越法构成现代意义的直接适用法制度在英国法上的雏形，为确定直接适用法的范围提供了参考；另一方面，超越法仅仅服务于英国成文法超越以普通法形式表现的冲突规范。与直接适用法背后的重大公益要求相比，其更看重规则由本国议会制定的身份，尽管成文法的强制性也构成超越冲突规范选择的重要因素。总之，虽然超越法调和了英国成文法与判例法的冲突，实现了英国立法和司法的法律适用职能的合理分配，但也导致这一概念仅仅局限于本国成文法。然而超越法毕竟构成冲突规范选法的例外，

---

① 首先，1971年《海上货物运输法》第1条第2款明确规定《海牙——维斯比规则》具有法律的效力；其次，根据《海牙——维斯比规则》第10条对适用范围的规定，当提单在某一缔约国签发或起运港位于缔约国，公约必须适用。

② James J. Fawcett, et al., *International Sale of Goods in the Conflict of Laws*, Oxford University Press, 2005, p. 834.

③ 故海事责任限制的强制规范可能仅构成国内强制规范，参见第四章第四节的内容。

打破了自体法大一统的局面，为直接适用法制度在英国的确立提供了契机。目前，随着《罗马公约》《罗马条例Ⅱ》《罗马条例Ⅰ》在英国的生效，超越法的理论基础发生变化，范围也不断扩大，逐步与直接适用法协调一致。

1. 理论基础的改变

随着英国冲突法的欧盟化，原本由案例和学说支配的冲突法已经大规模成文化，这不仅表现为英国议会制定的1990年《合同（准据法）法》的颁布，还体现在可以为欧盟成员国直接适用的一系列法律适用条例的出台。于是，超越法的存在基础发生变化，即不再以解决立法和司法在制定法适用范围判定上的争执为任务，而是弥补双边冲突规范选法机制的不足，服务于对一国至关重要的直接适用法的适用。

对英国冲突法而言，应根据欧盟的法律适用条例判定何种规范构成超越法，而不是借助制定法寻找超越法存在的依据。如果英国制定法不满足上述要求，即使在司法实践当中被认定为超越法，也不得直接适用。由于《罗马条例Ⅰ》第9条第1款强调直接适用法对保护其所属国诸如政治、社会或经济组织之类的公共利益的重要性，如果认为直接适用法是出于维护公益的需要而不得不适用的规范，则1996年英国《雇佣权利法》（*Employment Rights Act*）等传统英国强行法的超越法资格有被推翻的可能，因为维护特定人群利益是否构成一国最为重要的公益存在争议。①

2. 适用范围的扩大

受国际私法欧盟化的影响，超越法从英国本国合同领域的制定法向判例法、第三国法以及合同领域发展，这使得超越法与直接适用法的适用范围趋于一致。

（1）从制定法到判例法

原本超越法是成文化的法律适用范围条款对作为普通法的冲突规

---

① 参见第三章第一节的内容。

范的超越，只能是制定法。而《罗马公约》第 7 条第 2 款下的法院地直接适用法也可以是判例法。这一点特别反映在公约法文本中，草案使用的"*loi*"被修改为"*droit*"，以避免造成仅包括制定法的误解。对此，英国国际私法权威著作——《戴赛、莫里斯和柯林斯论冲突法》认为，由判例法确立的合同违反英国公共政策无效的具体规则，如关于帮诉、限制贸易以及违反友好国家法律等规范不法合同的规定同样应纳入超越法的范畴当中。①

（2）从法院地法到第三国法

由于超越法是为了调和成文法与判例法之间的冲突，英国超越法仅指具有超越普通法适用的本国制定法，不会考虑法院地国和准据法所属国外的第三国直接适用法的效力。将超越法局限于法院地法的作法在《罗马公约》生效后也没有改变。由于公约第 7 条第 1 款的新奇以及由此引发不确定性的恐惧，英国对此提出保留。在《罗马条例Ⅰ》的制定过程中，英国一度不准备加入该条例，最重要的原因是欧盟委员会提出的条例草案基本照搬了《罗马公约》第 7 条第 1 款的内容。作为妥协，欧盟修改了此款规定，使之与英国传统判例确立的法院不得强制执行履行构成履行地国不法的合同的这一普通法规则②相一致，于是英国接受了《罗马条例Ⅰ》第 9 条第 3 款。③

（3）从合同领域到其他领域

从超越法的分类可以清晰地看出，超越法原本存在于合同领域。无论经济管制法、为保护特定人群的立法还是实施统一民商事国际公约的国内配套立法，都离不开合同法的范畴。此后，1995 年《英国国

---

① Lawrence Collins, et al., eds., *Dicey, Morris & Collins on the Conflict of Laws*, 14th ed., Sweet & Maxwell, 2006, p. 26.

② Ralli Brothers v. Compa Ia Naviera Sota Y Aznar, [1920] 2 KB 287 (CA).

③ 该款规定，可以赋予那些合同债务将要或已经履行地国法中的超越型强制条款以效力，只要此类条款能够导致合同履行不合法。在决定是否给予此类规范以效力，应考虑到它们的性质和目的以及适用或不适用的后果。

际私法（杂项规定）》又在侵权和不法行为领域引入了直接适用法制度。[1] 而随着统一非合同之债法律适用的《罗马条例Ⅱ》的生效，这种情况发生变化。该条例的第16条明确规定了法院地直接适用法的适用。由于欧盟法高于英国的国内法，故此超越法存在的范围从合同之债全面延伸至非合同之债领域。

（4）超越法在我国香港地区的司法运用

由于历史的原因，继受英国普通法传统[2]的我国香港地区法院认可某些本地强制规范可以在冲突规范的指引之外适用。[3] 其适用超越法集中反映在香港高等法院2000年审理的招商银行案。[4] 原告招商银行曾于1996年在深圳与被告签订了一份借贷协议。由于被告未能如期还款，原告在香港提起诉讼。被告提出借款协议因违反《香港法例》第163章《放债人条例》的强制规范而不可强制执行。具体而言，招商银行是未经官方机构许可的放贷人，根据1980年《放债人条例》第23条"除非放债人领有牌照否则不得追讨贷款"的规定，该借贷协议不可针对被告强制执行。此外，被告没有签署任何有关借贷的书面纪要或备忘录，这导致协议因违反上述条例不可执行。法院认为，问题的关键在于《放债人条例》能否适用本案的贷款协议。由于协议已经选择英国法作为准据法，被告的抗辩如果能够成立，则必须证明尽管存在当事人另行选择的法律，但《放债人条例》仍能

---

[1] 其第14条第4款规定，本部分不妨碍那些于特定情况下仍可适用的有效国际私法规则或改变本可适用的国际私法规则的规定发挥作用。该条的范围不应从字面理解，普遍认为其仅仅针对英国侵权领域的直接适用法。See Richard Plender & Michael Wilderspin, *The European Private International Law of Obligation*, 3rd ed., Sweet & Maxwell, 2009, p. 742.

[2] See Lutz - Christian Wolff, Hong Kong's Conflict of Contract Laws: Quo Vadis?, *J. Priv. Int'l L.*, Vol. 6, No. 2, (2010), pp. 467 - 468. 根据《香港特别行政区基本法》第8条以及第18条的规定，普通法在香港地区回归祖国之后原则上依然有效。

[3] 超越法在香港制定法中的分布，See Graeme Johnson, *The Conflict of Laws in Hong Kong*, Sweets & Maxwell Asia, 2005, p. 146.

[4] China Merchant Bank v. Minvest International Limit & Ors, HCA 9070/2000.

构成《戴塞和莫里斯论冲突法》中的超越法。①

为了确立超越法的标准，法院援引了汇丰（船务）公司案②确立的规则。该案借贷协议的当事人明确选择英国法作为准据法。巴哈马籍的贷款人针对担保人就不能偿还的债务在香港提起海事诉讼。被告认为借贷协议根据1911年香港《放债人条例》第3条"放债人必须登记并且遵循特定条件"构成非法且不可强制执行。法院认为该条如若要超越当事人选择的英国法而适用于借贷协议必须满足如下两项条件：

其一，贷款人在合同订立时应在香港从事放贷业务，或者声称、认为自己从事该项活动。法院认为，1911年条例明白无误地针对境内交易，旨在使香港居民免受高利贷者的盘剥。这不是说该条例只针对毫无涉外因素的境内交易，而是必须根据条例的要求在香港开展放债活动的交易。第3条要求放贷人必须登记其名称和地址，以该名称、该地址开展交易，如借贷协议违反上述规定则非法且不可强制执行。这些条款以及援引"放债人的交易"主要针对在一个或多个位于香港的地址开展的香港交易。法官还援引阿特金勋爵的观点，即英国《放债人条例》通过规定仅仅能在英国本地生效的登记、许可、程序以及罚则而意图监管那些在英国开展的具体活动，不能延伸适用于在英属海峡殖民地发生的争议。③

此论证同样可以类推适用于本条例。1911年条例要适用于另作法律选择的借贷交易的第一个条件是放债人事实上在香港开展放债交易。如果此条件得以满足，该条例第3条的强制条款才能产生超越一切的效力。较英国新近实施国际条约的国内法尤其那些关于人或货物

---

① 根据维他食品案确立的规则，只要当事人选择的法律善意、合法且不违反公共政策，即可作为合同自体法。本案当事人没有主张缺乏善意，且除了法例自身之外不涉及其他的公共政策。

② Hong Kong Shanghai (Shipping) Ltd. v. The Owners of the Ships or Vessels "Cavalry" (Panamanian Flag), [1987] HKLR 287.

③ Shaik Sahied v. Sockalingam Chettiar, [1933] AC 342.

运输的立法，其地理定位并不确切，与 1977 年《不公平合同条款法》第 27 条更相差甚远。但考虑到该条例是在 20 世纪初制定，起草者不大可能产生国际金融的观念。故第 3 条足以超越在原本纯粹香港境内的借贷交易中约定的虽明显构成善意①但误入歧途的外国自体法。

其二，只有合同的客观自体法为香港法时，在香港开展放债业务的放债人缔结的交易才需要适用该条例。1911 年条例不大可能考虑类似于本案的情形，即适用于有涉外因素的交易——将外国借款人纳入社会立法的保护伞之下。基于何种标准将香港交易纳入条例的适用范围仍有待考查，毕竟存在由立法机构明示或默示做出的立法限制衡量的地理定位和自体法两种判断标准。一般认为，地理定位才是制定法适用的关键所在。当澳大利亚新南威尔士州的租入人同维多利亚州的所有人签订一份分期付款购买合同，如果合同在维多利亚州签订，则新南威尔士州的法令不可以适用，当事人选择维多利亚法的条款无关紧要②，订立地法（lex loci contractus）及其与立法边界的关系才是最为重要的。

此种观点僵化而狭隘。正如不能仅仅因为借贷合同在澳门签订这一涉外因素的存在而排除香港《放债人条例》的适用，地理定位无法起到决定作用。苏格兰最高民事法院在审理 English 案③时发生类似的疑问。一份由租入人在苏格兰签订并随后由所有人在英格兰签订的分期付款合同符合苏格兰法中"在苏格兰订立"的要求，但判决仅以此认为应该适用苏格兰法的观点难以令人信服。虽然该案因明显与苏格兰存在最密切联系而构成苏格兰交易，故苏格兰法中的命令条款可以具有超越法律选择条款的效力，无论该选择是否存在恶意，但这是该法的适用满足客观自体法标准而不仅是法律规定的个别联系的结果。

---

① 如构成恶意，可以依据善意选法的要求予以排除。
② Kay's Leasing Corp v. Fletcher, [1964] 116 CLR 124.
③ English v. Donnelly, [1958] SC 494.

适用上述原则首先要看条例是否包含相反的意图。1911年条例不存在更为宽泛的适用意图。如果合同中包含的法律选择条款被挑战，则只能采用客观标准确定合同自体法，即寻找与交易有最密切及最真实联系的法律体系。如果此时的自体法为外国法，制定法同样没有适用的余地。如果指向国内法，法院拥有判断任何所谓超越法的影响以及对选择法律善意挑战有效性的基础。这能够使法院给予地理定位以充分适当的权重，同时避免僵化地将之视为决定因素，为善意提供最好的标准并为规避法律提供最好的答案，也满足合同的实质有效性应适用自体法的标准。

就招商银行案而言，没有证据表明1980年《放债人条例》推翻了1911年《放债人条例》针对国内交易以及旨在使香港居民免受香港高利贷者盘剥的意图，故而在汇丰（船务）公司案确定的规则同样适用于该案。首先，原告是一家在内地开展业务的内地银行，借贷协议在深圳签订且贷款在此发放，不满足贷款人在香港从事放贷业务的要求；其次，本案与香港没有实质联系。由于原告的住所地在内地、贷款在深圳发放并由内地企业提供担保，准据法根据客观联系应该是内地法。《放债人条例》作为超越法适用的两项条件完全没有满足，故不具有取代当事人明确选择法律的超越效力。

由此可以看出，香港法院对本地超越法的适用持谨慎态度。其强调分析立法关于适用范围的意图，不满意英国法院在审理English案时将单一的订立地作为适用条件，而是认为超越法所在的法律体系必须是没有法律选择时应适用的法律体系。这一过程颇为烦琐，甚至有将超越法与普通法上的选法善意要求混淆之嫌，但并非完全没有道理。超越法往往针对当事人在客观自体法之外选择的法律，如此可有效避免被法院滥用。总之，就直接适用法的能否适用，香港法院试图以是否构成最密切联系的判断过程取代实体法层面的利益权衡，从而不过分受制于成文法当中的地理联系要求，尽管方法论不甚成熟，但于实践当中取得了较好的审判效果。

三 德国的干预规范理论

就直接适用法理论在德国的发展历程,除了前面提到的解决合同领域的一国直接适用法在他国适用的特别联系理论外,还要关注具有基础重要性的干预规范理论。

(一) 德国传统国际私法的态度

早在传统国际私法盛行的时代,直接适用法问题就已经蕴含在建立双边选法体系的学说当中。服务于国际法律共同体的需要,萨维尼在其鸿篇巨著——《现代罗马法体系》第八卷当中提出了法律关系本座说以构建双边选法体系[①],这在国际私法的发展史上被视为哥白尼式的革命。作为例外情形,他也关注到了各国法律体系中存在一些"严格积极、强制性的规则,由于它们的性质不适合自由对待"(Gesetze von streng positiver, zwingender Natur, die wegen ihrer Natur zu jener freien Behandlung. nicht geeignet sind)。[②] 法律关系本座说建立在各国法律体系形式平等且具有可交换性的基础之上,此类体现了一国特殊政策的政治、治安或国家经济性质的法律规则只能由制定国加以适用。

就此类规范的判断,萨维尼认为,能否构成上述例外情形取决于立法者的意图。然而由于此种明确宣示往往是不存在的,故只能求助于对强制规范的分类。对此,他将强制规范区分为单纯为保护当事人权利的强制规范以及出于公益必须适用的强制规范[③],只有后者才拥有超出纯粹法律范围的目标,并认为此类性质非常的规则将随着法治

[①] 他的目的在于"对每个法律关系,按照它的性质,确定属于哪个法律的,或者是受哪个法律支配的"从而找到一个法律关系的"本座"——按照他的用语——是在什么地方。[德] 马丁·沃尔夫:《国际私法》(上),李浩培、汤宗舜译,北京大学出版社2009年版,第39页。

[②] Friedrich Karl von Savigny, *System des heutigen römischen Rechts*, Vol. VIII, Veit & Comp, 1849, S. 33 ff.

[③] Seyed Nasrollah Ebrahimi, *Mandatory Rules and other Party Autonomy Limitations*, Athena Press London, 2005, p. 251.

的发展而减少。① 在现代社会，需要直接适用的强制规范反而大量增加，似乎他的预言有误。然而，萨维尼的学说建立在近代私法体系的基础上，公法干预私人生活不是其主要考虑的问题。更何况直接适用法未全面取代双边选法方法。② 总之，萨维尼的学说为强制规范在双边选法体系的适用预留了空间，从而为直接适用法此种单边选法理论的复兴埋下伏笔，最终使得干预规范理论应运而生。

(二) 干预规范的起源

在20世纪的六七十年代，干预规范理论逐渐兴起，成为直接适用法在德国法上的代名词。③ 探讨干预规范不得不提及德国公法领域的禁止规范（Verbotsnormen）。此类规范基于交易的内容予以禁止，从而发生私法效果，这突出反映在《德国民法典》（Bürgerliches Gesetzbuch, BGB）第134条违反法律禁止（gesetzliches Verbot/Verbotsgesetz, statutory prohibition）的法律行为无效当中。④ 根据德国的判例⑤，禁止规范直接针对交易的成立，有别于要求当事人履行特定义务的强制规范。此种规范实体内容的公益性和法律适用的优先性使得其构成对当事人意思自治的超越和限制，甚至需要延伸至涉外领域，故干预规范构成禁止规范在国际私法上的表现。⑥

与法国的公序法和英国的超越法不同，德国的干预规范并无明确

---

① Friedrich Karl von Savigny, *System des heutigen römischen Rechts*, Vol. Ⅷ, Veit & Comp, 1849, S. 35.

② Paul Heinrich Neuhaus, Abschied von Savigny? *RabelsZ*, Bd. 46, H. 1, (1988), pp. 17–18.

③ 《国际合同法中的（特别是有经济法性质的）干预规范的联系》乃是该领域最早的专著。Dieter Schulte, *Die Anknüpfung von Eingriffsnormen, insbesondere wirtschaftsrechtlicher Art, im internationalen Vertragsrecht*, Ernst und Werner Gieseking, 1975.

④ 又如《德国民法典》第823条第2款对侵权领域的法律禁止进行规定。

⑤ BGH NJW, (1993), 2873.

⑥ 干预规范之干预通常伴随着公法或准公法规范，同时发生私法效果，构成"双面规范"。See Frank Fischer, 'Revolutionary Ideas' and the Swiss Statute on Private International Law, in K. Boele–Woelki, et al., eds., *Convergence and Divergence in Private International Law: liber amicorum Kurt Siehr*, Eleven International Publishing, 2010, p. 107.

的创始人,不过通常认为最早由德国学者诺伊豪斯提出。① 他将功能性选法模式引入国际私法,运用干预规范调整不可接受的实体结果。在他看来,干预规范出于公共利益的目的作用于私法关系,实质性地限制当事人的意思自治,其中重要的例子便是合同履行禁令。② 就干预规范的地位,尽管自萨维尼式的选法方法盛行以来其在欧洲的学理中难觅,但此类规范将会激增,构成与传统方法不同的必要方法。③

(三) 干预规范的内涵

干预规范可以作两种解读。④ 其一,基于国家管制的需要出现的干预私人关系的监管性立法⑤,此种解读更适合于实体法中的禁止规范;其二,特别立法需要在自身适用范围内适用,从而干扰正常的选法机制⑥,这更具有冲突法所指。然而上述解释在国际私法领域没有实质差异,于前者,干预私人生活的立法必然不能由当事人决定,需要突破传统的选法模式;于后者,之所以要干扰正常的选法机制,仍

---

① Paul Heinrich Neuhaus, *Die Grundbegriffe des internationalen Privatrechts*, Mohr Siebeck, 1962, S. 58. 早在1936年,纽梅叶在《国际行政法》第4卷已经使用干预规范(Eingriffsnorm)指代延期支付的规定、征收以及贸易禁令等外国公法措施,但国际行政法的角度与国际私法有所差别。Karl Neumeyer, *Internationales Verwaltungsrecht*, IV, 1936, S. 243. Cited in Kurt Siehr, Ausländische Eingriffsnormen im inländischen Wirtschaftskollisionsrecht, *RabelsZ*, Bd. 52, H. 1 - 2, (1988), p. 41.

② Paul Heinrich Neuhaus, *Die Grundbegriffe des internationalen Privatrechts*, Mohr Siebeck, 1976, S. 33.

③ H. Patrick Glenn, Die Grundbegriffe Des Internationalen Privatrechts by Paul Heinrich Neuhaus, *Am. J. Comp. L.*, Vol. 27, No. 1, (1979), p. 123.

④ 干预法的用语模糊。此类规则不区分国内和国际适用意愿,可以解读为干预私人的意思自治(Eingriff in die Privatautonomie),也可以认为是干扰国际私法的基本机制(Eingriff in das allgemeine Gefüge des IPR)。See Michael Coester, Die Berücksichtigung fremden zwingenden Rechts neben dem Vertragsstatut: Rechtsmethodische und - politische Überlegungen zu Art. 7 Abs. 1 des Europäischen Vertragsübereinkommens vom 19. 6. 1980, *ZVglRWiss*, Bd. 82, (1983), S. 3.

⑤ See Frank Vischer, General Course on Private International Law, *Recueil des Cours*, Vol. 232, (1992), p. 151.

⑥ G. Parra - Aranguren, General Course of Private International Law - Selected Problems, *Recueil des Cours*, Vol. 210, (1988), p. 130.

在于此种立法本身的公益性质。

由于干预规范与实体法中的禁止规范关系密切,普遍认为只有公法才有成为干预规范的可能。故对作为判断依据的公益要素的界定非常严格,主要平衡私人利益的特别私法原则上不构成干预规范。[1] 根据司法判决,首先,进出口监管、价格和外汇管制、反垄断法以及对固定建筑师和工程师费用的规定构成干预规范;其次,保护租户和购房者以及残疾劳动者和孕妇雇员利益的规则也被纳入其中。相反,消费者信贷法、减少临时雇员工时、不公平解雇等法律皆因旨在平衡私人利益而不被视为干预规范。[2]

在学理上,干预规范的判断应遵循以下步骤。首先,当国际适用的要求可以从文字中得出,如《德国反限制竞争法》第 130 条第 2 款"本法适用于在调整范围内产生效果的所有限制竞争行为,即使上述行为发生在本法生效范围之外",则构成干预规范;其次,如果强制规范隐含要求单边适用的特别冲突规范,则同样表明其构成干预规范,如《德国民法典》第 244 条、《德国商法典》第 89b 条。[3] 不过,维护公益即发挥干预功能仍作为干预规范最终的判断标准。[4] 在实践中,德国联邦最高法院在审理一起借贷案件时强调,《德国民法施行法》第 34 条所指的干预性强制规范只有在呈现公共利益因素时才可直接适用,而不仅仅用以保护和协调缔约方的利益冲突。[5] 在审理一起关于中奖通知效力的案件时,联邦最高法院认可了《民法典》第 661a 条"经营者应向消费者履行中奖承诺"的规定具有干预规范的

---

[1] Jan Kropholler, *Internationales Privatrecht*, 6. Auflage, Mohr Siebeck, 2006, S. 498.

[2] See Richard Plender & Michael Wilderspin, *The European Private International Law of Obligation*, 3rd ed., Sweet & Maxwell, 2009, pp. 340–341.

[3] Thomas Rauscher, hrsg, *Europäisches Zivilprozess – und Kollisionsrecht: Rom Ⅰ – VO, Rom Ⅱ – VO*, Sellier European Law Publishers, 2011, S. 427.

[4] 德国法院如何判定干预规范的实践,还可参见王葆莳《德国联邦最高法院典型判例研究——国际私法篇》,法律出版社 2015 年版,第 148—176 页。

[5] BGH, 13.12.2005, *RIW*, H.1, (2006), p. 389.

性质。该条虽然没有明确超越属性，但只要中奖通知向居住在德国的消费者发出，就必须适用。理由是此种打击欺诈消费者的行为能维护正当公平的竞争秩序，符合公益的要求。①

(四) 干预规范的理论基础和适用争议

言干预规范的理论基础，多认为它构成单边主义对萨维尼式的传统双边选法机制的超越。就此，德国学者舒里希提出的集束模式(*Bündelungsmodell*) 值得一提。② 与柯里的政府利益分析（Governmental interest analysis）③ 等美国现代选法理论类似，该学说关注规范背后的适用意图，摒弃了双边主义和单边主义的区分，认为所有类别的冲突规范都是针对拥有相同冲突法利益的一定集束范围的个体规则，只是集束的规模有大小之别。大的包括某一类别法律关系的一系列规则，小则针对具体事项或单一的制定法条文。那些拥有具体冲突法利益的制定法受自身包含的冲突规范的约束，进而归入直接适用法。这得到了一些德国学者的支持，被认为是干预规范适用的唯一合理理由。④

干预规范是国家调控经济的必然产物，但其具体运用仍有争议。其一，如何确定法律是否具有干预规范的性质；其二，如何判断规范的适用联系，毕竟大部分的立法不会加以明确规定；其三，外国干预规范须满足哪些条件才能在德国适用。首先，外国法的适用应发生适

---

① BGHZ 165, 172.

② Klaus Schurig, *Kollisionsnorm und Sachrecht*: *Zu Struktur, Standort und Methode des internationalen Privatrechts*, Duncker & Humblot, 1981, S. 89 ff. Klaus Schurig, Zwingendes Recht,》Eingriffsnormen《 und neues IPR, *RabelZ*, Bd. 54, H. 2, (1990), p. 235.

③ 这一译法有不妥之处，其实际强调立法的旨趣。参见许庆坤《「政府利益」分析抑或「法律适用意愿」分析》,《法学新论》2013 年第 4 期。柯里的观点，参见邓正来《美国现代国际私法流派》，中国政法大学出版社 2006 年版，第 91 页以下。

④ Johannes Fetsch, *Eingriffsnormen und EG – Vertrag*: *Die Pflicht zur Anwendung der Eingriffsnormen anderer EG – Staaten*, Mohr Siebeck, 2002, S. 37 ff. 其书评，see *CML Rev*, Vol. 42, No. 5, (2005), pp. 1538 – 1541.

当合理的利益；其次，案件与该外国存在必要的联系。① 再次，虽然德国国际私法所言的干预规范和实体法上的禁止规范关系密切，二者是否等同也有待证明。② 需要说明的是，即使在纯粹的国内案件，能影响合同效力的禁止规范的判断也并非易事。

四 荷兰的优先规则理论

作为直接适用法的对应，荷兰存在优先规则（voorrangsregels）的表述。③ 与前面提到的英国超越法、法国公序法及德国干预规范相比，优先规则理论对直接适用法理论的传播发展影响较小，在此略作介绍。

（一）理论层面

荷兰学者德温特创设了优先规则理论，即规范拥有如此重要的社会职能以至于根据其自身目的适用于国际案件。虽然其仍使用强制规范（dwingend recht）的表述，但并非所有的强制规范都必须在国际案件中适用。此种选法限制不应以强制规范为限，也不应交由公共秩序决定，而是二者之间的分类。④ 此类规范既包括租购法、与商事代理有关的劳动合同法，又包括为实现重要的社会经济职能而位于公私法交界的法律。比如租赁法、劳动关系法、外汇管制法、禁止金约款、

---

① Hans Jürgen Sonnenberger, Le Droit International Privé Allemand a la fin du Vingtième Siècle: Progrèss ou Recul, in Symeon C. Symeonides, ed., *Private International Law at the End of the 20th Century: Progress or Regress?*, Kluwer Law International, 2000, pp. 226 - 227.

② 有学者主张宽泛理解禁止规范，即不限于能导致合同无效的规范，还包括可以修改合同条款的规范。See Paul Hauser, *Eingriffsnormen in der Rom I - Verordnung*, Mohr Siebeck, 2012, S. 74 ff.

③ 在《罗马公约》的荷兰语文本中，直接适用法被表述为法律的强制规范（bepalingen van bijzonder dwingend recht）。

④ L. I. De Winter, Dwingend Recht bij Internationale Overeenkomsten, *NTIR*, Vol. 11, No. 4, (1964), p. 331. 早在 1940 年作者已经作如上界定。De Winter, *De grenzen van de contractvrijheid in het international privaatrecht*, Weekblad voor Privaatrecht, Notarisambt en Registratie, 1940, p. 3675, cited in Nicolas Nord, Ordre Public et Lois de Police en Droit International Privé, Université Robert Schuman, 2003, p. 329.

价格法、进出口法、反倾销法以及国有化的法令。①

优先规则往往伴随着确定其国际适用范围的规则（scope-rule）。② 成文法有时明确包含此类规则，如《荷兰民法典》第6编第247条第4款规定，如果消费者在荷兰拥有惯常居所，则针对消费合同中的标准条款的规定必须予以适用。此时法官很容易确定优先规则的存在③，无须再探究范围规则针对的条款是否构成直接适用法。④ 一旦立法未明文规定，则只能通过适当解释的方式确定。⑤ 这需具备两个条件：其一，案件和规则或制定法所服务的基本社会、经济利益存在直接密切的联系；其二，优先规则维护的利益较准据法的整体适用利益更大。⑥

（二）实践层面

在司法实践当中，荷兰法院强调直接适用法需要与案件存在密切联系。故某一强制规范在抽象层面可能构成潜在的直接适用法，而在具体案件中则因为与案情联系不足而丧失直接适用的资格。根据1945年荷兰《特别劳动关系法》（*Buitengewoon Besluit Arbeidsverhoudingen*, BBA）第6条⑦，雇主只有在获得当地机关批准时才可以

---

① See Jan C. Schultsz, Dutch Antecedents and Parallels to Article 7 of the EEC Contracts Convention of 1980, *RabelZ*, Bd. 47, H. 2, (1983), p. 270.

② L. Strikwerda, *De Overeemkomst in het IPR*, Maklu, 2010, p. 143.

③ Cathalijne van der Plas, Het Leerstuk van de Voorrangsregels Gecodificeerd in Boek 10: Werking (ssfeer), *NIPR*, Afl. 3, (2010), p. 422.

④ See Mathijs H. Ten Wolde, Codification and Consolidation of Dutch Private International Law: The Book 10 Civil Code of the Netherlands, *Yb. Priv. Int. L.*, Vol. 13, (2011), p. 399.

⑤ Boele-Woelki, et al., Dutch Private International Law at the End of the 20th Century: Pluralism of Methods, in Symeon C. Symeonides, ed., *Private International Law at the End of the 20th Century: Progress or Regress?*, Kluwer Law International, 2000, p. 300.

⑥ See Mireille van Eechoud, *Choice of Law in Copyright and Related Rights*, Kluwer Law International, 2003, pp. 44–45.

⑦ 在劳动领域，类似的如为确保在荷兰居住的外国雇员能够获得法定最低收入的1968年《最低工资和最低津贴法》。See R. van Rooij & Maurice V. Polak, *Private International Law in the Netherlands*, Kluwer Law and Taxation Publishers, 1987, p. 125.

解雇雇员。该法没有明确适用范围，但可以推知其具有保护私人雇员和荷兰的劳动市场的双重功能。① 在美国公司未经批准解雇荷兰雇员的案件中，劳动合同约定适用纽约州法。② 荷兰最高法院认为，《特别劳动关系法》旨在适用于所有影响荷兰劳动市场的雇佣关系。原告因解雇而需要在荷兰寻找新的工作或寻求社保救助，构成法令适用的情形。

在另一起劳动争议中，荷兰最高法院却认可了当事人约定的美国得克萨斯州法的效力。③ 原告为得克萨斯州公司派遣到荷兰工作的美国雇员，其在解聘后出人意料地留在荷兰。就准据法和优先规则的关系，该院认为，荷兰优先规则的适用需要正当理由，即《特别劳动关系法》旨在保护的利益较充分发挥作用的劳动合同准据法的利益更大。衡量本案中的准据法和合理优先规则的利益，不存在期待当事人重返荷兰劳动市场的正当理由。与荷兰的联系不足以改变荷兰对劳动关系保护和外国准据法充分考量之间的利益平衡，无法达到援引荷兰的优先规则的程度。④

五 对上述直接适用法理论的评价

尽管都处在国家干预经济社会生活的类似大环境下，由于法律传统与实际需要的差异，西欧诸国的直接适用法理论的表现方式不尽相同。构建法国的公序法理论的弗氏求助于原本含义模糊的《法国民法典》第3条第3款，并将之改造为超越冲突规范的选法机制。对同样长期不具有国际私法立法传统的英国，其超越法理论则主要服务于本

---

① H. L. E. Verhagen, *Agency in Private International Law: The Hague Convention on the Law Applicable to Agency*, Martinus Nijhoff, 1995, p. 244.

② Mackay v. American Express, Hoge Raad, 8.1.1971, *NJ*, (1971), 129 (Mackay I).

③ Sorensen v. Aramco Overseas Company, Hoge Raad, 23.10.1987, *NJ*, (1988), p. 842.

④ See Th. M. De Boer, The EEC Contracts Convention and the Dutch Courts: A Methodological Perspective, *RabelZ*, Bd. 54, H. 1, (1990), pp. 60 – 61.

国制定法较传统以普通法形式存在的冲突规范的优先适用，进而缓和作为判例法的冲突法和包含特殊适用范围的制定法之间的紧张关系。这是基于英国独特法律文化发生的结果，与修正传统选法机制的直接适用法不尽相同。与上述二者不同的是，德国的干预规范理论受到《德国民法典》第134条法律行为违反禁止规定的启示，更倾向于将之限制在直接关涉国家公益的公法禁止规范的范畴，从而排除能够通过冲突规范指引的特别私法的直接适用资格，在方法论上更加纯熟。而荷兰的优先规则理论虽然影响较小，却已经从个案的角度判断直接适用法的存在，蕴含着利益平衡的要求。上述理论最终在国际私法欧盟化的过程中殊途同归，有力推动了直接适用法制度在欧盟层面的确立。

第二节　直接适用法立法的发展历程

基于学理研究的积淀以及司法实践的探索，自20世纪六七十年代，特别在欧洲，直接适用法制度在国际、国内层面纷纷确立，逐渐成为现代国际私法的一项潮流。本节以时间为序介绍直接适用法制度在当今立法的基本情况，为主体内容的展开作铺垫。

一　国际立法的发展历程

由于《罗马条例Ⅰ》[①]关于直接适用法的规定与之前包括《罗马公约》在内的等国际条约有明显不同，故以此作为划分阶段的标志并逐一分析。

（一）《罗马公约》阶段

自《合同与非合同之债法律适用公约》的起草到取代《罗马公约》的《罗马条例Ⅰ》的颁布，直接适用法制度在国际层面初步确

[①] 由欧盟机构制定的条例能在成员国境内直接生效，不属于国际法的范畴，但基于其区域性的特征，仍放在国际立法部分探讨。

立。这一时期涌现了多部包含直接适用法制度的国际条约①，内容上多仿照《罗马公约》。

1. 《合同与非合同之债法律适用公约》草案

在 1968 年《关于民商事管辖权及判决执行的公约》（《布鲁塞尔公约》）通过后，参考 1969 年《国际私法统一法的比荷卢条约》（*Benelux Treaty Concerning a Uniform Law on Private International Law*）②的内容，欧共体于 1972 年公布了《合同与非合同之债法律适用公约》草案（*Draft Convention on the Law Applicable to Contractual and Non-Contractual Obligations*）。③ 其第 7 条规定，当合同还与根据第 2、4、5、6、16、17、18 和 19 条第 3 款指引的准据法所属国之外的国家存在联系且该国法律包含以强制的方式调整主体事项而排除任何其他法律适用的条款时，在其特殊的性质和目的能够正当地排除准据法的情况下，此类条款应该予以考虑。④

德罗布尼（Drobnig）认为，该条试图解决合同准据法之外的排他性强制规范这一极具争议的适用问题，此类日益增多的规范旨在推动具体经济、社会和政治目标的实现。虽然立法委员会提出的草案条文整体可行，但仍有可改进之处，应重新拟定如下：在适用任何经由前面各款指引的法律时，源自另一法律体系的强

---

① 另外也有人认为 2000 年《海牙成年人国际保护公约》第 20 条具有直接适用法制度的功能。A. V. M. Struycken, General Course on Private International law: Co-ordination and Co-operation in Respectful Disagreement, *Recueil des Cours*, Vol. 311, (2004), p. 431. Andreas Bucher, La dimension sociale du droit international privé, *Recueil des Cours*, Vol. 341, (2009), p. 258. 该条规定，本章之规定不排除对成年人予以保护的国家的法律的适用；只要不管适用何种法律，该国的强制规范应予以适用。

② 条约未生效，已于 1975 年被废弃。

③ See Trevor C. Hartley, Beyond the Proper Law – Mandatory Rules under Draft Convention on the Law Applicable to Contractual Obligations, *Eur. L. Rev.*, Vol. 4, (1979), p. 236.

④ 公约的英文本，Kurt H. Nadelmann, The EEC Draft of a Convention on the Law Applicable to Contractual and Non-Contractual Obligations. *Am. J. Comp. L.*, Vol. 21, No. 3, (1973), pp. 587–592.

制规范如满足下列条件应予以考虑：（1）案件与该另一法律体系存在密切联系；（2）该另一法律体系中的相关规范希望排除任何其他法律而适用；（3）排他适用的要求根据国际标准为合理。①哥霍特（Gothot）强调草案中的"应该予以考虑"减损了该条款的效力，应修改为"应该适用"，而巴迪福（Batiffol）认为此举将会给外国直接适用法的滥用打开方便之门。②

2. 海牙《代理法律适用公约》

1978年3月14日海牙《代理法律适用公约》（*Convention on the Law Applicable to Agency*）③第16条对直接适用法做出明确规定。在适用本公约时，可以给予与案情有重要联系的任何国家的强制规范以效力，如果根据该国法，此类规则无论冲突规范指引的法律如何都必须适用。该条既适用于内部代理关系，又适用于外部代理关系；既适用于当事人选择法律的情形，又适用于根据客观联系援引准据法的情形。其草案的第10条曾特别强调那些代理人主营业地国保护代理人的强制规范的适用，如果本人的主营业地或代理活动的发生地也在该国。④

3.《罗马公约》

《罗马公约》对合同之债法律适用领域的直接适用法制度产生了重要影响。自此，直接适用法制度在国际、国内立法当中如雨后春笋般地出现。为应对英国的加入，欧共体优先考虑在合同之债领域制定

---

① Ulrich Drobnig, Comments on Art. 7 of the Draft Convention, in Ole Lando, et al., eds., *European Private International Law of Obligations*, Mohr Siebeck, 1975, pp. 82 – 86.

② Bernd von Hoffmann, General Report on Contractual Obligations, in Ole Lando, et al., eds., *European Private International Law of Obligations*, Mohr Siebeck, 1975, p. 17.

③ 公约于1978年3月14日签订，1992年5月1日生效，截至2016年年底，共有阿根廷、法国、荷兰和葡萄牙4个缔约国。

④ H. L. E. Verhagen, *Agency in Private International Law：The Hague Convention on the Law Applicable to Agency*, Martinus Nijhoff, 1995, p. 226.

统一的法律适用公约。①《合同与非合同之债法律适用公约》草案作了有益的探索，并最终反映在1991年4月1日生效的《罗马公约》当中。虽然草案予以统一规定②，但《罗马公约》第7条第1款③和第2款④分别确立了外国和法院地直接适用法制度。与公约的英文本不同，法文本专门以公序法进行表述，特别强调其不同于一般意义的强制规范（dispositions impératives）。⑤

就具体内容而言，作为起草《罗马公约》工作组成员的评述，由马里奥·朱利安尼教授和保罗·拉加德教授执笔的《〈罗马公约〉报告》被认为构成公约解释的权威依据。⑥《〈罗马公约〉报告》指出，国内法院可以在一定情况下给予合同准据法之外的强制规范以效力的原则在近年来广为许多缔约国的理论和实践所承认。通过列举支持外国直接适用法适用的经典案例，报告给出了设置《罗马公约》第7条第1款的理由。出于维护法院地的卡特尔法、竞争法、限制性惯例法以及消费者保护法和某些运输法的适用，一些代表团希望确立公约第7条第2款。第7条第1款虽然可以包括不构成合同准据法的法院地直接适用法，但是该款的裁量适用性质以及允许缔约国保留的缘故导

---

① See Lawrence Collins, et al., eds., *Dicey, Morris & Collins on the Conflict of Laws*, 14th ed., Sweet & Maxwell, 2006, p. 1541. Thomas Rauscher, *Europäisches Zivilprozess – und Kollisionsrecht: Rom Ⅰ – VO, Rom Ⅱ – VO*, Sellier European Law Publishers, 2011, S. 21.

② See Lawrence Collins, Contractual Obligations – The EEC Preliminary Draft Convention on Private International Law, *Int'l & Comp. LQ*, Vol. 25, No. 1, (1976), p. 49.

③ 当根据本公约适用一国法律时，可以给予与案情有密切联系的另一国法律中强制规范以效力，当且仅当此类规则根据该国法律必须予以适用而无论合同准据法为何。在决定是否给予此类强制规范以效力，应考虑到它们的性质、目的以及适用或不适用的后果。

④ 公约的任何内容不影响法院地法当中那些不管本应作为合同准据法如何规定的强制规范的适用。

⑤ José Antonio Perez – Bevia, Dispositions impératives et lois de police dans la Convention de Rome du 19 Juin 1980 sur la loi applicable aux obligations contractuelles, *RHDI*, Vol. 35 – 36, (1982 – 1983), 17. 在德文本中，第3条和第7条的强制规范分别以"zwingende Bestimmungen"和"zwingende Vorschriften"表述。

⑥ 英国《合同（准据法）法》第3条第4款赋予该报告以法定解释《罗马公约》的地位。

致必须适用法院地直接适用法的条款在文本当中出现。基于法院地必须适用本国直接适用法的公共政策①，第7条第2款并未如同外国直接适用法条款那样被施加以与案情存在密切联系的限制。②

4. 海牙《信托法律适用及其承认公约》

1985年海牙《信托法律适用及其承认公约》（Convention on the Law Applicable to Trusts and on Their Recognition）③ 第16条第1条规定，本条约不妨碍法院地法中必须适用于国际案件的条款的适用，无论冲突规范如何规定。④ 由此，法院地国必须适用本国的直接适用法，例如发生信托的受益人以管理人未能向受益人出口某些物品为由起诉而该出口为法院地法所禁止的情形。⑤

5.《国际货物销售合同法律适用公约》

1986年《国际货物销售合同法律适用公约》（Convention on the Law Applicable to Contract for the International Sales of Goods）⑥ 是在1955年《国际货物销售法律适用公约》⑦ 的基础上修订而成。1985年海牙国际私法会议邀请联合国国际贸易法委员会的成员参加海牙外交

---

① P. M. North, *Essays in Private International Law*, Oxford University Press, 1993, p. 45.

② Peter Kaye, *The New Private International Law of Contract of the European Community*, Aldershot, 1993, 262.

③ 公约于1985年7月1日签订，1992年1月1日生效，截至2016年年底，共有澳大利亚、加拿大、中国香港、英国、意大利、卢森堡、马耳他、摩纳哥、荷兰、瑞士、列支敦士登、圣马力诺12个缔约方，其中英国、加拿大、卢森堡和摩纳哥依据公约第16条第3款对外国直接适用法条款提出保留。

④ 第2款关于外国直接适用法，即如果另一国与案件有充分密切联系，则在例外的情况下，也可以给予该国与前款所述性质相同的规范以效力。参见中华人民共和国外交部条约法律司《海牙国际私法会议公约集》，法律出版社2012年版，第147页。

⑤ David Hayton, The Hague Convention on the Law Applicable to Trusts and on Their Recognition, *Int'l & Comp. LQ*, Vol. 36, No. 2, (1987), p. 279.

⑥ 公约于1986年12月12日签订，尚未生效。截至2016年年底，有阿根廷、摩尔多瓦2个缔约国。

⑦ 公约于1955年6月15日签订，1964年9月1日生效，截至2016年年底，共有丹麦、芬兰、法国、意大利、挪威、瑞典、瑞士、尼日尔8个缔约国。

会议讨论修正案。阿根廷和美国代表仿照《罗马公约》第 7 条拟定的直接适用法制度如下，公约不妨碍法院地法当中的可不顾冲突规范而必须适用于国际销售合同的条款的适用。如果另一国与案件有充分密切联系，可以给予该国与前款特征相同的条款以效力。与各国代表就外国直接适用法的适用存在严重分歧不同[①]，法院地直接适用法制度反映在《国际货物销售合同法律适用公约》第 17 条当中。

6.《美洲间国际合同法律适用公约》

1994 年《美洲间国际合同法律适用公约》（*Inter - American Convention on the Law Applicable to International Contracts*）[②] 第 11 条第 1 款规定，尽管有上述条款，必须适用法院地法当中具有强制性质的条款。[③] 此前，作为第二次美洲间国际私法特别会议（Inter - American Specialized Conference on Private International Law）的成果，1979 年《美洲间关于国际私法一般规则的公约》（*Inter - American Convention on General Rules of Private International Law*）仅仅规定了公共秩序保留、法律规避禁止等冲突法制度，《美洲间国际合同法律适用公约》的出台改变了拉美国际私法公约长期忽视直接适用法的做法。虽然立法没有界定规范的强制性，但被认为应该是能够增进法院地公共政策的具有监管性质的公法规范，包括传统上的公共秩序规范。[④]

[①] 投票的结果如下：阿尔及利亚、澳大利亚、奥地利、保加利亚、佛得角、中国、捷克斯洛伐克、丹麦、埃塞俄比亚、民主德国、匈牙利、伊拉克、韩国、马耳他、尼日利亚、挪威、葡萄牙、罗马尼亚、瑞典、土耳其、苏联及英国反对，阿根廷、加拿大、芬兰、法国、联邦德国、几内亚、洪都拉斯、伊朗、爱尔兰、以色列、卢森堡、墨西哥、荷兰、西班牙、瑞士、泰国、美国、乌拉圭、委内瑞拉及南斯拉夫赞成，印度、日本、莫桑比克和也门未参与投票。

[②] 该公约已生效，截至 2016 年年底，有委内瑞拉和墨西哥 2 个缔约国。

[③] 第 2 款关于外国直接适用法，即应由法院地决定与合同有密切联系的另一国的强制规范的适用。

[④] Susie A. Malloy, Inter - American Convention on the Law Applicable to International Contracts: Another Piece of the Puzzle of the Law Applicable to International Contracts, *Fla. J. Int'l L.*, Vol. 19, (1995), pp. 719 - 720.

7. 海牙《中介机构所持证券若干权利法律适用公约》

2006年海牙《中介机构所持证券若干权利法律适用公约》（Convention on the Law Applicable to Certain Rights in Respect of Securities Held with an Intermediary）①第11条第2款确立了法院地直接适用法制度，只有当本公约确立的准据法的适用结果将明显地违反法院地的公共政策时，才可以拒绝适用之。考虑到可能发生的不确定因素，该条的第1款是公共政策保留制度，没有就外国同类规范的适用作出规定。②另外，根据第3款，除非构成案件的准据法，否则不允许适用法院地法中就担保确立或涉及对抗性权益中的优先权施加条件的规定，这对法院地直接适用法发生的情形进行限制。

（二）《罗马条例Ⅰ》阶段

在《罗马公约》向《罗马条例Ⅰ》转化的过程中，直接适用法制度的内容又有了新变化。经过欧盟成员国的反复协商③，《罗马条例Ⅰ》第9条确立了直接适用法制度。此外，《海牙国际合同法律选择原则》特别关注了这一问题。

1.《罗马条例Ⅰ》

（1）《绿皮书》的意见

就直接适用法制度的确立，首先要提的是欧共体委员会2003年公布的《将1980年〈关于合同之债法律适用的罗马公约〉转换为共同体文件及其现代化的绿皮书》（以下简称《绿皮书》）。④《绿皮书》

---

① 公约于2017年4月1日对美国、瑞士和毛里求斯三国生效。

② Rapport sur la réunion du Groupe de travail d'Experts（15 au 19 janvier 2001）et les travaux informels menés par le Bureau Permanent sur la loi applicable aux dispositions de titres détenus auprès d'un intermédiaire, http：//www.hcch.net/upload/wop/genaff2001_pd13e.pdf.

③ Ole Lando & Peter Arnt Nielsen, The Rome I Regulation, *CML Rev.*, Vol.45, No.6, (2008), p.1721.

④ Green Paper on the Conversion of the Rome Convention of 1980 on the Law Applicable to Contractual Obligations into a Community Instrument and Its Modernisation. COM (2002) 654 final, 14.1.2003, http：//eur-lex.europa.eu/LexUriServ/site/en/com/2002/com2002_0654en01.pdf.

认为，区别于《罗马公约》第3、5、6、9条的强制规范，第7条的强制规范仅发生于国际领域，即一国认为其如此重要以至于在法律情形与该国存在联系时必须适用的规范。各国法院可以根据各自的法律传统判断某一强制规范是否构成直接适用法，但是如何判断并不容易。比如，规范裁员的法国法无可争辩地构成反映国内公共政策的法律，但法国法院不认为其属于《罗马公约》第7条的超越型强制规范。在设计《罗马条例Ⅰ》时，应效仿欧盟法院在 Arblade 案的判决给予此类强制规范以定义。

社会各界纷纷作出回应，其中以德国马普比较法与国际私法研究所（以下简称马普所）的建议最为全面。其认为应设置结构清晰的复合条款，包括国际强制规范的定义、法院地和准据法所属国国际强制规范的适用以及赋予第三国强制规范以效力的条款，具体如下：1. 本条适用于那些被认为对一国政治、社会和经济运行具有根本重要性的国际强制规范。根据该国的法律，此类规范可不顾本条例第3、4条所适用的法律而要求适用；2. 法院地的国际强制规范可不顾合同自体法适用，只要此类规范要求适用；3. 合同准据法的国际强制规范可以适用于合同，只要其要求适用；4. 可以给予法院地国和合同准据法所属国之外的另一国国际强制规范以效力，如果合同与该国具有密切的联系。在考虑是否给予此类规范以效力时，应该根据本条第1款考虑其性质和目的，以及适用或不适用对有关国际强制规范追求的目标和合同当事人产生的后果。[①]

（2）《罗马条例Ⅰ》的委员会草案

除了未规定准据法所属国的直接适用法制度外，欧共体委员会2005年发布的《罗马条例Ⅰ》草案明显受到马普所建议的影响。其第8条第1款认为，强制规范乃是为保护其政治、社会或经济运行之

[①] See Janathan Harris, Mandatory Rules and Policy under the Rome I Regulation, in Franco Ferrari & Stefan Leible, eds., *Rome I Regulation: The Law Applicable to Contractual Obligations in Europe*, Sellier European Law Publishers, 2009, p. 276.

类的公共利益而被一国视为至关重要的规范，以至于对进入其范围的所有情况都必须予以适用，而不论根据条例本应适用于合同的准据法如何。第2款规定了法院地此类规范的适用，即条例的任何规定都不能限制法院地法当中的强制规范的适用。①

对此，除继续坚持"国际强制规范"的表述以及设置准据法所属国的国际强制规范适用条款，马普所认为，应该专门为欧盟条例以及成员国实施欧盟指令的国内立法中的国际强制规范设置适用条款。此外，其基本认同《罗马条例Ⅰ》草案中的定义，但强调此类反映重大公益的规范除了来自各国，还可能源于欧盟。②

(3)《罗马条例Ⅰ》的最终文本

《罗马条例Ⅰ》的法院地直接适用法制度较《罗马公约》变化不大③，但为了消除《罗马公约》多处使用强制规范引发的歧义，第9条第1款规定，超越性强制条款是指，为保护其诸如政治、社会或经济运行之类的公共利益而被一国视为至关重要的条款，对属于其适用范围的所有情况都必须予以适用，而不论根据条例指引的合同准据法如何规定。

法国公序法的理论和实践直接促成了该条款的形成。④ 审理Arblade案⑤的欧盟法院曾对公序法的含义作出解释。该案的比利时法要

---

① 第3款关于外国直接适用法，即可以给予与案情有密切联系的另一国强制规范以效力。在考虑是否给予此类强制规范以效力，法院应该根据本条第1款的定义考虑其性质和目的，以及适用或不适用对有关强制规范追求的目标和当事人产生的后果。COM（2005）650 final of 15.12.2005.

② Max Planck Institute for Comparative and International Private Law: Comments on the European Commission's Proposal for a Regulation of the European Parliament and the Council on the Law Applicable to Contractual Obligations (Rome Ⅰ), *RabelsZ*, Bd. 71, H. 2, (2007), p. 313.

③ 第9条第2款规定，条例不影响法院地的超越型强制条款的适用。规定外国直接适用法适用的第3款虽然延续了《罗马公约》的基本结构，但内容上有较大的变动，详见第六章第一节的内容。

④ Eva Lein, A Short Commentary on the "Rome Ⅰ" Proposal, *Yb. Priv. Int. L.*, Vol. 7, (2005), p. 407.

⑤ ECJ, 23 November 1999, Joint cases C-369, 376/96 (Arblade and Leloup). See also Commission of the European Communities v. Grand Duchy of Luxembourg, Case C-319/06.

求雇主为所有在该国工作的雇员支付最低工资、缴纳社会保险并作记录。在比利时开展经营活动的法国公司因违反这一规定而被提出刑事指控。其辩称，比利时法与原《欧共体条约》第59、60条（现《欧洲联盟运行条约》第56、57条）关于联盟内服务自由流动的规定不符。该自由只受体现成员国至关重要公共利益规则的限制，上述比利时法不属于此种情形。故在满足设业地国的社保要求的前提下，临时派遣建筑工人到比利时工作的法国公司是否要接受比利时劳动保障法这一《比利时民法典》第3条下的公序法监管产生疑问。比利时于伊轻罪法庭向欧盟法院提请先决裁决（preliminary ruling），欧盟法院将公序法解释为"其遵循对保护相关成员国的政治、社会或经济秩序如此重要以至于需要该国领土内的所有人和法律关系都予遵守的国内法条款"。

从根本上讲，判决所要解决的是欧盟法和成员国国内法之间的公法冲突，而非国际私法的范畴。[①] 欧盟法基于最高性原则禁止成员国采取妨碍货物及服务在联盟内自由流动的措施。但在欧盟行使排他立法权限之外的领域，如果成员国的措施对于追求其基本的政策利益至关重要，且措施与其所追求的目标成比例而不与来源国采取的行动重复，则可以合法实施。在这一过程中，欧盟法院创造性地采纳了法国国际私法理论对公序法的解释。表面看 Arblade 案的解释处于国内民法典对公序法的规定向《罗马条例I》的过渡阶段，在适用范围上采用前者的要求，且与满足适用范围的所有情况都应适用的《罗马条例I》第9条第1款遥相呼应；而实质内容则吸纳法国公序法理论，即对于保护一国政治、社会或经济秩序而言必须至关重要，这也反映在《罗马条例I》当中。

2.《海牙国际合同法律选择原则》

作为示范法的《海牙国际合同法律选择原则》（*Hague Principles on the Choice of Law in International Contracts*）并非国际条约，但考虑

[①] Felix Maultzsch, Rechtswahl und ius cogens im internationalen Schuldvertragsrecht, *RabelZ*, Bd. 75, H. 2,（2012），p. 82.

到海牙国际私法会议的巨大影响,可以预见该原则将对直接适用法的立法以及仲裁实践中的运用起到重要的参考作用。

草案2012年文本第11条规定"超越型强制规范和公共政策"。①除第3款规定了法院地公共秩序保留,其他各款都涉及直接适用法,具体如下:第1款规定法院地超越型强制规范的适用,即本原则不影响法院适用法院地当中的不顾当事人选法的超越型强制规范;第2款规定,由法院地法决定一国法院是可以还是必须适用或考虑另一国的超越型强制规范;第4款规定,由法院地法决定一国法院是可以还是必须适用或考虑在没有选择法律时应适用法律的公共政策。与法院地公共政策不同,外国公共政策不能通过公共秩序保留制度适用,故该款也涉及直接适用法②;第5款针对仲裁,即如果仲裁庭被要求或有权这样做,本原则不应妨碍仲裁庭适用或考虑当事人选法之外的公共政策或超越型强制规范。《海牙国际合同法律选择原则》于2015年3月19日出台,上述条款得以维持。③

二 国内立法的发展历程

《罗马公约》和《罗马条例Ⅰ》有力推动了直接适用法制度的立法。作为国际立法部分的呼应,以下分为《罗马公约》和《罗马条例Ⅰ》两个阶段进行论述。

---

① HCCH, Draft Hague Principles as Approved by the November 2012 Special Commission Meeting on Choice of Law in International Contracts and Recommendations for the Commentary, November 2012, http: //www. hcch. net/upload/wop/contracts2012principles_ e. pdf.

② 此款为新增内容,2012年12月的特别委员会报告说明,有学者认为不需要规定该款,即使需要条文也太宽泛,由此就能否适用另一国的公共政策发生争议。作为回应,提议的内容缩小至现在的文本。HCCH, Choice of Law in International Contracts: Draft Hague Principles and Future Planning, February 2013, http: //www. hcch. net/upload/wop/gap2013pd06en. pdf.

③ 该款的内容和评注, https: //www. hcch. net/en/instruments/conventions/full - text/? cid = 135.

(一)《罗马公约》阶段

此阶段确立直接适用法制度的国内法主要发生于欧盟成员国之外,且大多与《罗马公约》相似,反映了《罗马公约》在国际上的广泛影响。

1. 1986 年《德国民法施行法》

在《罗马公约》通过之前,德国不存在直接适用法制度,其功能被包含在公共秩序保留条款之中。[①] 1986 年修订的《德国民法施行法》第 34 条乃是世界上首个确立直接适用法制度的国内立法,即如果遇有特殊情况,可以不适用上述对合同法律适用作出的具体规定,而直接适用德国的强制性法律。[②]

虽然政府提交的草案效仿《罗马公约》第 7 条第 1 款设置了外国直接适用法制度,但议会并未接受。[③] 就直接适用法的范围,解释报告认为不用考虑规范的公私法性质。无论是能直接监管商事交易的进出口管制,还是出于公共目的保护个人的规定,都具有直接适用的资格。由于修订后的《德国民法施行法》第 29 条第 1 款和 30 条第 1 款所规定的消费者合同和劳动合同中的保护性强制规范的适用情形与客观准据法的确立标准一致,不构成干预性的直接适用法。[④]

2. 1987 年《瑞士联邦国际私法》

作为国际法上的传统中立国,瑞士不受欧盟法的约束,但其国际私法一度引领国际潮流。《瑞士联邦国际私法》第 18 条规定,该

[①] Jan – Jaap Kuipers, Sara Migliorini, Qu'est – ce que sont les Lois de Police? – Une Querelle Franco – Allemande après la Communautarisation de la Convention de Rome, *European Review of Private Law*, Vol. 19, No. 2, (2011), p. 187.

[②] 随着《罗马条例Ⅰ》的生效,根据 2009 年《关于适应国际私法条款和欧盟第 593/2008 号条例的法律》第 1 条第 4 项的规定,包括第 34 条在内的《德国民法施行法》有关合同法律适用的条款被废止。

[③] Dieter Martiny, EGBGB Art. 34 Zwingende Vorschriften, in *Münchener Kommentar zum BGB*, 3. Auflage, C. H. Beck, 1998, Rn. 5.

[④] Klaus Schurig, Zwingendes Recht,》Eingriffsnormen《 und neues IPR, *RabelZ*, Bd. 54, H. 2, (1990), p. 247.

法不影响因自身的特殊性质而无须冲突规范指引的瑞士强制规范的适用。① 在起草的过程中，该条被认为多数情况下构成在公法领域产生影响或禁止武器出口之类的直接增进经济政策的规范。② 有趣的是，在草案中它与公共秩序保留规定于同一条文当中，从而作为公共秩序的积极反映。受《罗马公约》等国际实践的影响，《瑞士联邦国际私法》第18、19条对法院地和外国直接适用法分别对此加以规定。

3. 1991年《魁北克民法典》

参照《瑞士联邦国际私法》第18、19条的内容，加拿大《魁北克民法典》第3076、3079条确立了直接适用法制度。仅就法院地直接适用法而言，为确保法律适用的确定性，实践采取谨慎的做法，如魁北克上诉法院曾拒绝婚姻继承领域的强制规范构成直接适用法，魁北克最高法院认为作为保险合同第三方的受害者有权直接起诉有过错保险人的规定不具有直接适用法资格。③

4. 其他国家和地区的立法情况

自20世纪90年代末至21世纪初，突尼斯④和乌兹别克斯坦⑤、吉尔吉斯斯坦⑥、白俄罗斯⑦、哈萨克斯坦⑧、塔吉克斯坦⑨、立陶

---

① 德文官方文本，Bundesgesetz über das Internationale Privatrecht (IPRG), vom 18. Dezember 1987 (Stand am 1. Mai 2013), http://www.gesetze.ch/sr/291/291_000.htm.

② Stephen McCaffrey, The Swiss Draft Conflicts Law, Am. J. Comp. L., Vol. 28, No. 2, (1980), p. 255.

③ Jeffrey Talpis & Gerald Goldstein, The Influence of Swiss Law on Quebec's 1994 Codification of Private International Law, Yb. Priv. Int. L., Vol. 11, (2009), p. 345.

④ 1998年《突尼斯国际私法》第38条。中文译本，参见粟烟涛、杜涛译《突尼斯国际私法典》，《中国国际私法与比较法年刊》1999年卷，第728页。

⑤ 1997年《乌兹别克斯坦共和国民法典》第1165条。

⑥ 1998年《吉尔吉斯斯坦共和国民法典》第1174条。

⑦ 1999年《白俄罗斯共和国民法典》第1100条。

⑧ 1999年《哈萨克斯坦共和国民法典》第1091条。

⑨ 1999年《塔吉克斯坦共和国民法典》第1198条。塔吉克语和俄语文本，http://www.wipo.int/wipolex/zh/details.jsp?id=10292.

宛①、俄罗斯②、阿塞拜疆③、乌克兰④等苏联加盟共和国先后确立了直接适用法制度⑤,内容大致与《罗马公约》第7条相同⑥,只是将法院地直接适用法条款置于外国直接适用法条款之前。⑦ 随着欧盟成员国国际私法的法典化,比利时⑧、保加利亚⑨以及着手加入欧盟的

---

① 2000年《立陶宛民法典》第二章第一节第1.11条。立陶宛于2004年加入欧盟。
② 2001年《俄罗斯联邦民法典》第1192条。英文译本,The Civil Code of the Russian Federation (Part 3, Section VI), *Yb. Priv. Int. L.*, Vol. 4, (2002), pp. 351 - 352.
③ 2000年《阿塞拜疆国际私法》第5条。
④ 2005年《乌克兰国际私法》第14条。
⑤ 除塔吉克斯坦,上述苏东国家的国际私法的中文译本,参见邹国勇《外国国际私法立法精选》,中国政法大学出版社2011年版。
⑥ 《阿塞拜疆国际私法》第5条第2款规定,当适用一国法律时,如根据该国法律,可以优先适用与案情有关的另一国强制规范,只要不干预基于合同所发生的权利。在考虑优先适用此类规范时,应根据其性质和目的以及适用结果。该款较难理解,似乎由准据法决定是否采用第三国的直接适用法。俄文官方文本,http://migration.gov.az/images/pdf/1f149be347e0d8cd0f5fe63785b6a2ee.pdf.《乌克兰国际私法》第14条第2款也有少许特别之处,其规定外国直接适用法不得与法院地直接适用法相抵触。俄文本,http://www.cisg.ru/mchp - po - stranam.php? id = 2.《突尼斯国际私法》第38条第3款明确了外国法律的公法性质不妨碍外国直接适用法的适用或对此予以考虑。
⑦ 直接适用法制度为苏东国家所接受与俄罗斯法的影响密不可分。从谱系的角度,除立陶宛外,上述国家的民法典都可归入"俄式民法典"。参见魏磊杰《后苏联时代的法律移植与民法典编纂》,《比较法研究》2008年第5期。
⑧ 2004年《比利时国际私法典》第20条规定,本法中的条款不影响比利时的强制规范和公共秩序规范的适用,只要根据法律规定或它们的特殊目的适用于国际情形,而不顾冲突规范指引的法律。在经由本法适用一国法律时,可以给予与案件有密切联系的另一国强制规范或公共秩序条款以效力。当且仅当根据该另一国的法律,此类规范不论冲突规则指定的法律如何都应予以适用。在考虑是否赋予此类强制规范以效力时,应考虑这些规则的性质、目的以及适用与不适用的后果。英文译本,Law of 16 July 2004 Holding the Code of Private International Law (Belgian Official Journal 27 July 2004 - In Force as From 1 October 2004), *Yb. Priv. Int. L.*, Vol. 6, (2004), pp. 325 - 326.
⑨ 2005年《保加利亚国际私法》第46条。参见邹国勇《外国国际私法立法精选》,中国政法大学出版社2011年版,第224页。

土耳其①等国也先后对直接适用法制度予以规定。

不同的是，有些国家仅规定了法院地直接适用法制度，如1995年《意大利国际私法制度改革法》第17条②、1998年《委内瑞拉国际私法》第10条③、1998年《格鲁吉亚调整国际私法的法律》第6条④、1999年《澳门民法典》第21条⑤、2001年《韩国修订国际私法》第7条⑥、2002年《摩尔多瓦共和国民法典》第1582条⑦以及2007年《马其顿共和国国际私法》第14条⑧等。与此同时，罗马尼亚、

---

① 2007年《土耳其国际私法与国际民事程序法》第6条确立的法院地直接适用法制度适用于所有民事领域，而规定外国直接适用法制度的第31条仅限于合同关系。此种做法发生争议，See Gülören Tekinalp, The 2007 Turkish Code Concerning Private International Law and International Civil Procedure, *Yb. Priv. Int. L.*, Vol. 9, (2007), 335. 英文译本，Turkish Code on Private International Law and International Civil Procedure, Act No. 5718, http://www.ispramed.it/root/wp-content/uploads/2012/10/ippl_turkey.pdf. 中文译本，参见邹国勇《外国国际私法立法精选》，中国政法大学出版社2011年版，第274页。

② 其特色在于强调强制规定的目的和宗旨而应予以适用。中文译本，参见杜涛译、韩德培校《意大利国际私法制度改革法》，《中国国际私法与比较法年刊》1999年卷，第541页。

③ 英文译本，Venezuelan Act on Private International Law, *Yb. Priv. Int. L.*, Vol. 1, (1999), p. 342. 委内瑞拉是《美洲间国际合同法律适用公约》的缔约国，也是第一个进行国际私法立法的拉美国家。See Gonzalo Parra-Aranguren, General Provisions and Family Law Matters in the Venezuelan 1998 Act on Private International Law, in Patrick Borchers & Joachim Zekoll, eds., *International Conflict of Laws for the Third Millenium: Essays in Honor of Friedrich K. Juenger*, Transnational Publishers, 2000, p. 102.

④ 如果案件由强行法调整，本法不影响格鲁吉亚的强行法的适用。德文译本，Georgisches Gesetz zur Regelung des internationalen Privatrechts, Nr. 121 vom 20.05.1998, http://www.giz.de/Themen/de/dokumente/gtz2010-de-geo-gesetz-int-privatrecht.pdf. 另外，第35条第3款规定，如果违反与合同存在最密切联系国的强制规范，则法律选择无效，有观点认为这构成直接适用的依据。Symeon C. Symeonides, *Codifying Choice of Law around the World: An International Comparative Analysis*, Oxford University Press, 2014, p. 155. 该条仅针对合同选法条款的效力，与直接适用法制度不同。

⑤ See Código Civil of Macao (Articles 13 to 62), *Yb. Priv. Int. L.*, Vol. 2, (2000), p. 344.

⑥ Law Amending the Conflict of Laws Act of the Republic of Korea (Law No. 6465 of 7 April 2001), *Yb. Priv. Int. L.*, Vol. 5, (2003), p. 317.

⑦ 参见邹国勇《外国国际私法立法精选》，中国政法大学出版社2011年版，第59页。

⑧ 同上书，第245页。

越南、列支敦士登、阿尔及利亚和日本新制定的国际私法没有规定直接适用法制度①，当然此种做法并不代表这些国家的司法实践不关注这一问题。②

（二）《罗马条例Ⅰ》阶段

1. 欧盟成员国的晚近立法情况

在这一阶段，虽然《罗马条例Ⅰ》无须转化即可对欧盟成员国发生直接效力，但各国纷纷加速国际私法的立法进程，在新颁布的立法中系统设置了直接适用法制度。具体而言，罗马尼亚③、波兰④、荷兰⑤以

---

① 如1992年《罗马尼亚关于调整国际私法法律关系的第105号法》、1993年《斯洛伐克国际私法与国际诉讼法》、1995年《越南民法典》、1995年《朝鲜涉外民事关系法》、1996年《爱沙尼亚民法通则》、1996年《列支敦士登关于国际私法的立法》、2001年《俄勒冈州合同冲突法》、2004年《卡特尔民法典》、2005年《阿尔及利亚民法典》、1999年《斯洛文尼亚国际私法和国际程序法》、2006年《日本法律适用通则法》。

② 以日本为例，尽管自《法例》时期司法实践已经承认日本法的直接适用，但基于此类规范不容易界定，没有反映在《日本法律适用通则法》当中。See Yuko Nishitani, Party Autonomy and Its Restrictions by Mandatory Rules in Japanese Private International Law: Contractual Conflicts Rules, in Jürgen Basedow, et al., eds., *Japanese and European Private International Law in Comparative Perspective*, Mohr Siebeck, 2008, p. 100.

③ 《罗马尼亚民法典》的罗马尼亚文本，http://www.coltuc.ro/blog/art-2566-noul-cod-civil-2014-normele-de-aplicatie-imediata-implinirea-prescriptiei.

④ 2011年《波兰国际私法》第8条。该条引起争议。有认为法官必须受到法院地直接适用法的约束，不需要设置直接适用法制度。但为达到法律确定性的目的，规范内容的设置仍有必要。See Tomasz Pajor, The New Polish Act on Private International Law, *Yb. Priv. Int. L.*, Vol. 13, (2011), pp. 385-386. 英文译本，The New Polish Act on Private International Law of 4 February 2011, *Yb. Priv. Int. L.*, Vol. 13, (2011), p. 642.

⑤ 2012年《荷兰民法典》第10卷第7条第1款仿效《罗马条例Ⅰ》第9条第1款对直接适用法予以界定，中译本参见马泰斯·田沃德、龙威狄、赵宁译《荷兰〈民法典〉第10卷（国际私法）》，《中国国际私法与比较法年刊》2011年卷，第428页。英文译本，Dutch Civil Code Book 10 - On the Conflict of Laws (19 May 2011), *Yb. Priv. Int. L.*, Vol. 13, (2011), p. 658. Dorothea van Iterson, The Response of National Law to International Conventions and Community Instruments - The Dutch Example, *European Journal of Law Reform*, Vol. 14, No. 1, (2012), p. 14.

及捷克①先后在民法或国际私法中加以规定,但这不影响《罗马条例Ⅰ》对其涉外合同之债法律适用的支配。

2. 中国内地的立法情况

(1)《法律适用法》的制定

直接适用法作为国际私法学理问题由来已久,在我国立法进程中的出现则为时不长。2002年《民法典草案(第九编)》以及《法律适用法》前四稿均未专门规定直接适用法制度。2010年3月1日完成的、由全国人大法工委委托中国国际私法学会起草的《法律适用法(第五稿)》即《〈法律适用法〉建议稿》首次设置了专门条款②,后几经演变,形成最终的立法文本。③就立法动机,原最高人民法院民四庭刘贵祥庭长谈到,我国对外汇担保审批制度属于我国强制性法律规定的范畴,这类法律应当得到直接适用,而与冲突规范的适用无关。在这种思路下,才能妥善解决上述案件中法官面临的法律适用难题。因此,最高院在法律草案拟定过程中及时向全国人大法工委提出了建议,建议明确规定强制性法律直接适用的条文,以便于司法实践中法官用法。④

在《法律适用法》出台的前夕,向社会公开征求意见的《法律适用法(二次审议稿)》第5条规定,中华人民共和国法律对涉外民事关系有强制性规定的,应当直接适用。⑤此处的"应当"表示必须适用,然这并不恰当。其一,除《法律适用法》第14、43条等明确采用"可以适用"的表述外,其他都应该理解为法官必须遵从冲突规范;其二,

---

① 2012年《捷克国际私法》第3条、25条分别规定了法院地和外国直接适用法制度。官方文本为捷克语文本,http://www.zakonyprolidi.cz/cs/2012-91. 英文译文,Naděžda Rozehnalova Impact of European Private Law on Czech Private International Law, in *Central and Eastern European Countries After and Before the Accession*, Vol. 2, Budapest, 2011, p. 61.

② 参见《2010年海峡两岸国际私法学会研讨会论文集》(下册),第746页。

③ 参见朱丛琳《直接适用的法在中国的发展简评》,《黑河学刊》2012年第5期。

④ 参见刘贵祥《涉外民事关系法律适用法在审判实践中面临的几个问题(下)》,《中国法律》2011年第6期。

⑤ 《涉外民事关系法律适用法(草案)全文及主要问题的汇报》,http://www.npc.gov.cn/npc/flcazqyj/2010-08/28/content_1592751.htm。

严格依据措辞容易导致过分限制法官在这一问题上裁量的结果。虽然与外国直接适用法不同,各国一旦判定本国法具有直接适用资格,即无条件地加以适用,但直接适用法仍需要法官综合平衡法院地国、准据法所属国以及当事人的利益之后才能作出适用与否的决定。①《法律适用法》第4条的文字虽然有所调整,却不能说明它与草案存在实质性差异。

(2)《〈法律适用法〉解释(一)》的出台

《法律适用法》颁布后出现了多起误用直接适用法的案件②,亟须通过司法解释加以明确。最高人民法院于2012年8月拟定的《关于适用〈中华人民共和国涉外民事关系法律适用法〉若干问题的解释(一)(第三稿)》(以下简称《第三稿》)第6条"强制性规定的界定"规定,有下列情形之一、涉及中华人民共和国社会公共利益或安全、当事人不能通过约定排除适用、无须通过冲突规范指引而应当直接适用的法律,可以认定为涉外民事关系《法律适用法》第4条规定的强制性规定:(一)危及外汇管制等金融安全的;(二)涉及反垄断的;(三)危及环境安全的;(四)危及食品或公共卫生安全的;(五)涉及消费者权益保护的;(六)涉及劳动者保护的;(七)危及网络安全的;(八)其他涉及社会公共利益或安全的情形。

该条的表述自相矛盾、殊难理解。由于情形八"其他涉及社会公共利益或安全的情形"是列举社会公共利益或安全的兜底条款,情形一至七可统称为涉及社会公共利益或安全的具体情形,不免与"涉及中华人民共和国社会公共利益或安全"相重复。这种啰唆的文字是因为《第三稿》第6条放弃了直接描述此种强制性规定的法

---

① 中国国际私法学会于2010年1月在北京拟定草案第5条第3款将规范的性质、目的和适用后果作为一切直接适用法适用所要考虑的因素。

② 参见董金鑫《〈法律适用法〉中的强制性规定之界定——析〈解释(一)〉第10条》,《武大国际法评论》第16卷第2期(2014年),第265页。甚至在《〈法律适用法〉解释(一)》颁布后,仍有法院将我国的冲突规范视为直接适用法,(2014)佛中法民一终字第1221号判决书、(2014)青海法海商初字第1121号判决书。

律属性和范围,而过多拘泥于公益的情形。如果认为《法律适用法》第4条的强制性规定是事关我国重大公益而不得不适用的法律,则此种重大公益应该指向具体种类的规则。《第三稿》大致为《〈法律适用法〉解释(一)》接受。① 最终的文本主要对文字的表述和列举的情形作出调整,唯一实质的更改在于将直接适用法限定于"法律和行政法规"的范畴。

3. 其他国家和地区的立法情况

就其他国家和地区的立法,首先值得一提的是俄罗斯对直接适用法条款的修订。在2013年9月30日,经俄罗斯第260-FS号法律,《俄罗斯联邦民法典》第1192条的名称由"强行规范的适用"改为"直接适用的规范",以解决实践中存在的滥用问题。② 就新制定的情况,除《黑山共和国关于国际私法的法律》第10条③、《多米尼加共和国国际私法》第66条④和

---

① 外国直接适用法制度仍然没有规定。不过一般认为,满足规范的自身限制和法院地公共利益的外国准据法所属国的直接适用法可以在中国适用。参见肖永平、龙威狄《论中国国际私法中的强制规范》,《中国社会科学》2012年第10期。也有对外国直接适用法制度的作用持怀疑的态度,参见杨永红《论欧盟区域内的强制性规则》,《当代法学》2006年第4期(法院通常欠缺足够的能力去分析外国法的目的和特征,也无力去判断外国强制性规范适用和不适用的后果)。

② 参见杜涛《国际私法国际前沿年度报告(2013—2014)》,《国际法研究》2015年第1期。

③ 2014年《黑山共和国关于国际私法的法律》第10条规定,如遵守黑山的法律规范被视为对维护公共利益尤其是对维护国家的政治、社会和经济组织具有决定性作用,则对属于其适用范围内的所有案件均应予以适用,而不论准据法为何。法院可例外地考虑适用与私法关系有密切联系的另一国的强制规范。在决定是否考虑本条第二款所指的规范时,法院须考量该规范的性质、目的及其适用或不适用的后果。参见邹国勇译《黑山共和国2013年12月23日〈关于国际私法的法律〉》,《中国国际私法学会2016年年会论文集(下册)》,第385页。

④ 2014年《多米尼加共和国国际私法》第66条规定,尽管第58条(合同准据法)另有规定,如果多米尼加认为其合同法中的某些规定对于维护其包括政治的、社会的和经济的利益在内的公共利益具有重大意义,则应适用该规定。多米尼加法院在适当情况下可以同样适用与合同有密切联系的其他国家的类似规定。西班牙语文本,https://drive.google.com/file/d/0BzuVD4UGNHRKVGh0LUdwLTRJajA/view?pli=1.

《阿根廷国家民商法典》第 2599 条[1]正式确立了直接适用法制度之外，乌拉圭[2]、塞尔维亚[3]等国的国际私法立法草案也加以关注。上述文本不仅规定了法院地直接适用法，还同时考虑外国直接适用法，反映了直接适用法制度双边化被广泛接受的趋势。不过，晚近通过的《阿尔巴尼亚国际私法》[4]《巴拿马国际私法典》[5] 以及我国台湾地区修订的"涉外民事法律适用法"仍未确立直接适用法制度。

---

[1] 2014 年《阿根廷国家民商法典》第 2599 条"国际强制规范"（Normas internacionalmente imperativas）规定，阿根廷法律中的国际强制规范以及直接适用法限制意思自治的行使，且排除冲突规范的指引以及当事人选择外国法的适用。当外国法希望适用本国的国际强制规范，如果当其存在要求适用的合理利益、与案件有密切联系且明显重要，则予以承认。西班牙文本，Anteproyecto de Código Civil y Commercial de la Nación (2012) by Commisión de Reformas decreto presidencial 191/2011, https：//www. google. com. hk/url? q = http：//www. nuevocodigocivil. com/pdf/Texto – del – Proyecto – de – Codigo – Civil – y – Comercial – de – la – Nacion. pdf&sa = U&ei = RsJUU8edD6bBiQfz9oDQBQ&ved = 0CDgQFjAE&sig2 = 8Nyc9rukKtLJBHq5cx6oxQ&usg = AFQjCNG1Rz_ 1x7MQhqUozijXJBT8u_ 0EdA.

[2] 2009 年《乌拉圭国际私法基本法（草案）》第 6 条第 1 款。Proyecto de Ley General de Derecho Internacional Privado, 19. 1. 2009, http：//www. parlamento. gub. uy/repartidos/AccesoRepartidos. asp? Url = /repartidos/camara/d2010040171 – 00. htm.

[3] 2012 年《塞尔维亚国际私法（草案）》第 39 条以及特别针对合同领域的第 144 条。See Symeon C. Symeonides, *Codifying Choice of Law around the World：An International Comparative Analysis*, Oxford University Press, 2014, pp. 155, 306.

[4] 2011 年 6 月 2 日第 10 428 号法律，阿尔巴尼亚语文本，www. drejtesia. gov. al/files/userfiles/Legjislacioni/Ligj_ per_ te_ drejten_ nderkombetare_ private. pdf.

[5] 西班牙语文本，http：//200. 46. 254. 138/APPS/LEGISPAN/PDF_ NORMAS/2010/2015/2015_ 620_ 0734. pdf.

第三章

直接适用法的判断标准

无论在理论还是实践层面，直接适用法日益成为国际私法研究的焦点问题，但其中的弊病十分明显。与国内强制规范的判断通常考虑条文是否包含不得、应当、禁止之类的用语不同，直接适用法的判断过程复杂得多。实践中多依赖立法加以定义，《罗马条例Ⅰ》第9条第1款与《〈法律适用法〉解释（一）》第10条的出台即为明证。

直接适用法不构成单独的规范类型，而是实体法独特的强制规范在国际私法层面的投射。目前普遍认为《法律适用法》第4条之类的直接适用法制度用以解决直接适用法和准据法之间的冲突，由此它虽然从规范层面对直接适用法进行功能分析，但最终仅仅发挥冲突法上的选法作用，此种认识不免过于简单。从合同法的角度，该制度不仅要打通直接适用法进入合同准据法体系的通路，同时还要实现此类干预规范对合同效力的作用，是冲突法和实体法的有机结合。凡此种种，都有必要从实体法的角度剖析直接适用法。本章首先分析传统冲突法判断标准的不足，然后探求其在实体法上的对应，为直接适用法的判断提供新的研究视角。

第一节 直接适用法判断的冲突法标准

所谓直接适用法判断的冲突法标准，是指由现行国际私法立法确立的判断标准。结合晚近通过的《罗马条例Ⅰ》和《〈法律适用法〉解释（一）》，可以认为直接适用法需要同时满足公益标准（public interest criterion）和超越标准（overriding criterion），以下将分别予以分析。

一 直接适用法判断的公益标准

(一) 公益标准的表现

根据《罗马条例Ⅰ》第9条第1款,直接适用法应构成保护其所属国诸如政治、社会或经济运行之类的公共利益而被视为至关重要(crucial)的强制规范。理论上,自弗氏提出公序法以来,维护公共利益一直作为直接适用法的判断标准。如梅耶认为,公序法不仅关乎公共政策,而且应反映如此重要的公共政策,以至于它们必须适用[1];哈特雷认为,直接适用法此类狭义强制规范必须能实现其所隶属法律体系中特别重要的具体目标,即通常出于政治、经济或社会目标。[2]

在实践中,荷兰最高法院在1966年审理涉及海上货物运输的Alnati案[3]时认为,必须考虑那些制定国拥有如此重要的利益从而在其领土外仍需遵循的强制规范,此时当事人不能通过法律选择的方式加以排除。《〈法律适用法〉解释(一)》第10条也确立了公益标准。[4] 所谓直接适用不仅表明此类规范在功能上对国家组织的重要性,还强调适用的合理性,即为达到特定目的所必需。总之,公益标准为直接适用法的判断提供了依据,也增加了对其实质属性的认识,但仍不甚清晰,有待法官在个案中加以解释。

---

[1] Pierre Mayer, Mandatory Rules of Law in International Arbitration, *Arb. Int'l*, Vol. 2, No. 4, (1986), p. 275.

[2] Trevor C. Hartley, Mandatory Rules in International Contracts: The Common Law Approach, *Recueil des Cours*, Vol. 266, (1997), pp. 345 – 346.

[3] Van Nievelt, Goudriaan & Co's Stoomvaartmij N. V. v. N. V. Hollandsche Assurantie Societieit, Hoge Raad, 13. 5. 1966, *NJ*, (1967), No. 3, p. 16. 详见第四章第四节的内容。

[4] 公益标准虽然模糊,但毕竟为直接适用法的判断提供一定的标准。有学者认为,虽然判断法的社会目的存在困难,但比起将立法归结为属地适用的做法无疑要好。规范的属地适用是因为它们是超级强制的,强制性即必须适用并非因为先验地归入属地范畴的缘故。Hilding Eek, Peremptory Norms and Private International Law, *Recueil des Cours*, Vol. 139, (1973), p. 61.

（二）公益标准的解释

关于公益标准的解释，首先要注意施加程度上的限制。直接适用法仅仅构成法律适用的例外，并不能一般性地发挥法律选择的功能，故与其他法律在公益保护上存在程度差异。如同将公共秩序保留限于国际公共秩序的情形，必须将公益标准解释为对监管国至关重要的社会公共利益，故只有监管性法律的实质条款才能被视为直接适用法。[①]

其次，就公益的类别，《罗马条例Ⅰ》第9条第1款列举但不限于政治、社会或经济运行的情形，这一点是对Arblade案的突破。对此，2005年欧盟委员会提议的《罗马条例Ⅰ》草案第8条第1款将"维护一国政治、社会或经济运行"视为公益的全部类别。但在后续的谈判中，成员国普遍反对作狭义理解，此种观点最终被作为欧盟立法机关的理事会和欧洲议会采纳。[②] 故成员国完全可以自由决定文化、宗教或其他的价值是否构成该国至关重要的公益，而无须声明其对政治、社会或经济运行的重要性。[③]

再次，应考虑本国缔结的国际条约对维护公益的需要。不同于统一民商事国际公约，此类条约以统一各国公法为目的。纵然其不能在缔约国直接适用，各国为落实国际义务而制定的转化立法也很有可能构成直接适用法。《国际货币基金协定》第8条第2款b项要求成员国彼此尊重外汇管制法的域外私法效力。[④] 另一个要求成员国在私人诉讼中适用他国直接适用法的是1970年联合国教科文组织《关于禁

[①] Gralf-Peter Calliess, ed., *Rome Regulations: Commentary on the European Rules on the Conflict of Laws*, Kluwer Law International, 2011, p. 200.

[②] Michael Hellner, Third Country Overriding Mandatory Rules in the Rome I Regulation: Old Wine in New Bottles? *J. Priv. Int'l L.*, Vol. 5, No. 3, (2009), p. 458.

[③] 如为保护本国珍贵文物而限制出口的措施、为公众健康而针对细胞和基因研究采取的立法。See A. V. M. Struycken, General Course on Private International Law: Co-ordination and Co-operation in Respectful Disagreement, *Recueil des Cours*, Vol. 311, (2004), 416. P. Beaumont & P. McEleavy, *Anton's Private International Law*, 3rd ed., Thomson Reuters, 2011, p. 509.

[④] 该条的适用问题将在第六章第二节集中展现。

止和防止非法进出口文化财产和非法转让其所有权的方法的公约》第3条,即缔约国违反公约所列规定造成的文化财产之进出口或所有权转让均属非法。①

除此之外,还应注意国际贸易安排中的例外规定。如世界贸易组织法体系下的《关税与贸易总协定》第20条的一般例外②以及第21条与核物质、军火交易有关的国家安全例外。在政治领域,根据《联合国宪章》第24条,安理会出于维护世界和平与安全作出的决议具有法律约束力,此种决议往往与贸易禁运有关,需要各会员国和非会员国在国内实施。③ 如商务部、海关总署为落实联合国安理会第2321号决议发布《关于2016年12月31日前暂停自朝鲜进口煤炭的公告》,有期限地暂停进口原产自朝鲜的煤炭。此类缔约国的国内管制措施不仅具有国际公法上的正当依据,还往往影响外贸合同的效力,故与该国的重大公益密切相关。

最后,除了难以确定之外,过分强调公益意图还会导致对其他法律适用因素的漠视。传统的学说与实践采用目的解释方法来探求本国法是否具有域外适用的要求,这容易使人忽略其他的至关重要的因素,如州际和国际的协调、对司法活动简单和容易的期望以及结果确定、统一和可预见性。④ 如认为直接适用法的判断与适用需要满足不

---

① Luis Calvo Caravaca, El Reglamento Roma I sobre la Ley Aplicable a las Obligaciones Contractuales: Cuestiones Escogidas, *Cuadernos de Derecho Transnacional*, Vol. 1, n° 2, (2009), p. 131.

② 特别是第2款为保障人类、动植物的生命或健康所必需的措施、第4款为保护本国具有艺术、历史或考古价值的文物而采取的措施、第5款为维护国内公共秩序而制定的限制规定与禁令。世贸组织法与直接适用法的关系,参见杜新丽、李瑞跃《WTO规则对国际私法发展的影响》,《政法论坛》2002年第4期。

③ See Mercedeh Azeredo da Silveira, *Trade Sanctions and International Sales: An Inquiry into International Arbitration and Commercial Litigation*, Kluwer Law International, 2014, pp. 9 – 10.

④ David St. L. Kelly, *Localising Rules in the Conflict of Laws*, Woodley Press, 1974, pp. 88 – 89.

同的条件，则上述因素更宜放在适用阶段考虑。不过，二者本质上是一个问题，需要审慎采用公益标准。特别在进行目的解释时，既要考虑立法者制定法律时的意图，又要考虑规范在当前社会环境下发挥的作用。毕竟50年前被认为纯粹保护个人的法律现在可能具有社会功能①，法律的目的或者说适用所发生的利益并不完全局限于起草时的立法材料②，往往出现立法当初的意图不再有效或在不同历史时期存在不同目标的情形。

二 直接适用法判断的超越标准

超越标准能直接反映直接适用法的性质。通过审查强制规范或所在法律文件就适用范围规定的用语，如果能从文义上准确无误地得出强制规范具有超越冲突规范适用的要求，即构成直接适用法。③

这可以分为两种情形，一是规范明确不顾当事人的选法或准据法而适用。如英国《雇佣权利法》第204条第1款，为实现本法之目的，(除本法外)适用于任何人的雇佣关系的法律是否是英国法或英国某一地区的法律并不重要。④ 这不意味着该法适用于世界所有的劳动合同，立法者没有将之限定在劳动合同自体法为英国法时才能适用的情形，而是突破冲突规范的指引，为该法的实施确立了自己的规则。这不仅可阻止合同当事人通过选择外国法逃避法令的适用，还能

---

① Hilding Eek, Peremptory Norms and Private International Law, *Recueil des Cours*, Vol. 139, (1973), p. 61.

② Jürgen Basedow, The Law of Open Societies: Private Ordering and Public Regulation of International Relation, *Recueil des Cours*, Vol. 360, (2012), p. 440.

③ Jan Kropholler, *Internationales Privatrecht*, 6. Auflage, Mohr Siebeck, 2006, S. 21.

④ 作为此种形式判断的极致，《香港劳动条例》的内容虽然与英国《雇佣权利法》极为类似，却因为没有仿效第204条第1款那样明确规定其可以不顾冲突规范的指引而适用，故在汇丰银行案中不被香港高等法院认为构成一项直接适用法。HSBC Bank plc. v. Steven Andrew Wallace, HCA 2422/2007, Court of First Instance. 参见董金鑫《涉外雇佣合同法律适用的反思——来自我国香港法院审理汇丰银行诉威廉案的启示》，《民商法论丛》(2015年)第59卷。

维护那些因在英国替外国雇主工作而导致劳动合同面临适用外国法的雇员利益①；又如 1977 年英国《不公平合同条款法》(*Unfair Contract Terms Act*) 第 27 条第 2 款，即使合同约定适用英国之外的某国法律，只要符合下列要求之一，该部法律仍发生效力：1. 此种选择是一方当事人为规避本法的适用而全部或主要施加给对方当事人的；2. 合同签订是一方当事人惯常居所在英国，且签订合同的实质也发生在英国。

二是强制规范虽然在用语上确立了该法属地或域外适用的标准，但没有明确规定不顾冲突规范的指引，那么在必要时仍应结合规范的目的判断所涉及的公共利益是否足够充分，进而判定是否需要直接适用。② 如《中华人民共和国反垄断法》（以下简称《反垄断法》）第 2 条，中华人民共和国境外的垄断行为，对境内市场竞争产生排除、限制影响的，适用本法。③ 该域外效力因维护公益的需要可以直接调整当事人的合同关系，构成直接适用法。《中华人民共和国劳动合同法》第 2 条等民法中的适用范围条款虽然与之类似，却难以表明具有直接适用意图。

从实质上看，此种确定法律适用范围的技术性规范不规定任何的权利与义务，至多构成自我限定规范④，甚至可以说此类规范旨在强

---

① Lawrence Collins, et al., eds., *Dicey, Morris & Collins on the Conflict of Laws*, 14th ed., Sweet & Maxwell, 2006, p. 26.

② 在美国，现实中不能经由超越标准认定为直接适用法的情形主要是早期的成文法。根据美国《第三次对外关系法重述》第 403 条报告人注释 2，《海运法》(*Jones Act*, 46 U.S.C. § 688) 中的"任何海员"、《国内劳动关系法》(*National Labor Relations Act*, 29 U.S.C. § 159) 中的"影响商业"、《破产法典》(11 U.S.C. § 541) 中的"无论位于何地"之类的用语都不能表明其具有域外适用的意图。

③ 又如《证券法》第 2 条第 1 款、《技术进出口管理条例》第 2 条第 1 款、《保险法》第 3 条。

④ 基于《劳动合同法》第 2 条，最高人民法院认为该法中的劳务派遣的规定不适用于境内用人单位、劳动者与境外用工单位形成的劳务派遣关系，这是对此类规范性质的误判，(2014) 民申字第 763 号判决书。

调所属法律文件在我国境内的统一适用,而不限于我国境内的法律关系,不应与直接适用法相混淆。① 另外,在莫瑞拉托及世腾股份有限公司与朱水青等股权转让纠纷案②中,二审法院认为,根据《法律适用法》第4条和《中华人民共和国公司法》第217条的规定,在中国境内设立的公司之股权转让纠纷应当适用中国法律。其实,该217条仅仅表明该法具有国内法中的一般法的地位,从而能够适用于外商投资的有限责任公司和股份有限公司之类的特殊公司类型,并非是在涉外案件中直接适用的证明。有关涉外公司法人的民事权利能力、行为能力、组织机构、股东权利义务等事项只能交由《法律适用法》第14条下的属人法支配。为了避免造成误解,在制定《中华人民共和国民法总则》(以下简称《民法总则》)的过程中,有学者反对继续保留《民法通则》第8条③,认为此类旨在宣示国家属地主权的简单规定与国际私法确定民法适用的地域范围的功能相冲突。④

另外,有人认为如《中华人民共和国技术进出口管理条例》(以下简称《技术进出口管理条例》)之类针对涉外关系的立法构成直接适用法,故只要从事技术进出我国国境的活动,即应遵守该条例。⑤ 此种观点值得商榷。在1999年统一合同法出台以前,我国财产流转领域实行内外有别的法律制度,突出表现为原《中华人民共和国经济合同法》《中华人民共和国技术合同法》调整国内合同关系,而原《中华人民共和国涉外经济合同法》(以下简称《涉外经济合同法》)

---

① 参见孙国平《论劳动法上的强制性规范》,《法学》2015年第9期。
② (2014) 高民(商)终字第4839号判决书。
③ 在中国境内的民事活动适用中国法律,法律另有规定的除外。本法关于公民的规定适用于中国领域内的外国人、无国籍人,法律另有规定的除外。
④ 参见许庆坤《我国民法地域效力立法之检讨——以〈中华人民共和国民法通则〉第8条第1款为中心》,《法商研究》2015年第5期。遗憾的是,新出台的《民法总则》第12条仍部分延续了我国民事法律的属地适用条款。
⑤ 王立武:《国际私法的强制性规则适用制度研究》,中国人民大学出版社2015年版,第23页。

调整涉外合同关系。① 然而《涉外经济合同法》的适用范围条款②并不表示其不允许当事人选择准据法，这说明单纯针对涉外民商事法律关系的专用实体规范未必构成直接适用法。③

三 冲突法标准的缺陷

（一）公益标准的缺陷

冲突法标准存在内在的缺陷。就公益标准，诚然直接适用法往往关系到国计民生乃至国家安全，但如果认为任何涉及公共利益的强制规范都构成直接适用法，则现代国家的立法没有不以维护经济、社会公益为目的的。毕竟随着法律现实主义和功能主义的向前发展，制定法往往以建设福利国家为立法依据。即使认为直接适用法与其他法律在公益保护上存在程度上的差异，对其加以重大或至关重要的修饰限定，在实践中也难以实现判断结果的一致。故公益标准不足以作为直接适用法的判断标准。④ 强调规范的公益属性被认为完全多此一举，最终还要归结于超越标准这一客观标准。⑤ 从根本上讲，公益标准只能使得法官在运用直接适用法制度时保持必要的谨慎，重大与否的判断因人而异，无法进行量化。

---

① 此涉外与否视缔约的主体而定，即主要针对我国的企业或者其他经济组织同外国以及港澳台的企业、其他经济组织或者个人之间订立的经济合同。

② 第2条规定，本法的适用范围是中华人民共和国的企业或者其他经济组织同外国的企业和其他经济组织或者个人之间订立的经济合同。但是，国际运输合同除外。

③ 参见杨华《"直接适用的法"的论要》，《理论月刊》2013年第8期；宋洋《谈"直接适用的法"的性质与意义》，《国家检察官学院学报》2006年第4期。此类双轨制立法多发生在苏东国家，如原捷克斯洛伐克和民主德国分别在1963年和1976年针对国际商事合同制定了特别法。G. Parra‑Aranguren, General Course of Private International Law – Selected Problems, *Recueil des Cours*, Vol. 210, (1988), p. 135.

④ P. Leibküchler, Comments on the Supreme People's Court's Interpretation No. 1 on the Private International Law Act of the PRC, *China – EU Law Journal*, Vol. 2, No. 1 – 2, (2013), p. 211.

⑤ 参见卜璐《国际私法中强制性规范的界定——兼评〈关于适用《涉外民事关系法律适用法》若干问题的解释（一）〉第10条》，《现代法学》2013年第3期。

(二) 超越标准的缺陷

就超越标准,首先除非能从规范的字面意思得出其具有超越冲突规范适用的地位,否则超越标准更多表明此类规范在国际私法的实施效果,不足以作为直接适用法的判断依据;其次,即使立法对适用范围明确限制,有时也不构成有效的判断标准。如德国联邦最高法院认为,虽然根据《德国商法典》第 92c 条第 1 款[1]对适用范围的描述,该法第 84 至 92 条保护商事代理人的规定可适用于所有商事代理人在欧盟开展活动的情形,但实际上此类规定只有在准据法为德国法时才能适用。[2] 一旦当事人合意选择其他国家的法律,则德国的商事代理人便无法获得《德国商法典》的强制保护。故明确表示不顾准据法适用的强制规范并不自动构成直接适用法,而只能作为关涉重要公益的初步有力证据(prima facie)。[3] 如此一来,英国《雇佣权利法》第 204 条第 1 款更宜视为针对特别私法适用的特殊冲突规范,只是因为隐含在法律适用条款当中罢了。

第二节 直接适用法判断的实体法标准

冲突法标准在直接适用法判断上存在内在的缺陷,亟须新的判断标准弥补。直接适用法本身就是实体强制规范在冲突法层面的反映,故它的判断可以从强制规范对合同效力的影响当中获得启示。因此有必要正本清源,从实体法的角度寻找直接适用法的判断标准。在这一过程中,应特别发挥转介条款的作用。

---

[1] 如果商事代理人在其与本人(被代理人)签订的合同下的活动不在欧盟或欧洲经济区的其他缔约国的领域内开展,则本章的所有条款可以经由协议修改。

[2] BGH, 30.1.1961, IPRspr, (1960/61), No. 39 b.

[3] Richard Plender & Michael Wilderspin, The European Private International Law of Obligation, 3rd ed., Sweet & Maxwell, 2009, p. 335.

一 通过实体法标准判断直接适用法的缘起

由于合同法多表现为在当事人没有另行约定的情况下才适用的任意性规定,故强制性规定的设置旨在平衡合同当事人、相关第三人的利益以及维护社会公共秩序。与国内合同不同,意思自治原则在国际交易中体现为两个层面:首先,当事人在实体法层面的约定可以对抗准据法中的任意性规定;其次,通过另行协议选择法律的方式排除本应适用的法律体系中的一般强制性规定的适用,但不影响直接适用法发挥其作用。

就实体强制规范的区分,如果规范的适用能导致合同发生无效之外的效力瑕疵且需要当事人主张时,则其主要考虑私人利益的平衡,理应由合同准据法支配;如果导致合同发生自始、绝对、当然无效的后果且法院有义务依职权(*ex officio*)主动适用之[1],则多出于维护重大公益的考虑,很有可能构成直接适用法。前者内设于传统民法典之中,旨在为私人交易设置框架,如有关合同成立、对价要求以及违约责任等强制性规定,根据萨维尼式的双边冲突规范能够实现内外国民法规范的普遍交换;后者则表现为身处民法体系之外的公法强制规范,不属于准据法的范畴。其适用无论根据属地、属人还是其他标准,都是由规范自身的意图决定。[2] 此种实体法上的公法性质正是作为直接适用法判断依据的公益标准的生动反映。

如前所述,直接适用法表现为前置型强制规范这一较为典型的公法,但这不代表一切公法规范都能直接适用于涉外合同关系。由于冲突法着眼于公法对私人关系产生的法律效果,特别是对合同效力的影

---

[1] See Yuko Nishitani, Party Autonomy and Its Restrictions by Mandatory Rules in Japanese Private International Law: Contractual Conflicts Rules, in Jürgen Basedow, et al., eds., *Japanese and European Private International Law in Comparative Perspective*, Mohr Siebeck, 2008, p. 102.

[2] 区别于普通的私法规范,竞争法之类的强制性规定具有地域适用的限制。See Michael Hellner, Private International Enforcement of Competition Law: The Application of Foreign Competition Law, *Yb. Priv. Int. L.*, Vol. 4, (2002), p. 285.

响,而不关注它的行政或刑事处罚①,故需要在实体法层面作进一步分析。以下将从转介条款的解释功能、解释标准以及作用范围三个方面为直接适用法的判断提供实体法标准。

二 转介条款的解释功能与直接适用法的判断

作为经济管制型强制规范介入私人生活的渠道,《合同法》第52条第5项这一转介条款一直是我国民法学研究的热点,最高人民法院曾先后出台数份司法解释对其进行界定。长期以来国际私法学界对该条款未给予足够重视,认为它只是冲突规范援引之准据法的一部分,不构成法律选择过程中所要考虑的问题。实际上,其不仅在国内实体法层面上具有重要地位,对涉外合同的法律适用也有重大影响。在合同准据法为外国法的情况下,直接适用于涉外合同纠纷的我国经济管制规范同样要援引该条款。

为凸显国家利益的绝对至上,以往大量能够履行的合同都以违法为由被认定无效②,这影响商事交易的正常运行。从学理上讲,强调合同的合法性特征乃是压缩意思自治的存在空间,此种对法律行为性质的错误定位使得"合法性"判断和"有效性"判断经常被混淆。③目前来看,合同并非违反任何强制规范都发生无效的后果。就一国的法律体系而言,除法律明确规定了私法效果外,单纯的公法性强制规范对合同订立、履行的禁止本身不能用以评判合同效力,公法进入私法的途径需要借助转介条款。此类条款如《德国民法典》第134条、

---

① Frank Vischer, General Course on Private International Law, *Recueil des Cours*, Vol. 232, (1992), p. 151.

② 根据原1987年《关于在审理经济合同纠纷案中具体适用〈经济合同法〉的若干问题的解答》,如合同标的违反法律、政策禁止生产经营的范围,合同标的的数量、质量、价格、违约责任违反国家计划、法规和政策,合同内容规避法律、超越批准的经营范围,没有履行法定审批手续,倒卖经济合同等,一概被认定无效。参见胡智勇《私法自治与国家强制——法律强制性规范与无效民事法律行为关系之分析与构建》,《重庆工学院学报》2005年第6期。

③ 参见薛军《法律行为"合法性"迷局之破解》,《法商研究》2008年第2期。

《合同法》第 52 条第 5 项①，构成判断合同效力的依据。

基于公法优位主义观念的盛行，转介条款曾被单纯视为将公法规范传送到私法体系的引致条款（Verweisungsnorm），本身不具有任何的限定或解释功能。② 强制规范对合同效力的影响全凭规范目的而定，既不考虑私益保护等维护合同机制的需要，又不关注当事人缔约时的主观意图以及违法后果可否归于合同的一方，故强制规范的违反几乎意味着合同无效。然不能仅由强制规范决定合同效力，法官需要着重分析国家管制和合同自由的关系。

从国际私法的角度，首先，直接适用法只有在涉外民事审判中才能体现其价值。如果发生公法诉讼，由于公法层面的适用具有严格属地性，不存在由冲突规范选择的可能，根本没有区分的必要；其次，直接适用法必须能够作用于涉外民事案件，成为裁判的依据，对私人关系不发生效果的公法规范不构成直接适用法。故只有能通过转介条款纳入私法体系当中的前置型强制规范才可构成直接适用法。③

三 转介条款的解释标准与直接适用法的判断

转介条款的作用在于明确进入私法领域的强制性规定的范围。目前为止，关于转介条款下的强制性规定的解释主要存在法律位阶、规范分类以及利益平衡三种标准，这些实体法上的解释标准对直接适用法的判断同样有所助益。

---

① 其他国家制定法的实践，如《法国民法典》第 1133 条、《意大利民法典》第 1354 条、《葡萄牙民法典》第 280 至 281 条、《荷兰民法典》第 3 编第 40 条、《瑞士债法典》第 20 条、《魁北克民法典》第 1411 和 1413 条、《匈牙利民法典》第 6：95 条。

② 转介条款是指本身没有独立的规范内涵，不具有解释规则的意义，单纯引致某一具体规范，法官需要从所引致的具体规范的目的确定其效果的法律条款。参见苏永钦《私法自治中的经济理性》，中国人民大学出版社 2004 年版，第 35 页。

③ 由于直接适用法的范围要小于强制规范，则《法律适用法》第 4 条的强制性规定应与《合同法》第 52 条第 5 项一致甚至更窄。See Jieying Liang, Statutory Restrictions on Party Autonomy in China's Private International Law of Contract: How Far Does the 2010 Codification Go? *J. Priv. Int'l L.*, Vol. 8, No. 1, (2012), p. 105.

(一) 法律位阶标准与直接适用法的判断

1. 法律位阶标准在实体法中的表现

法律位阶标准是指通过限制法律位阶的方式来明确能够认定合同无效的强制规范所在的层级范围。起初,《民法通则》第58条规定,违反法律或者社会公共利益的合同无效[①],这里的法律理应指强制规范,毕竟任意规范不存在当事人合意违反的可能,但可以解释为任何位阶的强制规范。此后,《合同法》第52条第5项将能导致合同无效的强制性规定限于法律和行政法规,1999年《〈合同法〉解释(一)》第4条也是明确规定仅全国人大及其常委会制定的法律以及国务院的行政法规构成《合同法》第52条第5项的法律法规,而将地方性法规、国务院部门规章等其他规范性文件排除在外。

此种做法在改革开放初期这一特定的历史环境下具有重要意义,其特别针对地方政府下发的"红头文件",也反映了我国法院不具有司法审查职能而无权宣告规范性文件不法的无奈[②],但仍是僵化的"一刀切"模式。其不仅从根本上否认了地方性法规和部门规章的法源性,也使得司法审判难以承担匡扶正义的使命[③],在法治建设与法律体系日益完善的今天,越发难以为继。其一,高位阶的立法更容易体现重要的公共利益,但它的违反并非一概希望发生无效的后果;其二,低位阶的立法有时也存在需要维护的价值。

首先,法律位阶标准在比较法上难以获得认同。根据《德国民法施行法》第2条,《德国民法典》中的法律是指任何的法律规范,即不仅仅包括民法或基本法层面的狭义法律,而是包括授权行政机关制定的法规、社团制定的自治规章、条约或欧共体的规定以及习惯法等各种类别的渊源。有德国学者认为,低位阶的公法性自治规章对合同

[①] 另可参见原《涉外经济合同法》第9条。
[②] 参见朱庆育《〈合同法〉第52条第5项评注》,《法学家》2016年第3期。
[③] 参见孙鹏《论违反强制性规定行为之效力——兼析〈中华人民共和国合同法〉第52条第5项的理解与适用》,《法商研究》2006年第5期。

自由的影响甚至比高位阶的法律更大。① 同样，根据美国《第二次合同法重述》第178条评注a，规定合同不可强制执行的法律包括制定法、宪法、地方法令和行政规章以及依冲突规范指引的外国法。② 另外，日本近代早期的学说虽然存在法规渊源区别说的主张，但自20世纪30年代以来普遍认为将府县颁布的命令排除于法院行为效力评价的做法缺乏宪法依据。③

其次，我国法院对法律位阶标准的运用缺乏一致的做法。在实践中，中国人民银行制定的《贷款通则》第61条④和国家外汇管理局制定的《境内机构对外担保管理办法》第17条等部门规章中的强制规范仍长期被法院援引作为判定合同效力的依据。⑤ 为了使后者能够在对外担保案件中适用，最高人民法院通过制定《〈担保法〉解释》这一变通的方式将之"法律化"。然而法官往往不屑于对强制规范的能否适用作整体把握，而是盲目求助于法律文件的效力等级，这难以满足公众对正义的期待。更何况我国社会主义法律体系尚且并不十分的完善，部门立法往往是法律法规缺位的无奈结果。

此外，通过对《合同法》第52条第4项公共利益的适当解释，

---

① 参见［德］阿克塞尔·贝阿特《〈德国民法典〉第134条中"法律"的概念》，胡剑译，《中德私法研究》第13集（2016），第102页。

② 评注c认为，应注意低位阶的法律能否维护大众的福利。Restatement (Second) Contract Laws § 178 cmt. a, c. 这说明强制规范的位阶不是决定性因素，是否适用需要具体分析。

③ 参见孙鹏《私法自治与公法强制——日本强制性法规违反行为效力论之展开》，《环球法律评论》2007年第2期。

④ 即企业之间不得违反国家规定办理借贷或者变相借贷融资业务。2015年《最高人民法院关于审理民间借贷案件适用法律若干问题的规定》改变了对企业间借贷效力的看法，其直接适用法的资格值得商榷。即便在此之前，已有法院认为，由于出借资金源于自有资金，且出借行为系偶尔，并不存有从事资金出借的长期行为，也未有资金经营为常态的情况，借贷行为未违反法律法规的效力性强制性规定，(2012)浙商终字第77号判决书。企业间借贷合同效力的集中论述，参见黄忠《企业间借贷合同无效论之检讨》，《清华法学》2013年第4期。

⑤ (2008)民二终字第111号判决书、(2013)民申字第2250号裁定书。

理论层面也对法律位阶标准作一定的修正。比较权威的观点认为，应首先根据地方性法规、部门规章是否存在上位法、上位法是否得到授权解释等方面判断是否构成《合同法》第52条第5项的强制性规定；对仍不满足法律、行政法规要求的部门规章等法律规定，如果违反将必然损害国家和社会的公共利益，可以援引《合同法》第52条第4项确认合同无效。①

对于国家质量监督检验检疫总局（以下简称国家质检总局）颁布的禁止从国外进口货物的公告，如在日本福岛核电站放射性物质泄漏事故发生之后，该局下发的《关于禁止部分日本食品农产品进口的公告》禁止进口原产自从福岛县以及附近地区的食品农产品，不能仅因为此类规范性文件不具有法律、行政法规的资格而否定它对外贸合同效力的影响，而应该继续探求作出此种抽象行政行为的依据。《中华人民共和国对外贸易法》（以下简称《对外贸易法》）第16条第2项为保护人的健康和安全而可以采取限制或禁止进出口以及《中华人民共和国食品安全法》第95条在此类情况发生时国家质检总局应采取风险预警和控制措施的规定才是《合同法》第52条第5项的强制性规定。同样，在依法行政的原则下，行政机关关于特定事件的行政处罚（befehlende Verwaltungsakte）只是基于法律或命令的强制禁止规范就个案或通案的具体化，本身不创设强制或禁止，真正发挥作用的是其作出的法律依据。② 上述观点一定程度上减少了法律位阶标准的弊端，但并未提出新的解释标准。

2. 法律位阶标准对直接适用法判断的启示

关于直接适用法所处的法律位阶，单从《法律适用法》第4条的内容看，似乎指全国人大及其常委会制定的法律文件。然在国际私法的语境下，其重在强调"中华人民共和国"，不构成法律位阶上的限制。③

---

① 参见王利明《论无效合同的判断标准》，《法律适用》2012年第7期。
② 参见苏永钦《寻找新民法》，北京大学出版社2012年版，第267页。
③ 参见肖永平、张弛《论中国〈法律适用法〉中的"强制性规定"》，《华东政法大学学报》2015年第2期。

考虑到该条与《合同法》第 52 条第 5 项的联系①，位阶判断虽有不足，但必然会对《法律适用法》第 4 条强制性规定的界定产生影响。

《〈法律适用法〉解释（一）》第 10 条将《法律适用法》第 4 条的强制性规定明确为法律、行政法规的强制性规定，与《合同法》第 52 条第 5 项要求的法律位阶协调一致，这表明直接适用法存在于《合同法》第 52 条第 5 项所指的强制性规定当中。严格按照法律位阶标准的要求，如果地方性法规、部门规章及其以下的强制性规定出于维护我国重大公益的必要而确实需要认定涉外合同无效的，除了少数存在上位法的授权外，只能借助《法律适用法》第 5 条的公共秩序保留排除外国准据法，再援引《合同法》第 52 条第 4 项合同违反我国公共利益的规定。此时，地方性法规、部门规章及以下的强制性规定在涉外合同案件中发挥作用的途径与基本道德观念相似，都需要根据外国准据法的适用结果决定是否适用，此种僵硬的做法难以令人信服。

（二）规范分类标准与直接适用法的判断

1. 规范分类标准在实体法中的表现

由于法律位阶标准存在诸多的不足，我国民法学界逐渐对强制性规定进行类型化的区分②，此种做法最终获得官方的认可。1993 年《最高人民法院〈关于印发全国经济审判工作座谈会纪要〉的通知》

---

① 基于合同作为私人意志的体现，该强制性规定仅在否定合同效力的场合存在适用的空间。参见广东省高级人民法院课题组《关于涉外民事关系法律适用法的若干问题及起草司法解释的建议》，《人民司法（应用）》2013 年第 1 期。

② 除效力性和管理性强制性规定的区分外，还存在广义和狭义的强制规范、义务规范和禁止规范、民法内和民法外的强制规范、绝对和相对强制规范、意思表示和事实行为上的强制规范以及对一方和对双方的强制规范等分类。参见耿林《强制规范与合同效力》，中国民主法制出版社 2009 年版，第 74—94 页。为克服上述二分法的弊端，有学者从设置强制规范的目的出发，将强制规范详细地划分为资格型、权限型、要件型、伦理型、政策型、管理型和技术型。参见钟瑞栋《〈合同法〉第 52 条第 5 项的三个争议问题》，《私法研究》第 13 卷，第 177—178 页。

认为，合同约定仅违反行政管理性规定的①，可按照有关行政管理规定处理，而不因此确认合同无效。而后，区别于不影响合同效力的单纯管理性规定，2009年《〈合同法〉解释（二）》第14条将《合同法》第52条第5项中的强制性规定限于"效力性强制性规定"。②

效力性强制性规定和管理性强制性规定的表述也有以禁止性规定和命令性规定对应。③若被规制的合同行为的发生绝对损害国家利益或社会公益，应认定为效力性强制性规定；那些针对具体履行行为的细节问题或通过处罚即可实现规范目的的，构成单纯的管理性强制性规定。故买卖人口因违反刑法等公法性规定当然无效，而超出公司经营范围订立的合同仍为有效，除非违反国家的特许专营制度。该标准虽然体现了私法审判对公法干预的警惕以及维护正当交易机制的意图，但借助空洞的公式以问答问，最终陷入循环论证、因果颠倒的尴尬境地。毕竟只有法官得出否定合同效力的结果，才能说明其构成效力性强制性规定。

2. 规范分类标准对直接适用法判断的启示

此种实体法上的强制性规定的类型化对《法律适用法》第4条的强制性规定的界定也有所启发。冲突法着眼于公法对私法关系产生的效果，即当事人违反法律所要承担的民事责任，尤其是对合同效力的影响。管理、管制性质的公法性强制规范只有能通过《合同法》第52条第5项之类的转介条款纳入私法体系即能够作用于合同效力的才具有直接适用的资格。然而在司法审判实践中，法院往往以我国法

---

① 例如一般性地超出经营范围、违反经营方式，而不违反专营、专卖等法律禁止性规定，合同标的物也不属于限制流通的物品。

② 同见《中华人民共和国民法典·民法总则专家建议稿（征求意见稿）》第137条，违反法律、行政法规效力性强制性规定的法律行为，无效。另外，《最高人民法院关于审理民间借贷案件适用法律若干问题的规定》第14条将违反法律、行政法规效力性强制性规定作为认定民间借贷合同无效的依据。

③ 参见梁慧星《民法总则立法的若干理论问题》，《暨南学报（哲学社会科学版）》2016年第1期。

律存在强制性规定为由直接援用《法律适用法》第 4 条,没有明确强制性规定的种类。

在 2012 年朱某某与 A 公司等服务合同纠纷上诉案中[①],受规范分类标准的影响,上海市第一中级人民法院以被上诉人在我国操作美股交易而我国证券法对该案所涉服务合同的效力具有强制性规定为由,援引《法律适用法》第 4 条直接适用了证券法的规定。尽管将《中华人民共和国证券法》中的从业经营资质[②]视为效力性强制性规定的做法备受质疑[③],但法院尝试使用实体法上的规范分类标准对直接适用法进行判断较以往的做法值得肯定。然而,《〈法律适用法〉解释(一)》第 10 条并未明确将《法律适用法》第 4 条限于效力性强制性规定,以至于最高人民法院民四庭的负责人特别强调该条下的强制性规定与《合同法》的效力性或管理性强制性规定的不同。[④] 更何况效力性强制性规定与单纯管理性强制性规定的区分本身存在模糊之处,故《法律适用法》第 4 条强制性规定的判断仍需要更为全面的标准。

(三)利益平衡标准与直接适用法的判断

1. 利益平衡标准在实体法中的表现

为了解决实践中的难题,在对强制性规定二元分类之后,民法学界逐渐将公序良俗引入经济领域,从而作为违反强行法的合同效力判断的依据。在日本,违反行政性取缔法令的法律行为一度被认为是原则有效,根据经济公序理论,取缔法令的否定评价须加以重视,有效

---

① (2012)沪一中民四(商)终字第 S1217 号判决书。

② 第 122 条规定,设立证券公司,必须经国务院证券监督管理机构审查批准。未经国务院证券监督管理机构批准,任何单位和个人不得经营证券业务。

③ 参见黄进、周园、杜焕芳《2012 年中国国际私法司法实践述评》,《中国国际私法与比较法年刊》2013 年卷,第 435 页。

④ 参见《最高人民法院民四庭负责人就关于适用〈中华人民共和国涉外民事关系法律适用法〉若干问题的解释(一)答记者问》,http://www.court.gov.cn/xwzx/jdjd/sdjd/201301/t20130106_181593.htm。

与无效的判断应该以是否违反公序良俗为标准。① 然而单纯强调公益容易无视合同稳定性的需要，影响合同方对交易的合理信赖。于是，民法学界又提出将比例原则作为转介条款下强制规范适用的评判依据②，其核心思想是平衡所涉及的私益和公益。由此普遍认为转介条款具有诚实信用、公序良俗之类的概括条款③的功能，即需要法官进行价值补充从而对事实构成加以确定的抽象原则。

表现在规则制定层面，考虑到规范分类标准的缺陷，借鉴我国台湾学者的观点④，最高人民法院在2009年《印发〈关于当前形势下审理民商事合同纠纷案件若干问题的指导意见〉的通知》中不仅强调效力性强制性规定和管理性强制性规定的区分，还明确给出了考虑的因素，即法院应当综合法律法规的意旨，权衡相互冲突的权益，诸如权益的种类、交易安全以及其所规制的对象等，综合认定强制性规定的类型。此种利益平衡的方式更多依赖法官的经验认识作出是否合理的判断，能够实现个案正义，并取得良好的审判效果，在我国现阶段仍是比较可行的做法。

而在《民法总则》制定的过程中，虽然从专家建议稿到上人代会讨论的草案第三稿一直使用效力性强制规定的表述，但这最终没有获得立法的正式认可。《民法总则》第153条规定，违反法律、行政法规的强制性规定的民事法律行为无效，但是该强制性规定不导致该民事法律行为无效的除外。此种仿效《德国民法典》第134条包含但书

---

① 参见［日］大村敦志《从三个纬度看日本民法研究——30年、60年、120年》，渠涛译，中国法制出版社2015年版，第71—73页。

② 参见漆晓昱《论违反强制性规定的合同效力问题》，《私法研究》(2012年) 第13卷。

③ 本身不具有法律适用时的完全性规范所具备的事实构成而需要价值补充的一般条款 (*Generalklauseln*)。参见耿林《民法典的规范表达研究》，《清华法学》2014年第6期。

④ 应综合考虑法规的意旨，权衡相冲突的法益，如种类、交易安全以及禁止针对一方还是双方当事人。参见王泽鉴《民法总则》，北京大学出版社2009年版，第302页。

式保留①的作法虽然立场含糊，但能够为利益平衡标准的采用提供足够的解释空间。

2. 利益平衡标准对直接适用法判断的启示

（1）目前的情况——公益的过分强调

在冲突法层面，以往在判断直接适用法时过分强调公益，缺乏适当的平衡机制，从而无法满足利益平衡的需要。现代国家的立法没有能摆脱公共利益的约束，更何况这一泛化的概念在实践中存在被扩大解释的空间。如果定位于合同领域，则更容易发现问题的端倪。虽然受理案件的法院作为国家机器的一部分，自然有维护本国利益的使命②，但作为当事人意思自治的产物，除非出于绝对必要的公益，否则应当予以维护交易机制。只有合同违反法律禁止整体无效，才有理由认为该强制规范反映了国家干预经济活动的强烈意愿，即反映了一国重大而根本的公共利益。

而根据《〈法律适用法〉解释（一）》第10条对直接适用法的定义，只要符合公益的要求，至多限制公益的类型，则包括维护当事人合理预期在内的一切考虑都是多余的。结合《法律适用法》第4条的措辞，完全可以认为法官必须适用我国的直接适用法，不存在任何裁量的可能。关于该问题，最高人民法院民四庭的负责人认为，此类规定一定要适用于涉外民事关系，应从立法的目的加以考察。直接适用法与公共秩序保留一样，都是排除外国法适用的制度，应严格谨慎，不能滥用。③然而此种态度只是基于维护国际私法作用机制的价值层面上的考虑，于立法和司法解释的条文内容不能得出这一结论，更无法说明《〈法律适用法〉解释（一）》第10条试图引入实体法的利益

---

① 又如我国台湾地区《民法典》第71条规定，法律行为，违反强制或禁止之规定者，无效。但其规定并不以之为无效者，不在此限。

② 参见袁发强《法院地法适用的正当性证成》，《华东政法大学学报》2014年第6期。

③ 参见《最高人民法院民四庭负责人就关于适用〈中华人民共和国涉外民事关系法律适用法〉若干问题的解释（一）答记者问》，http：//www.court.gov.cn/xwzx/jdjd/sdjd/201301/t20130106_181593.htm。

平衡标准。

(2) 利益平衡的前提——自由裁量权的赋予

作为利益平衡的前提，直接适用法的判断必然伴随着法官的自由裁量。以《罗马公约》第7条第1款和《罗马条例Ⅰ》第9条第3款为代表的外国直接适用法制度规定了此种自由裁量的条件，即在决定是否给予此类强制规范以效力时，应考虑到它们的性质、目的以及适用或不适用的后果，此种作法值得注意。[①] 在比较法上，根据罗马法学者（Romanist）的观点[②]，一旦法院地的强制性规定具有直接适用法的资格，即使案件在法院地没有产生实质影响，也应立即赋予其优先适用地位。而根据 Alnati 案确立的原则，只有直接适用法的目的能够在个案中得以增进，才能作出适用的决定。[③] 在面对《罗马公约》第7条第2款或《罗马条例Ⅰ》第9条第2款之类的法院地直接适用法制度时，应给予法官一定程度的适用裁量。[④]

故此，以《法律适用法》第4条为代表的直接适用法制度从字面上应理解为必须适用，但在运用中必须赋予法官以裁量的权力。严格依据适用制度的措辞，只要符合公益要求并满足适用范围，就必须适用法院地的直接适用法。但问题远没有如此简单，当法院地存在使合

[①] 费舍尔认为，将第三国的单边规则转化为双边规则无疑是极其困难的过程。这必然需要法官在个案对所有因素进行评价，如涉案关系是否直接影响第三国的经济或社会秩序，以及根据本国和国际标准判断法律意图表达的利益是否正当。如此一来，关键是第三国的法律是否等同于法院地所采取的措施或出于保护国际典型利益的目的。另外，案件的实体结果以及表现为第三国事实上（potestas de facto）能够执行该规则的有效性同样构成决定性因素。总之，该方法将强烈的政策考量因素引入寻找法律的过程。See Frank Vischer, Drafting National Legislation on Conflict of Laws: The Swiss Experience, *Law and Contemporary Problems*, Vol. 41, No. 2, (1977), pp. 142 – 143.

[②] Th. M. De Boer, The EEC Contracts Convention and the Dutch Courts: A Methodological Perspective, *RabelZ*, Bd. 54, H. 1, (1990), p. 59.

[③] See Seyed Nasrollah Ebrahimi, *Mandatory Rules and other Party Autonomy Limitations*, Athena Press London, 2005, p. 349.

[④] Peter Kaye, *The New Private International Law of Contract of the European Community*, Aldershot, 1993, p. 262.

同无效的规则,《罗马条例Ⅰ》第9条第2款授权法院地界定适用此类实体规则的利益,并权衡其他影响法律选择的考量因素,如支持当事人期待的基本政策、国际贸易的便利开展、法律的确定性以及准据法主义所要达到的结果一致性,从而最终决定是否要给予认定合同无效的利益以优先效力。① 由此法官需要综合平衡法院地国的利益、准据法所属国的利益以及当事人的利益之后才能作出是否适用的决定,虽然在必要时应优先考虑法院地直接适用法,但不应过分地推崇法院地国的利益,否则将会导致直接适用法的滥用。

(3)利益平衡的方法——比例原则的运用

当法院地直接适用法与外国准据法存在真实的法律冲突时,需要根据比例原则(Proportionality Test)作出法律适用上的权衡。该原则原为行政法适用的一项原则②,即法律的适用不能超过其所追求的正当目的③,多针对行政机关的自由裁量。即除满足合法性原则外,具体行政行为的作出需符合合理性要求。反映在公法作用私人交易的机制上,谨慎运用比例原则同样可以解决公益需要和私益维护二者之间的矛盾,合同的有效与否应根据案件的具体情形判断。④ 只要可以通过公法制裁实现管制的目的,则没有必要施加私法责任,以维护交易秩序与安全。⑤

延伸至国际私法层面,首先,对当事人意思自治的限制必须追求正当的目的。这不仅要明确强制规范所保护利益的正当性,还要运用比例原则分析强制规范的适用是否与其本身的政策目标以及所维护的

---

① Peter Stone, *EU Private International Law*, 2nd ed., Edward Eltar, 2010, p. 342.

② 这甚至可以上升为一项宪法原则。参见门中敬《比例原则的宪法地位与规范依据——以宪法意义上的宽容理念为分析视角》,《法学论坛》2014年第5期。

③ 反映在欧盟基础条约中,经《里斯本条约》修订的《欧洲联盟条约》第5条第3款规定,依据比例原则,欧盟行动的内容与形式不应超过实现《欧洲联盟条约》和《欧洲联盟运行条约》目标所需的范围。

④ 参见郑晓剑《比例原则在民法上的适用及展开》,《中国法学》2016年第2期。

⑤ 参见谢鸿飞《论法律行为生效的"适法规范"——公法对法律行为效力的影响及其限度》,《中国社会科学》2007年第6期。

公共利益成比例[1],只有在绝对必要时才可以适当限制准据法作用的发挥。[2] 如果相同的效果可以由准据法实现,则不需要援引直接适用法[3];其次,直接适用法的最终适用还需要法官运用比例原则平衡直接适用法所维护的公益、准据法所属国的利益以及当事人的利益。如交易本身合法,只是周围情势存在违法情形,不能单纯因为合同违反所谓一国的直接适用法而否定其效力。如在 Euro – Diam 案中,为逃避德国的税收征管法,买卖双方在珠宝合同中约定使用虚假价值的发票。该违法情形在英国法院看来不影响以合理价值对该案标的物投保的保险合同的效力[4];相反,在 *Kulturgüterfall* 案中,当被保险人为一批违反尼日利亚出口管制法的文物投保,德国法院认为在运输过程中意外造成的损失不构成向保险人索赔的依据,此时认定保险合同无效不违反比例原则,否则投保人能够享受不法交易带来的利益。[5]

两种比例原则虽有不同,但融为一体、不易区分。其一,前者更要考虑强制规范所属国的意图和利益。如果规范限定了自身的适用意图和范围,表现在合同机制运行上,当其不希望否定具体交易的效力或可补正,则不存在任何直接适用的理由;其二,即使强制规范希望直接适用,仍要借助比例原则综合考虑法院地国以及准据法所属国的

---

[1] See Jan – Jaap Kuipers, *EU Law and Private International Law*, Martinus Nijhoff, 2011, p. 82.

[2] Tillman Christopher, The Relationship between Party Autonomy and the Mandatory Rules in the Rome Convention, *J. Bus. L.*, No. 1, (2002), p. 68.

[3] 理论上,强制规范的直接适用无须考虑准据法的情况,但实践中没有不考虑准据法的规定。如果能达到等同的适用香港,则无须直接适用。只有在准据法无法实现特定的审理结果而必须援引直接适用法制度时,强制规范才被声称为直接适用。See also Andrea Bonomi, Mandatory Rules in Private International Law: The Quest for Uniformity of Decisions in a Global Environment, *Yb. Priv. Int. L.*, Vol. 1, (1999), p. 234.

[4] Euro – Diam Ltd. v. Bathurst, [1990] 1 QB 1.

[5] 59 BGHZ 83 (1972) (F. R. G.), 59 BGHZ 1 (F. R. G.). BGHZ 59, 82, 85 = NJW 1972, p. 1575.

利益。是否值得适用（*Anwendungswürdigkeit*）应对强制规范的实质进行仔细地规则合理性检验（rule – of – reason test）评判，即关注其保护的利益和价值以及适用的后果。[1] 出于国际礼让的需要，直接适用法也并非总被该国的法院采纳，对崇尚自由经济的国际金融中心而言更是如此。总之，比例原则于直接适用法判断上最终表现为公益和私益的冲突，只是在跨国交易纠纷中考虑的法律冲突更多、情况更为复杂。

另外，比例原则还强调实施手段对所要达成目标的合理性。[2] 以禁止在国家合同中使用中介的法律为例，此种规范的目的多为预防腐败，而反腐败构成国际公认的跨国公共政策[3]，没有国家会承认旨在贿赂一国官员而获得不正当利益的合同效力。然各国在是否禁止国家合同使用中介问题上并未达成一致，实践对此类合同的效力也莫衷一是。在国际商会仲裁院审理的一起案件中，伊朗官员曾和希腊公司缔结协议，约定如促成后者与伊朗政府达成交易，将获取不低于合同金额2%的佣金。针对伊朗官员主张支付中介费的请求，仲裁庭认为这构成国际贸易中的不道德行为而没有支持。[4] 而审查 Hilmarton 案[5]和

---

[1] See Marc Blessing, *Impact of the Extraterritorial Application of Mandatory Rules of Law on International Contracts*, Helbing & Lichtenhahn, 1999, p. 64.

[2] 那些涉及便利或推动非法药物的交易、恐怖主义、颠覆政权、卖淫嫖娼、儿童虐待、奴隶制以及其他违反人权的合同会被视为普遍违法而注定无效。See R. Kreindler, Competence – Competence in the Face of Illegality in Contracts and Arbitration Agreements, *Recueil des Cours*, Vol. 361, (2012), 180. 在国际商事仲裁的实践中，以手段和目标不相称为由否定直接适用法的适用还针对美国《防止诈骗及反黑法》中的三倍赔偿规定。ICC Case No. 6320. See Horacio A. Grigera Naón, Choice – of – Law Problems in International Commercial Arbitration, *Recueil des Cours*, Vol. 289, (2001), pp. 297 – 302.

[3] See Abdulhay Sayed, *Corruption in International Trade and Commercial Arbitration*, Kluwer Law International, 2004, p. 277 ff.

[4] ICC Case No. 3916. See also Triad Financial Establishment v. The Tumpane Company, 611 F. Supp 157 (1985).

[5] Hilmarton v. OTV, ICC Case No. 5622.

Northrop 案[①]裁决的美国法院认为，在没有确切证据证明贿赂发生的情况下，此类合同能够执行。故是否符合比例原则是能否适用直接适用法特别是外国直接适用法的重要前提。

最后，转介条款的解释构成一项法教义学上的难题，更多地需要利益权衡加以补充[②]，不可能通过下定义的方式一劳永逸地解决，故在理论研究上应避免公式化的简单作答。对此，可以借鉴苏永钦教授的观点：转介条款，必然只能朝概括条款来定性，而正因为无法像一般法条一样，单纯以文义、目的、体系等方法即可确认其规范内涵，进而"演绎"出可涵摄不同事实的具体规则；刚好相反，概括条款的特质，正在于无法用简单而绝对的解释，去妥适处理"所有"的问题。因此不论是诚信条款、公序条款，或者此处的转介条款，其操作必然只能通过案例法的方法，通过逐案累积的类型，"归纳"成较为具体、可预见性高的权衡规则，再慢慢摸索出贯穿规则之间的体系。在此过程中，反而要避免像一般法条解释那样的公式化。少数个案的权衡如果过早地公式化、一般化，如本文讨论的"契约的控制"，学说中常见的"标的说""目的说"或"主体说"的对立，都是错把一般法条的操作移植于概括条款。[③] 故在大致明确直接适用法适用需要考虑的诸多因素后，应赋予法官适当的裁量权限，通过大量的案例分析进行归纳、总结，从而逐渐形成体系化的系统观点。

四 转介条款的解释范围与直接适用法的判断

关于合同违反强制性规定的效力情形，早在罗马法时代，学者已经根据制裁方式的不同将强制规范区分为规定违反时行为无效的完全

[①] Northrop Corp. v. Triad International Marketing S. A., 811 F. 2d 1265, 1270 (9th Cir. 1987). 上述案件的评介，see Abdulhay Sayed, *Corruption in International Trade and Commercial Arbitration*, Kluwer Law International, 2004, pp. 234-249.

[②] 参见梁慧星《民法解释学》，法律出版社2015年版，第327页。

[③] 参见苏永钦《以公法规范控制私法契约——两岸转介条款的比较与操作建议》，《人大法律评论》2010年第1期。

法律（Lex perfecta）、违反时行为人受制裁但效力不受影响的次完全法律（Lex minus quam perfecta）、违反不受任何制裁的不完全法律（Lex imperfecta）以及违反时行为无效且受刑事制裁的最完全法律（Lex plus quam perfecta）。① 上述学说已经明确其违反将导致行为无效的完全法律和最完全法律的完善法不需要再援用转介条款发挥解释功能。反映在国际私法层面，就转介条款在直接适用法判断问题上所能发挥作用的范围，关键在于是否以及如何区分完善法和不完善法。

（一）完善法与直接适用法的判断

从实体法出发，并非所有能导致合同无效的强制性规定都需要借助《合同法》第52条第5项实现自身的适用。基于文义解释，明确违反后果的强制性规定不必借助该款。从比较法也可以得出相同的结论。在德国法上，《德国反限制竞争法》第1条②之类的规定属于完善法（leges perfectae）的范畴，无须《德国民法典》第134条的配合。该条针对的是不属于民法领域且仅仅规定民法以外制裁措施的法律禁令。③ 这说明如果强制规范是完善法，则一切适用与否的权衡都是多余的。只要满足规范的适用范围条款，则必然发生无效的后果。此外，《第二次合同法重述》第178条④、2010年修订的《国际商事合同通则》（Principles of International Commercial Contracts, PICC）

---

① 参见孙鹏《论违反强制性规定行为之效力——兼析〈中华人民共和国合同法〉第52条第5项的理解与适用》，《法商研究》2006年第5期。

② 第1条禁止限制竞争协议规定，禁止以阻碍、限制或扭曲竞争为目的或者产生阻碍、限制或扭曲竞争后果的企业间协议、企业联合组织的决议以及协同行为。

③ ［德］迪特尔·梅迪库斯：《德国民法总论》，邵建东译，法律出版社2013年版，第645、483页。

④ 如果立法规定不可强制执行，或执行这些允诺或条款的利益明显超出公共政策允许的范围，则基于公共政策不可执行。在衡量执行某一条款的利益时应考虑：1.当事人的正当期待；2.拒绝执行所导致的丧失；3.执行特定条款的任何特殊公益。在衡量拒绝执行某一条款的公共政策时应考虑：1.由立法或司法裁判所反映的政策强度；2.条款的拒绝执行于增进该政策的可能性；3.所涉及任何不当行为的严重性以及故意的程度；4、不当行为和条款的直接联系。

第3.3.1条①以及欧洲民法典小组起草的《共同参考框架》（Common Frame of Reference）第二编第七章第302条②都认为只有在强制规范没有明确所发生的私法效果时，才发生经由转介条款解释合同效力的可能。在国际私法层面也是如此，即无论准据法如何规定，都不影响法院地此类构成完善法的直接适用法在涉外案件中的适用。

立法明确发生何种私法效果的情况是不多见的，或许认为规定未经审批、登记的对外担保合同无效的《〈担保法〉解释》第6条是其中的代表。根据《中华人民共和国外汇管理条例》（以下简称《外汇管理条例》），对外担保人需向外汇管理部门履行报批义务，作为配套的《境内机构对外担保管理办法》认为未经审批的对外担保无效。由于《〈合同法〉解释（一）》将《合同法》第52条第5项限于法律、行政法规，作为部门规章的《境内机构对外担保管理办法》对合同效力的认定不代表一项完善法的存在。不过，《〈担保法〉解释》认可了未经审批的对外担保合同无效的做法，而司法解释在我国具有法律的地位③，从而继续作为此类案件的裁判依据。

在《法律适用法》颁布以后，我国法院仍然恪守这一解释，并援引《法律适用法》第4条，不存在任何裁量的可能。此种立法的预先

---

① 当强制规范没有明确其违反对合同效力产生的影响时，当事人有权在合理的情势下行使合同救济。该合理性的确定应特别关注如下因素：1. 所违反规则的目的；2. 规则所要保护的人群；3. 规则违反施加的制裁；4. 违反的程度；5. 一方或双方当事人是否知道或应当知道此种违反；6. 合同的履行是否必然伴随此种违反；7. 当事人的合理期待。就不法的情形，see Oliver Remien, Public Law and Public Policy in International Commercial Contracts and the UNIDROIT Principles of International Commercial Contracts 2010: A Brief Outline, *Uniform Law Review*, Vol. 18, No. 2, (2013), pp. 270-274.

② 合同违反法律强制规范的后果根据规范的明确要求判定。如果其没有规定，则需要法院根据违反之目的、所保护人群的类型、违反可能施加的制裁、违反的严重性以及是否有意、违反与合同的密切关系等综合判断是否发生无效、可撤销以及溯及既往等效果。

③ 《最高人民法院关于裁判文书引用法律、法规等规范性法律文件的规定》。然有学者认为司法解释虽属于民法渊源，但既非法律，又非行政法规。参见王轶《民法总则法律行为效力制度立法建议》，《比较法研究》2016年第2期。

设计往往是过度的,从而与转介条款的一般解释相冲突。以外商独资企业自行提供对外担保的处理为例,由于登记服务于外债数据统计的功能,不关系到我国的重大公益,单纯以未登记为由认定合同无效的做法违反比例原则,最高人民法院在星花投资与杭州金马房地产等债务及担保合同纠纷上诉案[①]中突破了《〈担保法〉解释》第6条的规定,认定此种未经登记的情形仅应受到行政处罚,但担保合同依然有效。《〈合同法〉解释(二)》第14条提出了效力性强制性规定,这本应该强化上述认识,但在香港上海汇丰银行上海分行与景轩大酒店、万轩置业金融借款合同纠纷上诉案[②]中,最高人民法院强调此类纠纷应该严格适用《〈担保法〉解释》第6条,不受《〈合同法〉解释(二)》第14条的影响。即虽然根据《境内机构对外担保管理办法》的规定,外商独资企业提供的对外担保不需要逐笔审批,但仍然需要登记,故在审理涉及外商独资企业作为担保人提供的对外担保合同纠纷时,法院应审查提供的对外担保是否已经在外汇管理机关登记,未登记的无效。

值得注意的是,由上海市高级人民法院胡永庆法官作出的一审判决[③]援用了《〈合同法〉解释(二)》第14条的效力性强制性规定,认定未办理登记的对外担保仅影响担保人对外履行义务[④],不影响合同效力,而且未将之限于外商独资企业提供对外担保的特殊情形。因此,对外担保合同以批准为生效前提,是否办理登记不影响对外担保合同的效力。另外,一审判决还试图将《〈合同法〉解释(二)》和《〈担保法〉解释》进行一致解释,即对后者限缩,认为涉案抵押担保不属于《〈担保法〉解释》第6条第2项所规定的情形,可惜被推翻。最高人民法院态度的前后不一说明该条的完善法地位存在异议。

[①] (2004)民四终字第21号判决书。

[②] 该判决入选《最高人民法院公报》,对实践产生不小的震动。(2010)民四终字第12号判决书,《最高人民法院公报》2014年第6期。

[③] (2009)沪高民四(商)初字第2号判决书。

[④] 参见《境内机构对外担保管理办法实施细则》第42条。

该条虽然其仅针对担保合同,某种程度构成特别法,但其对公私法的认识存在明显的历史局限性,无法满足转介条款的解释。根据新法优于旧法的原则,应该为《〈合同法〉解释(二)》第14条所取代。①总之,出于利益平衡的需要,立法在预设完善法条款时应保持必要的谨慎。

(二)不完善法与直接适用法的判断

如果强制规范自身不构成完善法,必然要通过对转介条款加以解释的方式来判断合同的效力。反映在国际私法层面,当法院地的强制规范需要直接适用时,应该选择哪一国的转介条款解释?直接适用法是指该规范对合同或某一条款效力的单独支配,还是仅仅作为法律禁止合同事实发生的判断依据?这反映了是将直接适用法视为裁判规范还是行为规范的争议。②前者不仅考虑是否存在法律禁止,而且承认该禁止对合同效力的影响;后者仅支配合同中的不法性问题,但能否发生无效后果仍应交由准据法的转介条款判断。为了方便论述,以下仅考虑合同适用外国法而法院地的不完善法要求直接适用这一典型情形。

1. 外国准据法所属国的转介条款与直接适用法的判断

首先,可以考虑由外国准据法所属国的转介条款决定法院地直接适用法发生何种私法效果。此时形成法院地直接适用法和外国准据法并存的状态,即当法院地直接适用法要求合同必须经过批准,但没有规定未经批准对合同造成的后果,则需要根据外国准据法判定该条款

---

① 虽然《〈担保法〉解释》仅仅针对担保合同,某种程度构成特别法,但其对公私法关系的认识存在明显的历史局限性。

② See Ali Mezghani, Méthodes de Droit International Privé et Contrat Illicite, *Recueil des Cours*, Vol. 303, (2003), p. 300. 有学者因此将直接适用法视为准据法下的事实。Nicolas Nord, Ordre Public et Lois de Police en Droit International Privé, Université Robert Schuman, (2003). p. 333. 这种观点难以成立,即使直接适用法不构成最终的裁判依据,仍非单纯的事实。正如那些进入私法渠道的公法性强制规范需要转介条款的解释才能作用于合同效力,但不影响其作为法律存在。

的不生效是否影响整个合同的效力。① 这使得合同准据法不仅支配因直接适用法造成的无效后果，还决定直接适用法对合同有关事实禁止所产生的私法效果。② 从合同准据法全面支配合同事项的角度可以得出这一结论。③

然而，此种分割适用法的做法割裂了直接适用法与所属法律体系中的转介条款之间的有机联系。其一，从利益分析的角度，外国准据法所属国与基础交易未必存在实质性联系，适用该国的转介条款不产生利益关联；其二，如果当事人选择某些过分有利于维护合同效力的外国法，将实现变相规避法院地直接适用法的不良意图；其三，一国私法体系当中的转介条款虽然并非公法性质，但毕竟构成公法和私法的纽带，其能否参与国际交换取决于各国对公法作用合同效力的理解是否达成共识。目前对该领域的研究较为深入，但不能说明各国的理解完全一致。准据法对合同有效性事项的支配更宜限制在私法中的内设型强制规范的范畴，如因当事人意思表示不真实、不自由带来的影响。总之，直接适用法的适用效果不能仅仅因当事人选择法律的不同而有所差异，否则将违反国家统一管制的意图，造成法律适用的不公，因而转介条款不具有合同准据法的资格。

2. 法院地的转介条款与直接适用法的判断

如果不选用外国准据法所属国的转介条款，则只能由法院地的转

---

① Standinger Magnus, Art. EGBGB, Rn. 82. 转引自王葆莳《德国国际私法中关于"强制性规范"的理论和司法实践研究》，《武大国际法评论》第 16 卷第 2 期（2014 年），第 248 页。See also Kerstin Ann–Susann Schäfer, *Application of Mandatory Rules in the Private International Law of Contracts*, Peter Lang, 2010, p. 116.

② 参见高橋宏司「外国仲裁判断の取消訴訟は積極的意義を有しうるか——内国取締法規違反による取消しを中心に」，ワールドワイドビジネスレビュー，2009 第 10 卷（公開セミナー特集号），第 226—228 页。

③ 应该由合同准据法决定不法的后果，如能否在其他地域履行或者予以变更、解除。See Anathan Harris, Mandatory Rules and Policy under the Rome I Regulation, in Franco Ferrari & Stefan Leible, eds., *Rome I Regulation: The Law Applicable to Contractual Obligations in Europe*, Sellier European Law Publishers, 2009, p. 312.

介条款对直接适用法进行解释。此时的法院地国同时构成强制规范所属国，但并非强制规范所属国的转介条款在起作用。[①] 如考虑适用外国直接适用法的情形则更为明显，此时起到解释限制功能的仍是法院地的转介条款。虽然只有结合规范的意图才能决定其所禁止的内容以及发生何种后果，但不能全凭规范意图而定。无论从积极运用还是消极防御的角度，法院地在法律适用时需要维护本国的公共秩序，这在解释和运用转介条款的过程中同样发挥作用，故应交由法院地的转介条款决定直接适用法如何对合同发生私法效果。

法院地的转介条款不构成直接适用法，而是被纳入直接适用法制度当中，使之具有复合的选法功能。法院地的转介条款作为法院地法发挥作用的原因是因为它构成直接适用法制度的一部分，而所有国家在法律选择时都适用本国的冲突法。或许认为属于冲突法范畴的直接适用法制度只宜解决各国法律之间的冲突，至于公法能否以及如何影响私人关系应由各国民法中的转介条款处理，二者存在先后顺序。这一思路看似合理地分配冲突法和实体法的功能，但实质上仍停留在传统双边冲突规范指引准据法所属法律体系的范畴，并未意识到作为单边主义复兴的直接适用法制度的特殊性。作为结果定向的选法模式，解决直接适用法在冲突法层面的适用即完成在实体法层面的最终运用。二者浑然一体、密不可分。由此，直接适用法制度必然要承担转介条款的功能，以实现法律适用过程中的公法和私法、公益和私益的平衡。总之，作为有待法官引申的空白条款，它既要解决直接适用法在冲突法层面的适用资格，又要判断在实体法层面的适用结果，在法律适用过程中实现双重"转介"功能。

[①] 就英国普通法而言，如契约违反履行地的禁止规则，决定此种违法效果的不是准据法，而是履行地的法律。[德] 马丁·沃尔夫：《国际私法》（下），李浩培、汤宗舜译，北京大学出版社 2009 年版，第 486 页。干预的强度由直接适用法决定，故只有禁止规范本身才能决定所禁止的内容及发生何种后果。在绝对必要时可以否定合同效力。Dieter Martiny, VO (EG) 593/2008 Art. 9 Eingriffsnormen, in Franz Jürgen Säcker & Roland Rixecker, hrsg, *Münchener Kommentar zum BGB*, Band 10, 5. Auflage, C. H. Beck, 2010, Rn. 54.

五 实体法标准的局限

单纯强调发挥转介条款解释这一实体法标准在直接适用法判断中的作用仍有一定的不足。其一，与仅仅需要平衡公益和私益的国内合同不同，在采用转介条款解释的利益标准时，能否直接适用还要考虑更多的内容，如国际交往的需要、国家间的利益冲突甚至国际法的因素。故就可能具有直接适用资格的实体强制规范在涉外私人诉讼中产生何种私法效果，应该在全面系统平衡准据法所属国和法院地国的利益并考虑当事人的利益之后，得出是否援用直接适用法制度的结论。[1]此种在国际交往中发生的多国利益仍要演化为法院地的利益，只是要摒弃狭隘的法院地主义，发挥国际礼让的作用。司法礼让的发展过程充满了不确定性[2]，但在各国的法律选择层面仍具有相当重要的地位。[3] 在冲突法成文化的时代，虽不构成法律适用的直接依据，但仍是冲突规范运用的权衡因素。出于互惠的需要，法官应关注参与跨国法律交换为法院地国带来的现实利益，避免直接适用法制度被滥用。

其二，借助转介条款进行实体法分析有时会遗漏个别直接适用法

---

[1] 对法院地直接适用法，菲利普认为应考虑强制规范增进的利益在国际案件中是否值得保护，该利益能否优于其他的利益。如果规范出于保护一方当事人的目的，那么在国际层面是否有必要保护；如果保护的是国家利益，此种利益是否足够重要以至于需要其他国家的配合？Allan Philip, Introduction to the EC Convention on the Law Applicable to Contractual Obligation, *Nordisk Tidsskrift Int'l Ret*, Vol. 49, (1980), p. 132. 对外国直接适用法，英国法院认为应该从英国的政治、商业利益以及价值出发，适用履行地的直接适用法。在这一过程须考虑如下因素：1. 维护法律选择条款在英国通常被尊重的商业信心，从而防止商业活动外流至非欧盟成员国；2. 当合同在那些英国的友好国家履行时，维持该友好关系的意愿。See Anathan Harris, Mandatory Rules and Policy under the Rome I Regulation, in Franco Ferrari & Stefan Leible, eds., *Rome I Regulation*: *The Law Applicable to Contractual Obligations in Europe*, Sellier European Law Publishers, 2009, p. 329.

[2] Adrian Briggs, The Principle of Comity in Private International Law, *Recueil des Cours*, Vol. 354, (2011), p. 80.

[3] See Ralf Michaels, Public and Private International Law: German Views on Global Issues, *J. Priv. Int'l L.*, Vol. 4, No. 1, (2008), pp. 126 – 127.

发生的情形。区别于那些有关意思表示真实有效的中立性强制规范，也不同于保护特定弱势群体的保护性强制规范，那些赋予一方当事人针对另一方权利的法律规范，如法定请求变更权、撤销权、解除权等赋权性规范，能否直接适用？历史上，1929年经济大萧条时期各国废止金约款的规定被视为典型的直接适用法。作为一国对外经济政策的反映，该法令虽然出于维护本国币值稳定、收支平衡的目的，但同样具有保护本国的债务人甚至在本国从事交易的所有债务人经济利益的功能。此类嗣后颁布的法令不在于使得合同产生履行障碍，多数情况也不会导致合同的履行构成非法，而且给予债务人合法不履约的借口，没有理由将之排除于直接适用法的范围。毕竟导致合同自始绝对当然无效固然是直接适用法在实体法层面发生的主要效果，也不能无一例外地排斥其他评价。

第四章

直接适用法的领域分布

明确了直接适用法在冲突法和实体法上的判断标准，亟须确定其在国际经贸各领域的分布。本章主要从中国的涉外法律体系出发，结合司法实践中发生的争议，逐一分析直接适用法在在国际贸易、金融、投资、航运以及竞技体育领域的分布情况。

第一节 直接适用法在国际贸易领域的分布

《〈法律适用法〉解释（一）》第10条在解释直接适用法时并未列举国际贸易管制的情形。[①] 从既往的实践看，以禁令、许可证为代表的进出口管制措施一直是直接适用法经常出现的领域。[②] 虽然为履行世贸组织协定项下的义务许多外贸限制措施已经被取消，但我国对

[①] 该解释中的食品或公共卫生安全、反倾销的情形主要发生于国际贸易领域。就食品安全，如国家质检总局2011年发布的《关于进一步加强从日本进口食品农产品检验检疫监管的公告》禁止从日本福岛及附近区域进口食品、食用农产品及饲料，此类禁止性规范能够作用于合同效力，构成直接适用法。反倾销虽然事关对外贸易秩序和公平竞争，然而反倾销措施并非绝对禁止产品的进口，而是征收反倾销税。即使出口经营者违背价格承诺也不会导致合同的无效。就此，在《最高人民法院〈关于不予承认日本商事仲裁协会东京04-05号仲裁裁决的报告〉的复函》中，江苏省高级人民法院曾以在我国政府已决定对来自日本的光纤征收反倾销税的情况下，本案仲裁裁决的执行会抵消征收反倾销税的效果，从而助长日本企业损害我国光纤产业的利益，故认定本案仲裁裁决会违背我国公共政策，但这最终未获得最高人民法院的支持。

[②] Jürgen Basedow, Conflicts of Economic Regulation, Am. J. Comp. L., Vol. 42, No. 2, (1994), p. 439.

货物、技术的进出口至今仍保留相当多的管制规范。① 此类规范的不遵守往往会对外贸合同当事人的权利和义务产生重要影响,故有必要探讨国际贸易领域中的直接适用法。与货物贸易相比,技术进出口存在更多的管制情形,故本节以技术进出口合同为例,详细分析我国现行法背景下规范技术进出口合同的缔约资质、标的对象、登记许可以及使用限制性商业条款的强制规范是否具有直接适用法资格。

一 技术进出口合同的缔约资质的直接适用法分析

从实体法的角度,技术进出口合同的当事人具有严格法定性,能否成为国际技术转让的主体要看一国法律的具体规定。以往,我国长期实行外贸专营制度,中方当事人大致等于中国的政府机构或国营企业,与国家利益密切相关。根据原1994年《对外贸易法》第9条的规定,未经外贸主管部门授权的法人或其他组织不得擅自从事外贸进出口业务。在中国加入世贸组织之后,2004年修订的《对外贸易法》放开了这一限制,仅对部分货物实行国营贸易管理②,自然人可以成为外贸经营人。目前,法人、其他组织或自然人在依法办理工商登记或其他执业手续之后,只需要向国务院对外贸易主管部门或其委托的机构办理备案登记,即可从事技术进出口活动。

关于不具备缔约资质对技术进出口合同的影响,原最高人民法院《关于适用〈涉外经济合同法〉若干问题的解答》第3条第2、3项将订立合同的当事人未经国家主管机关批准授予对外经营权以及超越

---

① 如《对外贸易法》第19条、《技术进出口管理条例》第10条。根据入世协议书,中国到2016年即入世15周年将自动获得世贸组织下的完全市场经济地位,但中国目前仍不构成十分成熟的市场经济体。这突出表现为,虽然近期政府审批事项被大量取消或者下放,但不必要的审批仍大量存在。

② 根据1994年《关于解释〈关税与贸易总协定〉第17条的谅解》,国营贸易企业指,凡被授予独占或特别权益,包括宪法或法律规定的权力,而它们通过行使该权力或权益的购买或销售活动,可以影响进出口的水平或方向的政府或非政府企业。我国对粮食、棉花、食糖、原油、成品油及化肥实行进口国营贸易管理,对粮食、棉花、钨、锑及白银实行出口国营贸易管理。

其经营范围订立合同作为合同无效的情形。① 这一做法在《合同法》颁布后得以改变，《〈合同法〉解释（一）》第10条规定，因不具有缔约资质引发的合同无效仅限于违反限制经营、特许经营以及法律、行政法规禁止经营的情形，缔结超出工商登记范围的合同一般认定为有效。就技术进出口合同而言，无论工商登记等执业手续还是备案登记②，都纯粹出于行政管理的目的，不影响合同的效力，不构成直接适用法。

二 技术进出口合同的标的对象的直接适用法分析

技术进出口合同的标的构成一国技术进出口管制的对象。关于此种管制与直接适用法的关系，首先要明确交易对象的合法性是否由合同准据法支配。不动产一般适用所在地法（lex rei sitae），但一旦涉及交易，则需要让位于合同准据法。最高人民法院《关于贯彻执行〈中华人民共和国民法通则〉若干问题的意见（试行）》第186条规定，不动产的所有权、买卖、租赁、抵押、使用等民事关系，均应适用不动产所在地法律。③ 但原《关于适用〈涉外经济合同法〉若干问题的解答》第2条第6款第11项认为，不动产租赁、买卖或抵押合同的当事人可以选择准据法。结合《法律适用法》第48条，技术属于无体物，不适用物权的法律适用，而应由知识产权的法律适用支配。由于被请求保护地法多位于我国，我国关于技术进出口的禁止可以经由冲突规范的援引，似乎无直接适用的必要，但事实并非如此。

---

① 《最高人民法院经济审判庭关于如何认定企业是否超越经营范围问题的复函》认为，企业的经营范围必须以工商行政管理机关核准登记的经营范围为准。企业超越经营范围所从事的经营活动，应当认定无效。

② 是否备案登记不影响经营者具有签订进出口合同的资质，所订立合同的效力不受国务院制定的行政法规——《无照经营查处取缔办法》的影响，（2013）粤高法民四终字第97号判决书。

③ 原《关于审理涉外民事或商事合同纠纷案件法律适用若干问题的规定》第5条第2款第4项也是如此。

技术标的交易的合法性依然由合同准据法支配，此种观点反映在《法律适用法》第49条，当事人可以协议选择知识产权转让和许可使用所适用的法律。

从实体法的角度，《技术进出口管理条例》规定禁止进出口的技术不得进出口。[①] 技术被禁止进出口的范围应根据《禁止进（出）口限制进（出）口技术目录》判定，凡不属于该目录且不用于国防军事用途的技术都可以自由进出口。《合同法》第52条第5项会导致合同发生自始、绝对、当然无效的后果，故作为法律行为效力判断标准的规范主要指禁止规范。此类强制规范针对缔约资格、合同标的，禁止缔结特定类型交易的规则，事关合同的有效成立。结合《对外贸易法》第16条，维护国家安全、社会公共利益或者公共道德构成限制或禁止进出口的重要原因。由于属于立法上的绝对禁止（absolute prohibition），禁止技术进出口的规范，无论出于维护国家利益、人民的身心健康还是制裁目标国的意图，作为一国实体法层面的效力性强制性规定，都不得由当事人通过选择外国法的方式排除，构成直接适用法。

从比较法的角度，针对技术进出口的禁令由一国强制实施，甚至具有域外效力。大量的美国贸易禁令不仅针对无论身处何地的美国自然人或法人，还采用产品和技术来源的特殊国籍原则以及公司控制关系的控制原则来扩展本国法的域外效力。2004年修订的美国1979年《出口管理法》（*Export Administration Act*）第6条第1款规定，出于增进美国的外交政策或实现国际义务的必要，总统可以禁止或削减位于美国管辖或由美国管辖的任何人进行的任何货物、技术或信息的出口。此处的美国人是指除居住在美国境外且没有受雇美国人的所有美国居民或国民；总统规章决定的、包括外国企业在本国永久设立在内的任何国内企业（domestic concern）及事实上控制的包括永久在外国

---

① 参见《技术进出口管理条例》第9条、32条。

设立的外国关联和附属。① 可见，此种禁令适用的对象并非传统属地或属人乃至效果原则的范畴②，而是基于技术的来源、母公司的国籍等联系。③ 历史上，美国曾利用巴黎统筹委员会（Coordinating Committee for Export to Communist Countries，CoCom）对社会主义国家施加出口管制。④ 我国坚持属地主义的做法，对具有域外效力的禁令一直持反对态度⑤，但这不影响其在该制定国看来具有直接适用法的资格。

三 技术进出口合同的登记许可的直接适用法分析

国际技术转让需要通过合同加以实施。一国政府对技术进出口控制或管理的直接方式是实行登记许可制度。此类外贸限制可以出于经济、健康、军事战略、对外政策以及保护濒危物种和文化财产等多种目的。⑥ 具体而言，对技术进出口的管理可以分为审批制、登记制以及许可证制。我国曾长期实行技术进出口合同审批制，原《技术引进

---

① 美国经济制裁的域外管辖标准及引发的争议，参见杜涛《美国单边域外经济制裁的国际法效力问题探讨》，《湖南社会科学》2010年第2期。Mercedeh Azeredo da Silveira, *Trade Sanctions and International Sales: An Inquiry into International Arbitration and Commercial Litigation*, Kluwer Law International, 2014, pp. 17 – 19.

② 美国《第三次对外关系法重述》第402条规定，除第403条外，一国对以下情况拥有立法管辖权：（1）行为之全部或实质部分发生在该国境内，或人之身份或物上利益存在于该国境内，或行为发生在该国境外，但已经或意图在境内发生实质效果；（2）国民在国内外的行为、利益、身份或关系；（3）非本国国民在该国境外针对该国安全或有限类别的其他国家利益的行为。

③ 参见张利民《经济行政法的域外效力》，法律出版社2008年版，第114—124页。

④ 虽然《巴统协定》在冷战结束后寿终正寝，但1996年通过的《瓦森纳协定》继续游走于世贸组织规则的边缘，成为欧美国家对中国进行高新技术贸易禁运的依据。

⑤ 此种域外措施难以被我国接受，比如近期美国国务院根据《伊朗、朝鲜和叙利亚防扩散法》以违反防止大规模杀伤性武器扩散机制为由对我国的当事人实施单边制裁，参见《美国再因伊朗导弹问题制裁中国公司和个人》，http://news.cyol.com/content/2017-03/25/content_15815001.htm。我国企业遭受制裁的概况，参见王淑敏《国际投资中的次级制裁问题研究——以乌克兰危机引发的对俄制裁为切入点》，《法商研究》2015年第1期。

⑥ See Kerstin Ann-Susann Schäfer, *Application of Mandatory Rules in the Private International Law of Contracts*, Peter Lang, 2010, pp. 120 – 121.

合同管理条例》规定所有的技术进出口合同必须经过政府机关的批准方能生效。根据现行《对外贸易法》以及《技术进出口管理条例》，技术进出口合同的审批制已被自由进出口技术的登记制和限制进出口技术的许可制取代，以下分别探讨两种制度与直接适用法的关系。

（一）自由进出口技术的登记制与直接适用法

技术进出口的登记管理制是指当事人须就已签订的技术进出口合同到特定政府部门办理登记手续的制度。《对外贸易法》第 15 条第 3 款规定，进出口属于自由进出口的技术，应当向国务院对外贸易主管部门或者其委托的机构办理合同备案登记。《技术进出口管理条例》进一步明确，自由进出口的技术实行网上在线登记管理。

自由进出口的技术转让合同自依法成立时生效，不以登记为生效要件。[①] 只要经营人提供法定登记须提交的材料，主管部门就应当予以登记，并颁发《技术进出口合同登记证》，无须审查合同的实质内容。《合同法》第 44 条规定，除法律、行政法规规定应当办理批准、登记等手续生效的，依法成立的合同自成立时生效。技术进出口合同中的登记程序并不属于此种登记手续，而与房屋买卖合同履行中的过户登记类似，只关注标的处分，不影响合同的有效成立。虽然自由进出口的技术合同不以登记为生效要件，但不经过登记，经营人无法取得技术进出口合同登记证，不能办理外汇、银行、税务、海关手续。因此，登记制不表现为政府对技术进出口的直接控制，却在事实上决定着合同能否履行。然而履行与否对当事人权利义务的影响只能由合同准据法决定，从而根据具体情形发生不可抗力免责或违约的后果。由此说明此类规范不构成《合同法》第 52 条第 5 项的效力性强制性规定，无须直接适用。

（二）限制进出口技术的许可制与直接适用法

出于国家重大经济或安全利益的考虑，政府可以通过要求技术进出口以取得特定政府部门许可的方式来施加控制。根据《对外贸易

[①] 参见《技术进出口管理条例》第 17 条、39 条。

法》第 19 条的规定，对限制进口或者出口的技术，实行许可证管理。《技术进出口管理条例》第 10 条、33 条进一步明确，未经许可，此类限制进出口的技术不得进出口。

不难看出，许可制与登记制的区别在于是否构成合同的生效要件。《技术进出口管理条例》规定，技术进口经营人在向贸易主管部门提出技术进口申请时，可以一并提交已签订的技术进口合同的副本及其附件，即进口经营人在主管部门发给技术进口许可意愿书之前可以签订合同；而出口经营人只有在取得技术出口许可意向书后方可签订合同。无论何种情形，技术进出口合同都自许可证颁发之日起生效。[①] 可见，许可证直接关系到合同是否有效成立，其构成合同的生效要件，这与决定已生效的合同能否顺利履行的登记制显然不同。从国际私法的角度，许可要求以往被认为构成潜在的直接适用法，作为直接适用法判断标准的公益要求正是设置此种行政许可的原因所在。

不过，许可要求能否直接适用最终取决于私法层面的考虑。程序性管制违反的后果应存在一定的弹性，多认为此时合同效力未定（schwebend unwirksam），存在补正效力的空间。[②] 更何况有时当事人没有逃避许可要求的适用，而是希望在合同中做出安排，从而妥善解决此类规范的违反对合同效力的影响。如进出口需要申领许可证，即使当事人选择了另一国的法律，没有获得许可证的技术仍不得进出口。但当事人可以通过使用特定的贸易术语或其他的方式约定由一方申请，如承担申请许可证义务的当事人实际未能取得，除非嗣后出现的如审批机关实质加大获得许可难度等情势变化构成不可抗力、合同落空之类的免责事由，否则构成违约。在英国法上，如果合同条款不包括受制于许可证、配额或其他类似的用语，即发生需要申请许可证或配额的一方承担申请的绝对义务还是仅需要尽

[①] 参见《技术进出口管理条例》第 16 条、38 条。
[②] 参见苏永钦《寻找新民法》，北京大学出版社 2012 年版，第 298—307 页。

充分勤勉义务从而采取所有合理步骤获取的问题。一旦负担构成绝对义务，只要最终未能申领，即构成违约；如仅负担勤勉义务，则在证明其合理谨慎履行申请义务的情况下尚有可能借助合同落空规则免责。①

反之，如果技术进出口合同的当事人明知存在上述许可要求却试图不经批准履约，则合同无效。② 合理的解释是，双方当事人如在缔约时有意避开申请许可证的义务而通过走私等非法途径履行或骗取主管部门的批准，则基于严重违反立法意图的缘由可以否定合同的效力。③ 此时，即便存在上述损失分担的合同安排，也因目的不法而不予支持。故法律更注重惩治当事人通谋违反强行法的恶意，一方不知道亦未参与此种违法活动，合同机制应该予以维护。

四　限制性商业条款使用禁止的直接适用法分析

技术进出口合同中的限制性商业条款是指国际技术转让的让与人对受让人施加的法律法规所禁止的、对受让人进行不合理限制或影响市场竞争的条款。④ 发达国家主张凡是构成或导致市场垄断、妨碍商业竞争的条款即为限制性商业条款；发展中国家则认为不利于或妨碍经济发展的条款是限制性商业条款。⑤ 在1985年《国际技术转让行动守则》的制定过程中，各国就此类条款是否需要直接适用发生激烈

---

① See Carole Murray, et al., *Schmitthoff's Export Trade: The Law and Practice of International Trade*, Sweet & Maxwell, 2007, pp. 128－129.

② 德国理论和实践存在适用《德国民法典》第134条违反法律禁止还是138条违反善良风俗的争议。参见汤文平《德国法上的批准生效合同研究》，《清华法学》2010年第6期。

③ Jürgen Basedow, The Law of Open Societies: Private Ordering and Public Regulation of International Relations, *Recueil des Cours*, Vol. 360, (2012), p. 326.

④ 参见张建军《技术进口合同中限制性条款与滥用知识产权条款之辨析》，《知识产权》2014年第3期。

⑤ 参见余劲松、吴志攀《国际经济法》，北京大学出版社、高等教育出版社2006年版，第131页。

争议，最终未能达成一致。① 我国更加关注技术进口合同当中的限制性商业条款。此类禁止规定旨在维护我国受让人的利益，立场上带有倾向性，是否构成直接适用法需要特别分析。

首先，禁止使用限制性商业条款的规定是否构成直接适用法涉及许可制与审批制的区别。许可证管理下的技术进口合同的审查仅仅限于贸易审查、技术审查以及真实性审查，注重合同的订立对国家安全、社会公众利益的影响；而审批制的一大重点是合法性审查，即合同当事人的交易条件是否合法。原《技术引进合同管理条例》第9条规定，供方不得强使受方接受不合理的限制性要求；未经审批机关的特别批准，合同不得含有限制性条款。反之，《技术进出口管理条例》不要求审批机关批准，这意味着技术进口合同的真实性审查在于查明是否存在假借订立合同进行洗钱、骗汇、逃税、走私等危害社会秩序的不法活动，而不甚关注合同本身的公平与否。这说明随着我国改革开放的纵深发展，强制规范制定的背景和国情发生变化，影响直接适用法的判断。② 由此，即便许可制构成直接适用法，也不代表禁止使用限制性商业条款的规定可以直接适用。

其次，是否构成直接适用法也与对规范性质的认识有关。《技术进出口管理条例》取消了由行政机关认定限制性条款是否可以接受的权限。自由进口技术合同只需采用登记制，登记机关不可审查实质条款，当然不能以合同含有限制性条款为由拒绝登记；限制进口技术的合同采取许可制，不涉及合同交易条件是否公平合理，贸易主管机关无权干预具体商业条款的拟定。目前，虽然《对外贸易法》第30条规定了权利人阻止被许可人对许可合同的知识产权有效性提出置疑、进行强制一揽子许可、规定排他性返授且危害到对外贸易公平竞争秩

---

① 中方代表提议，技术转让交易的当事人可以共同选择合同适用的法律，但这不阻碍任何与当事人或交易有实质联系的国家法律体系中不能通过合意选择排除的规则的适用。参见邵景春《国际合同法律适用论》，北京大学出版社1997年版，第428页。

② 参见王立武《国际私法的强制性规则适用制度研究》，中国人民大学出版社2015年版，第351页。

序时，贸易主管机关可以采取措施消除危害，但这并非赋予其全面审查合同条款的权力。如果当事人对限制性条款产生争议，只能提起民事诉讼维护自身的权益，不能请求行政处理。由此看来，《技术进出口管理条例》对限制性商业行为的禁止规定更接近于私法上的强制性条款，即在此类条款的删除不影响合同其他部分履行的情况下仍可维持合同的效力[①]，区别于《合同法》第52条第5项意义的能够导致合同无效的强制性规定，原则上无直接适用的必要。

《反垄断法》的出台改变了限制性商业条款只能被动地由当事人主张司法救济而不得主动干预的状况。该法第55条规定，经营者依照有关知识产权的法律、行政法规规定行使知识产权的行为，不适用反垄断法；但经营者滥用知识产权，排除、限制竞争的行为应当适用。经营者滥用知识产权主要表现为滥用市场支配地位，这突出表现为没有正当理由搭售商品，或者在交易时附加其他不合理的交易条件。由于《反垄断法》对滥用知识产权扰乱市场的规定过于笼统，而《技术进出口管理条例》当中的限制性条款正是对《反垄断法》附加不合理交易条件的细化，在实施细则出台之前，反垄断执法机构在执法时可以准用《技术进出口管理条例》的相关条文，因此上述规定事实上具有公法性的一面。再结合《反垄断法》第2条确定的效力范围，如认为技术进口合同当中的限制性商业条款不仅损害一方当事人的利益，还能对该领域的整体竞争秩序产生重大影响，进而根据《合同法》第52条第5项发生自始、绝对、当然无效的后果，则构成直接适用法制度作用的对象。

五 小结

基于以上分析，可以得出如下认识：随着《法律适用法》的通过和《〈法律适用法〉解释（一）》的出台，国际贸易特别是技术进出

[①] See Richard Stone, *The Modern Law of Contract*, 8th ed., Routledge – Cavendish, 2009, p. 525.

口领域的管制措施有可能构成直接适用法。具体而言，关于技术进出口合同的缔约资质，2004年修订的《对外贸易法》放开了外贸专营权的限制，现行法对缔约人的执业或备案登记要求都不影响合同的有效成立，无直接适用价值。禁止技术进出口的对象构成实体法层面的效力性强制性规定，应该直接适用。至于登记和许可要求，前者只关乎合同的履行，不影响合同效力，宜由准据法支配；后者虽然构成合同的生效要件，但当事人可以对申请许可的义务做出安排。只有在当事人试图不经许可擅自实施技术进出口合同的情况下才存在直接适用的空间。最后，就禁止在技术进口合同中使用限制性商业条款的规定而言，由于其旨在平衡交易者之间的利益，而且行政机关在许可登记时无须加以审查，原则上不构成直接适用法。但如果对整体的竞争秩序产生严重影响，从而需要援用《合同法》第52条第5项使之无效的，应直接适用。

第二节 直接适用法在国际金融领域的分布

国际金融领域中的直接适用法主要体现在对未审批的对外担保合同的处置当中。在实体法上，根据1996年《外汇管理条例》第24条，对外担保人[①]需向外汇管理部门履行报批义务。同年《境内机构对外担保管理办法》第17条认为未批准擅自出具对外担保无效[②]，此种看法在《合同法》颁布后也未改变。基于此种实体法态度，在国际私法上，多认为审批规定构成直接适用法，即无论准据法如何都要适用，从而排除当事人约定的域外法。此种适用法逻辑值得商榷。对外担保审批要求不得约定排除，但该公法义务构成担保人对债权人

[①] 对外担保的定义，参见原《关于境内机构对外担保管理问题的通知》。
[②] 已批准但事后未登记的外汇担保合同将因为无法购汇发生履行困难，见《境内机构对外担保管理办法实施细则》第42条。但《外债管理暂行办法》第21条规定，国际商业贷款借款合同或担保合同须经登记后方能生效，故未经审批担保合同效力的论述也适用之。

承担的履行合同义务之一，不履行即构成违约。① 本节从我国的实际争议出发，重点分析《合同法》第 52 条第 5 项和第 44 条第 2 款的关系，并结合我国的国际私法立法，从实体法和冲突法的角度重构未经审批对外担保合同的法律适用，以明确直接适用法在该领域存在的范围。

一 未经审批的对外担保合同效力的实践争议

南洋银行诉国企公司担保纠纷抗诉案②集中反映了未经审批的对外担保合同的效力争议。该案的内地非金融企业未能履行向香港南洋银行作出的担保承诺。由于对外担保合同未经外汇管理部门审批，原审北京市第一中级人民法院以《外汇管理条例》第 24 条为依据，以提供对外担保须经外汇管理机关批准为由认定合同无效。由于内地法人对合同无效承担主要责任，故对南洋银行不能实现的债权承担全部的赔偿责任。二审法院以相同的法律依据得出合同未生效的结论，从而以没有生效的合同不具有约束力为由判决内地法人不承担任何责任。

此案经检察院抗诉由北京市高级人民法院再审，最终法院援用一审期间颁布的《〈担保法〉解释》第 6 条认定合同无效，从而以南洋银行和内地法人都有过错③为由判令内地法人承担相应的担保责任。值得注意的是，北京市人民检察院在提请最高检抗诉的理由中认为，合同效力的判断应以法律、行政法规为依据。对外担保合同违反作为行政法规强制性规定的《外汇管理条例》中的审批要求而无效，二

---

① 以外贸许可证为例，货物的进出口需要申领进出口许可证，没有获得许可证的货物不得进出口。许可证的要求固然构成强制性规定，但大多数情况下不影响合同的效力，而只关系到合同的履行。在当事人根据合同的要求有义务获得进口或出口许可证但未获得，此时一般构成违约。

② 参见王鸿翼《人民检察院民事行政抗诉案例选》，中国检察出版社 2010 年版，第 40 页。

③ 作为内地企业的国企公司，在应该知道我国对外担保法律的情况下仍违反，即每月对外担保资质且未经审批提供对外担保，而南洋银行在约定适用中国法的情况下，没有尽到应尽的注意义务。

审法院认定合同未生效系属适用法律错误。

二 未经审批的对外担保合同效力的法律适用

(一)《合同法》第 52 条第 5 项对未经审批对外担保的适用

南洋银行案没有明确援引《合同法》,但有关合同是否无效的争议与之密切相关。再审裁判显然以《合同法》第 52 条第 5 项"违反法律、行政法规的强制性规定的合同无效"为依据。《外汇管理条例》第 24 条是行政法规中的强制性规定,结合《合同法》第 52 条第 5 项这一转介条款足以导致合同无效,更何况《〈担保法〉解释》在实践中具有法律的地位。[①]

这一法律适用的逻辑推论存在法理上的障碍。要求审批的程序性规定不属于《合同法》第 52 条第 5 项能导致合同自始、当然、绝对无效的强制性规定。作为法律行为效力判断标准的效力性强制性规定只能是禁止规范。强制性规定可划分为义务规范和禁止规范[②],前者为法定主体必须积极履行的义务,后者则不得为之。合同法的义务规范多表现为当事人缔结、履行合同必须完成的义务,而禁止规范则多针对缔约主体资格、合同标的以及履行方式。禁止规范,尤其禁止缔结某种类型合同的规则,事关合同的有效成立。实体法上违反禁止规范会导致合同无效,它的适用不由准据法决定,存在直接适用的空间;对于义务规范,事关当事人需履行的义务,此类公法义务的不履行不仅会导致该方遭受公法处罚,还要向对方当事人承担违约责任。

[①] 由于明确认定无效后果的《境内机构对外担保管理办法》不具有法律法规的地位,该解释制定时,学界对未经审批的对外担保合同效力发生争议。最高人民法院认为对外担保管理构成我国的社会公共利益,出于此种需要将之上升到法律的地位。

[②] 参见许中缘《禁止性规范对民事法律行为效力的影响》,《法学》2010 年第 5 期。又有观点认为,由于合同无效作为用于辅助实现公法目的的私法制裁,效力性和管理性强制性规定只能是对许为规范所作的区分。相反,那些规定行为能力要件的能为规范虽然也是强制性的,却不属于此种区分的范畴。参见姚明斌《"效力性"强制规范裁判之考察与检讨——以〈合同法解释二〉第 14 条的实务进展为中心》,《中外法学》2016 年第 5 期。

在国际私法上，此种义务是否适当履行只能由准据法判定。总之，如当事人具有从事某种交易的主体资格，即审批之类的程序性强制规范不存在于一般禁止的合同类型中，不因义务方未履行报批义务而导致合同无效。

《合同法》第52条第5项的强制性规定存在解释争议。《〈合同法〉解释（二）》虽然提出了效力性强制性规定的概念，但没有清晰地将之限于禁止规范。从实质的角度，区分效力性和管理性强制性规定在于综合考察法律意图、交易稳定及对当事人的影响，但在形式上那些其违反将导致合同无效或不成立的规定足以构成效力性强制性规定的终局标准①，上述判断只有在立法未明确合同效力时才适用。作为部委规章的《境内机构对外担保管理办法》不满足《合同法》第52条第5项中的法律位阶要求，但完全可将该办法第17条作为《外汇管理条例》第24条发生私法效果的解释，再加上《〈担保法〉解释》可以作为法律适用，审批的对外担保合同根据此种法律适用的思路未注定无效。

（二）《合同法》第44条第2款对未经审批对外担保的适用

在历史上，原《涉外经济合同法》第7条第2款规定，我国法律、行政法规规定应当由国家批准的合同，获得批准时，方为合同成立。该法第9条规定，违反中国法律或者社会公共利益的合同无效。这暗含合同未获得批准与合同无效不是同一问题。②《合同法》第44条第2款认为，法律、行政法规规定合同应办理批准、登记等手续才生效的，依照其规定。《〈合同法〉解释（一）》第9条对一审法庭辩论终结前仍未办理批准的合同解释为未生效的合同，即未经审批前并非绝对无效，而是生效问题视有权机关是否审批而定。因此从效力状态看，此类未经审批的合同处于已有效成立但未生效的阶段。上述规定仍有不足，未生效仅是合同效力暂存的中间阶段，不构成一项独立

---

① 王利明：《论无效合同的判断标准》，《法律适用》2012年第7期。
② 将所需的批准视为合同成立要件的做法值得商榷。

的合同类型。对于法院审理过程中出现的未生效合同，如认定无效，则产生缔约过失责任，不免对善意当事人不利，尤其在合同约定或依照法律规定报批义务由一方履行而其故意不履行的情形。

由于上述争议的存在，《〈合同法〉解释（一）》第8条重作解释。有义务申请批准的当事人未按照法律或合同要求申请属于《合同法》第42条第3项中的其他违背诚实信用原则的行为，需要承担缔约过失责任。此外，法院可判决相对人自己办理报批手续并由对方承担费用从而使合同生效。该条认为报批义务系先合同义务，将合同未生效视为无效或不成立，却同时又判决承担履行责任，不仅缺乏法理支持，更与现行法的规定相悖。① 这反映了法院避免对未经审批的合同进行定性的谨慎态度，一方面认为故意不履行报批义务从而使本可生效的合同未生效的当事人有违诚信，故允许对方代为履行；另一方面又不得不顾及52条第5项认为合同违法即无效的规定，避免作有效认定。由此未审批合同之效力及后果仍悬而未决。

三 未经审批的对外担保法律适用的重构

（一）实体法：正确处理《合同法》第52条第5项与第44条第2款的关系

两方当事人、合同标的以及意思表示一致构成合同成立要件，而缔约能力、合同标的物的确定可能、不违反公益在内的适法性问题以及意思表示真实为合同有效要件。与合同的成立要件接近事实判断不同，有效要件更体现为法律价值的判断。已成立但不满足有效要件的合同存在效力瑕疵，表现为无效、效力待定或可撤销。故《合同法》第52条认定合同无效是对已成立合同的评判，在适用顺序上先于《合同法》第44条对生效的特别规定。第44条原则上认为依法成立的合同自成立时生效，准确地说生效为有效合同的效力阶段。普通合

---

① 参见刘训峰《论报批义务在经审批生效合同中的独立性》，《东南大学学报（哲学社会科学版）》2011年第6期。

同满足有效要件时即生效,但对《合同法》第 44 条第 2 款要求办理批准等手续或第 45 条规定当事人约定生效条件的合同则在满足上述法定、意定要求时生效。

从效力类型看,有效成立但未生效是有效的情形。必须区分未生效与效力待定的合同,对依法需要办理审批的合同,在批准前可以说是效力有待审批机关确定。与效力待定是指有效与否尚未确定不同,未生效是指是否生效有待未来情势而定。效力待定的合同在有权主体追认前没有约束力,未追认即归于无效;那些须经审批的未生效合同在审批前仍具有法定约束力,有义务报批方如不善意、谨慎地履行报批义务则要承担违约责任。违反报批义务发生的责任不能与合同生效后的实际履行效果相同,但此时的损害赔偿责任应系违约性质。

只有在特殊情况出现时,《合同法》第 52 条第 5 项和第 44 条第 2 款才存在关联。在德国法,若当事人明知批准的必要性却试图不经批准而实施合同,则合同无效,只是存在适用《德国民法典》第 134 条违反法律禁止还是第 138 条违反善良风俗的争议。① 合理的解释是,如当事人有意避开审批义务而履行或为追求不法目的骗取批准,则审批要求这一义务规范会因其立法意图遭到严重违反而具有《合同法》第 52 条下禁止规范的效力。此时法律更注重惩治当事人通谋违法的恶意,如一方不知道亦未参与此种违法性活动,则合同机制应得以维护。

就我国的对外担保审批而言,只有在当事人共谋违反我国外汇管制法时,如不通过报批获得用汇额度,而是通过黑市等不法途径获得外汇并非法转移至境外;或者对外担保非基于真实商业需要而意图骗得外汇或用于跨国洗钱,因为不法意图的存在,对外担保人不履行外汇审批义务才构成《合同法》第 52 条第 5 项的违反。如担保人故意不履行报批义务构成担保合同实际履行即给付外币的法律障碍,而由当事人造成的履行障碍不构成未履约的合理抗辩和免责事由,不发生

---

① 参见汤文平《德国法上的批准生效合同研究》,《清华法学》2010 年第 6 期。

不可抗力或情事变更的效果。如果担保人善意履行报批义务，而审批机关因维护外汇收支平衡乃至金融稳定的需要未作出批准，则仍有必要用本币替代履行，以尽量维护担保合同的效力。若因担保人的阻挠而未获批准，虽因批准要件系法定要求不可适用约定生效要件的《合同法》第 45 条第 2 款认定为条件成就而实际履行，但在损害赔偿方面应参照履行利益之违约责任，达到等同的效果。①

此种观点同样反映在国际贸易支付下的外汇管制效果。2010 年《国际商事合同通则》第 6.1.9 条"货币支付"第 2 款②对因外汇管制造成的支付不能作了规定，如果债务人不能以金钱债务表示的货币支付，债权人可以要求以支付地的货币支付，即使当事人特别约定只能以金钱债务表示的货币履行。该款的评注认为，债务人不能支付的情况包括因外汇管制或其他强制规范适用的后果。在通则看来，合同不会因此而无效，而是通过规定替代履行的方式尽可能地维护交易机制。不仅如此，此种选择权还不影响债权人因债务人的不履行行使包括损害赔偿在内的其他救济。类似的是，迪亚蒙认为，对于金钱债务而言，在没有批准的情况下不允许本国人对外支付的外汇管制法构成需特别考虑履行地法的重要情形，这不意味着债务人因履行地存在此种规定而必然免除支付义务。当外汇管制在合同订立时即已经存在，而该国当事人不顾审批要求订立合同，则仍要通过损害赔偿的方式承担违约责任。③

（二）冲突法：明确对外担保审批要求与直接适用法的关系

从涉外民事法律适用的角度，在《法律适用法》颁布以前，中国

---

① 参见汤文平《批准（登记）生效合同、申请义务与缔约过失》，《中外法学》2011 年第 2 期。

② 第 1 款规定，如果当事人约定使用支付地之外的货币支付，除非支付地的货币不能自由兑换、当事人特别约定只能以金钱债务表示的货币履行，债务人可以支付地的货币支付。

③ A. L. Diamond, Harmonization of Private International Law Relating to Contractual Obligations, *Recueil des Cours*, Vol. 199, (1986), pp. 295 – 296.

银行（香港）诉铜川鑫光担保纠纷上诉案即认定对外担保审批规定具有超越当事人选择的域外法适用的效力。而《法律适用法》的颁布更昭示了对外担保审批规定的直接适用法资格，从而普遍认为应替代公共秩序保留或法律规避禁止制度成为此类案件处理的依据。[①]《〈法律适用法〉解释（一）》第10条将外汇管制等金融安全视为维护我国公益的直接适用法发生的重要情形。

然而上述对直接适用法范围的解释很难获得域外承认。[②] 虽然根据国际私法一国对本国人施加公法义务无可非议，但不能以本国人不履行公法义务为由一概否认跨国交易合同的效力。将直接适用法的范围扩大到为其他国家不容的地步违反国际礼让，并加剧挑选法院现象的发生。合理的解释是在不明显违反一国强制性规定立法意愿的情况下，在实践中尽可能限定直接适用法的范围。除当事人通谋违法实施合同之外，不难发现未经审批的对外担保合同原则上不适用《合同法》第52条第5项的规定。由于《合同法》第44条第2款不影响依法成立合同的有效性以及在担保人不履行报批义务时违约责任的承担，难以构成直接适用法，完全可以将是否构成履行不能放在准据法下予以考虑，无须破坏冲突规范的作用机制。

此外，直接适用法针对的是个别条文，即某个强制性规定适用于案件中具体的争议点，而除此之外仍适用准据法。看似完美地分割（*dépecage*），却会发生意想不到的结果。如对外担保的当事人选择适用中国法，则担保合同虽因为未经审批而无效，司法实践中债权人通常可以向保证人主张债务人不能清偿债务的一部分，有时甚至可以从

[①] 原最高人民法院民四庭刘贵祥庭长认为，该规定可以排除当事人关于准据法约定的适用，直接适用我国外汇管理条例认定担保无效。参见刘贵祥《关于涉外商事审判机制与法律适用的几个问题》，http：//www.ccmt.org.cn/showexplore.php?id=4146.

[②] Kleinwort Sons & Co. v. Ungarische Baumwolle Industrie, [1939] 2 KB 678 (CA). 英国法院不承认仅仅作为债务人住所地法的匈牙利外汇管制法的适用。

保证人处完全实现债务人所欠之债务。① 但如果担保合同约定适用域外法，则合同因违反审批这一外汇管制的强制性规定的直接适用而依然无效，但无效的后果根据域外法是决然不能从保证人处实现债务人不能清偿的债务。此种特殊的责任形态虽非合同有效时承担的违约责任，却也不同于一般意义上的缔约过失责任，在通过公共秩序保留或法律规避禁止制度排除域外法的情况下能够作为法院地法而得以适用。然而在直接适用法制度确立的背景下，此种规定如何适用却存在争议。②

反而由合同准据法赋予审批规定以私法效力能够实现公平正义。审批要求是公法上的强制规范，不为合同约定排除，但不能说当事人不能作出安排。仍以当事人常选择香港法的实践为例，担保合同经常包含担保人应根据内地法提请审批的保证（Warranty）条款③，这说明当事人希望报批义务由担保人完成。由于担保人导致合同不生效并发生给付外币之履行困难，不影响其就保证条款向债权人承担继续报批的义务或给付人民币作为损害赔偿的违约责任。毕竟之所以将对外担保纳入外汇监管的范畴，是因为这可能会产生外债，从而影响国家的外汇收支平衡。根据《外债统计监测暂行规定》第3条，外债是指中国境内的机关、团体、企业、事业单位、金融机构或者其他机构对

---

① 《〈担保法〉解释》第7条规定，在主合同有效时，担保人和债权人对担保无效都有过错，则担保人承担不能清偿部分的二分之一，如债权人没有过错，则担保人须与债务人承担连带责任。关于未能审批的对外担保合同，实践中多认为担保人和债权人都存在过错。但个别案例认为只有担保人存在过错，须承担全部的连带清偿责任。（1998）粤法经二初字第14号判决书（被［2001］民四终字第14号判决书推翻）、（2000）粤法经二初字第14号判决书。

② 对于合同无效的后果，法院本应尽可能尊重意思自治，适用当事人选择的合同准据法即香港法。参见肖永平、张弛《论中国〈法律适用法〉中的"强制性规定"》，《华东政法大学学报》2015年第2期。第六章第一节有详细的分析。

③ 如合同约定，保证人将负责按照中国有关法律的规定，向中国有关外汇管理部门办理对外担保审批及或登记手续，债权人没有责任督促保证人按规定向有关外汇管理部门办理对外担保审批及或登记手续。若保证人未办妥审批及或登记手续，保证人仍须对债务人的所有债务承担连带保证责任。（2009）穗中法民四初字第36号判决书。

中国境外的国际金融组织、外国政府、金融机构、企业或者其他机构用外国货币承担的具有契约性偿还义务的全部债务，故境外机构向境内机构出借其在中国境内拥有的人民币资金不发生外债①，境内机构为此类债务的偿还提供担保不属于需要审批的对外担保。同样，当担保人故意不履行报批义务时，也可以考虑判令其使用人民币清偿。

在个别情况下，由于当事人对内地审批要求的共同认识错误导致合同自始不能②，会依普通法发生解除的后果。即使当事人试图绕过审批要求而不法实施合同，也不尽然要援引《法律适用法》第 4 条赋予《合同法》第 52 条第 5 项以直接适用法的效力。普通法将维护与"友好国家"的关系视为特殊公共政策，如合同当事人有意违反，即以侵犯公共政策为由不予执行。③ 我国香港法院在审理任运良案时基于上述公共政策肯定了内地管制规范在私法层面上的适用资格。④ 故正确理解普通法的规则，同样可达到否定合同效力的后果，不必援引《法律适用法》第 4 条。

四 未经审批的对外担保法律适用的发展

国家外汇管理局在 2001 年《关于转发和执行最高人民法院关于适用〈中华人民共和国担保法〉若干问题的解释的通知》中将违规提供对外担保区分为实质性违规和程序性违规。前者指担保人的对外担保应当经外汇管理局批准，但担保人在签订担保合同前未经批准；后者则是担保人的担保行为经过批准或无须批准，但事后未按规定到

---

① （2003）粤高法民四终字第 112 号判决书对此没有作出区分，值得商榷。

② Jan Albert (H. K.) v. Shu Kong Garment Factory, HCA004434/1986.

③ Foster v. Driscoll, [1929] 1 KB 470 (CA), Regazzoni v. K. C. Sethia (1944) Ltd., [1958] AC 301 (HL).

④ 在冲突法上，内地法被视为"域外法"的范畴，故公共政策规则可以用来处理香港地区和祖国内地之间的关系。Ren Yun Liang & Ors. v. China Merchants Bank Company Limited & Ors, HCA2005/1456. 丹宁勋爵在 Regazzoni 案一审中将英国和其他英联邦成员的关系视为友好国家的具体情形。Regazzoni v. K. C. Sethia (1944) Ltd., [1956] 2 QB 490 (CA).

外汇管理局办理登记手续。虽然二者都会导致合同无效，但这表明未经审批不单纯是程序上的缺失，而往往是不满足获得审批所需要的实质要件。为深化境内机构提供对外担保管理的改革，支持境内机构参与国际金融合作，国家外汇管理局在 2010 年下发的《关于境内机构对外担保管理问题的通知》大幅缩小了对外担保审批的范围，进而在国际私法层面压缩直接适用法存在的空间。凡此种种，有必要对未经审批的对外担保合同的效力作进一步思考。结合实体法对转介条款的解释标准，根据提供对外担保主体的不同，以下从银行及非银行金融机构和企业两方面①展开讨论。

（一）银行提供的对外担保

对于银行提供对外担保而言，由于实行余额管理安排，故无须逐笔核准，其提供的对外担保不存在未审批无效的问题。② 此时，我国银行签订的对外担保合同尚存在的可能因违反外汇管制规定而无效的情形如下：

1. 对外担保业务经营资格的缺失

从实践发生的角度，此情况不多见。一则我国银行业实现严格的准入制度，银行在提供服务时也会关注经营中存在的法律风险；二则债权人往往会要求债务人提供信用良好、具有资质的银行提供担保。一旦出现银行不具有对外担保经营资格的情况，应该准用非银行金融机构或其他企业的担保要求，即采用逐笔核准的方式。同时考虑善意债权人信赖利益的保护，不应该以不具有对外担保资质而认为合同一

---

① 考虑到《境内机构对外担保管理办法》第 2 条将对外担保的主体范围限于中国境内机构，关于自然人提供的未经审批的对外担保合同的效力，各地法院的判决不一致。《最高人民法院关于交通银行香港分行与港云基业有限公司、云浮市人民政府等借款担保合同纠纷上诉一案〈承诺函〉是否构成担保问题的请示的复函》认为，境内公民个人向境外债权人提供的担保，若存在《〈担保法〉解释》第 6 条规定之情况，应依法认定为无效，但仍未明确个人对外担保的资格，故不予以探讨。

② 具体而言，对提供融资性对外担保，银行仍需要申请对外担保余额指标。但在国家外汇管理局核定的指标内，银行可自行提供对外担保，无须逐笔申请核准，合同不以备案为生效要件；而非融资性对外担保，不受指标控制。

概无效，从而在当事人选择域外法时，较少求助于直接适用法制度。

2. 提供对外担保指标的超出

银行超出指标擅自提供融资性对外担保的，应按照《境内机构对外担保管理办法》等规定处理，这不宜理解为此类担保合同一概无效。备案的作用类似于统计需要的登记，不应影响合同的效力。此处超出指标擅自提供对外担保，并非不能顺利备案对合同效力的影响，而是超出指标的担保行为所发生的私法效果。指标管理明显属于单纯的管理性强制规范，作为担保人的银行有多少指标、如何使用指标都不为债权人所知悉，不应该借此破坏正常的交易秩序。

（二）其他企业提供的对外担保

其他企业提供对外担保仍处于逐笔核准的阶段[①]，不审批发生《〈担保法〉解释》规定的合同无效后果。目前司法解释主要规定未经审批、登记的合同一概无效，对此时审批条件的违反与否和当事人主观状态情形则未予以考虑。此种纰漏很可能是基于在正常情况下不满足审批实质要求当然无法获得外汇部门的审批，构成未经审批的情形。然仔细分析这一问题，会得出不同的结论。

1. 审批条件

（1）对担保人的要求

担保人的净资产与总资产的比例原则上不低于15%，外汇管理局为其核定的逐笔核准的对外担保余额不得超过净资产的50%。此种限制为原则上的规定，不排除出现达不到此种比例的担保也会获得批准。

（2）对被担保人的要求

首先，担保人和被担保人须存在股权关系，即被担保人须为担保人按照规定程序在境内外设立、持股或间接持股的企业。该限制将被

---

① 那些对外担保业务笔数较多、内部管理规范的非银行金融机构和企业，其提供对外担保，可参照《关于境内机构对外担保管理问题的通知》规定的程序，以法人为主体向国家外汇管理局申请核定余额指标。

担保人死死限定在同担保人有股权关系的企业当中，此点应特别注意。其次，就被担保人净资产状况和盈利状况，《关于境内机构对外担保管理问题的通知》要求净资产数额应当为正值，原则上最近三年内至少有一年实现盈利。此规定的合理性存疑，被担保人资产和盈利状况，恐怕担保人和债权人都不知，即使存在被担保人的陈述或财务报告也不能保证其真实性。更何况上述违规行为即便存在，也要考虑维护合同关系的稳定性和安全性。

此外，拟提供的对外担保在指标规模、净资产数额以及盈利条件等方面不符合《关于境内机构对外担保管理问题的通知》及相关规定的，应经所在地外汇分局逐笔报国家外汇管理局核准。可见，不满足要求的结果不能一概而论。总之，上述规定的管理性目的强烈，很难反映重大的社会公益。出于利益平衡的考虑，在探讨由此导致对外担保合同不能获得审批时，还应关注当事人的主观状态。

2. 当事人的主观状态

考虑到未经审批的具体情况较多，而担保合同无效的后果往往超出债权人的预期，故以下从债权人的主观状态出发[①]，探讨其对未能审批时的对外担保合同效力认定所产生的影响。

（1）债权人知道我国的对外担保审批规定

在接受我国境内企业提供的担保时，假设谨慎的债权人对我国对外担保的管理规定十分清楚，且担保人和被担保人的指标规模、净资产数额以及盈利条件都满足要求，不存在任何不合法的情况。此时，如果担保人故意不履行报批义务，从利益平衡的角度，单纯担保人不报批的行为有违诚信，此时担保合同应该有效。如果上述担保人和被担保人的指标规模、净资产数额以及盈利条件只是看似满足我国的规定，而实际上是担保人和被担保人向债权人作出虚假陈述或提供不真

---

① 目前实践中的做法对债权人主观状态的要求过于苛刻。在（2010）沪高民二（商）终字第62号判决书中，法院认为债权人应该有义务了解担保人是否具有担保资格以及是否需要有关部门登记；如果手续不完备，则有义务督促担保人补正。

实报告的结果，进而使得该对外担保无法审批通过。此时，无论担保人实际上是否报批，由于债权人并无过错，上述规定无直接适用的必要，可以考虑通过给付人民币替代履行。

在接受我国境内企业提供的担保时，假设债权人知道我国对外担保的管理规定，但对担保人和被担保人的指标规模、净资产数额以及盈利条件是否满足不关心甚至明知，由于对外担保上述条件的不满足而最终未获审批。此时，债权人主观上如不存在故意，也有过失，如果担保人竭尽全力履行报批义务仍未获批，法院可以考虑以直接适用法为由否定选择域外法的对外担保合同的效力。

(2) 债权人不知道我国的对外担保审批规定

假设境外债权人对我国的管理规定不清楚，但接受了债务人提供的一家有财力、知名度较高的我国境内企业的担保，实际上担保人和被担保人的指标规模、净资产数额或者盈利条件不满足我国的规定。此时，如果担保人故意不报批，综合双方当事人的主观状况，对外担保合同有效，不考虑运用直接适用法的问题。如果担保人善意履行了报批义务但因上述条件的不满足而未能获得审批，则对外担保审批规定有直接适用的可能，是否这样做取决于在个案中对善意当事方的信赖利益保护的程度。

五 小结

除对外担保审批外，《外汇管理条例》还规定了境外投资用汇审批、对外贷款审批、资本项目外汇收入保留或售卖审批、资本项目外汇结汇用途审批以及金融机构经营外汇业务审批等一系列的审批制度。此类规定是否构成直接适用法也宜作类似判断。以行政审批为代表的我国国际金融领域的管理规定虽然在今后的一段时间内仍然存在，但其范围却不断在变化，与我国在金融领域对外开放的程度密切相关。特别随着上海等自贸区的建立，以削减审批为特征的外汇管理改革势在必行，这必将减少此类争议在司法实践中的发生。① 然在实体法层面，单纯审批对合同效力的影响难以构成直接适用的理由，这在法理上是不变的。

在本书写作的过程中，国家外汇管理局通过了简化行政审批程序的《跨境担保外汇管理规定》。该规定全面取消了对外担保事前审批要求，所保留的事后登记规定也只服务于国际收支统计的功能，不再作为合同有效性判断的前提，包括《关于转发和执行最高人民法院关于适用〈中华人民共和国担保法〉若干问题的解释的通知》《关于境内机构对外担保管理问题的通知》等一系列的规定业已废止。司法实践已经开始运用这一规定②，认为跨境担保的登记或备案等手续不再作为效力性规定，那些缺乏登记手续的担保合同仅仅受到处罚，而不影响其效力。然而此种做法有矫枉过正之嫌。如前所述，无论审批还是登记都是程序上的要求，合同效力的判定最终要明确该对外担保是否存在实质违法情形以及当事人的主观状态，利用简单公式化的强制规范二分法作为判断标准仍不可取。

最后，当出现涉外情形时，关于担保能力限制的一般规定，如国家机关原则不得作为保证人③，以及学校、幼儿园、医院等以公益为目的的事业单位、社会团体不得为保证人④，不宜交由有关法人行为能力法律适用的规定支配，仍有可能构成直接适用法。

---

① 2015年上报国务院的《进一步推进中国（上海）自由贸易试验区金融开放创新试点加快上海国际金融中心建设方案》要求上海自贸区要率先实现人民币资本项目的可自由兑换。

② 参见《深圳前海法院发布涉自贸区案件典型案例》，《深圳特区报》2016年11月10日，第A11版。

③ 《中华人民共和国担保法》第8条、《民通意见》第106条第2款、《境内机构对外担保管理办法》第4条第2款、《外债管理暂行办法》第21条。

④ 《中华人民共和国担保法》第9条。

第三节　直接适用法在国际投资领域的分布

基于国家主权原则，东道国对外国投资者在本国的投资活动具有无可争辩的管理权，这不仅表现在外国投资者需要在劳工、环境等方面遵循东道国的管制法律，还表现为东道国行政机关对外商投资的领域、比例以及程序等投资设业事项进行直接管控。我国自改革开放以来引进了大量的外资，并颁布了多部监管性法律法规。结合我国的涉外审判实践，本节从外资股权转让的法律适用问题出发，结合晚近我国投资法的发展动向以及中外合作勘探开发自然资源合同，探讨直接适用法在国际投资领域的分布。

一　外资股权转让审批要求与直接使用法

(一) 外资股权转让审批要求的实体法分析

从实体法的角度，为外商投资企业股权转让设置的审批要求包括审查受让人信用和资质、避免非合资化、国家安全、国资保护、防止竞争限制等政策考量。[①] 该要求虽然不构成交易的绝对禁止，但与交易的顺利履行密切相关。以中外合资经营企业合同为例，2001年《中华人民共和国中外合资经营企业法实施条例》第20条规定，合营一方向第三者转让股权的，须经他方同意并报审批机构批准……违反上述规定的转让无效。[②]

转让无效的正常理解是未经审批的股权转让合同无效。如认为这

[①] 参见汤文平《批准生效合同报批义务之违反、请求权方法与评价法学》，《法学研究》2014年第1期。

[②] 另见《外商投资企业投资者股权变更的若干规定》第3条。原《关于适用〈涉外经济合同法〉若干问题的解答》第3条第6项规定，我国法律和行政法规规定应当由国家主管机关批准成立的合同未经批准的，或者其重大变更或权利义务的转让未经原批准机关批准的涉外经济合同应确认无效。典型案件，参见澳门恒和物业等与香港华闽股权转让纠纷案，(2003) 民四终字第19号判决书。

一无效是指不发生股权变动的效果,则不免与我国法不承认物权行为的态度不符。况且外资企业股权转让的审批规定不同于公司股权的转让登记,前者基于国家对外资管理的特殊要求,后者为了维护商事交易安全,满足公示公信要求。即便如此,以未经审批为由一概否认转让合同的效力不尽合理,毕竟外资企业股权转让时的报批义务为交易一方[①]的义务,因其背信弃义不履行并主张合同无效构成有违诚信的恶意抗辩。如获得法院的认可,将损害相对方的合理期待和正常的交易秩序。

(二) 对外资股权转让必须适用中国法的质疑

1974年联合国大会3281号决议通过的《各国经济权利和义务宪章》第2条规定,东道国有权依照其法律和规章管理外资。这是从国际公法层面宣告一国对本国境内的财富、自然资源和经济活动享有永久主权,不表明该领域的私法案件必须一概适用东道国的法律,故需要从国际私法层面加以分析。

对此,《合同法》第126条第2款规定,在中国境内履行的中外合资经营企业合同、中外合作经营企业合同、中外合作勘探开发自然资源合同的适用中国法律。其最早出现于原《涉外经济合同法》第5条第2款当中,被认为反映了国家对中外合资、合营企业的管理权以及对本国自然资源的永久主权。[②] 此后,原《关于适用〈涉外经济合同法〉若干问题的解答》第2条规定当事人就此三类合同选择适用外国法的约定无效。

虽然股权转让审批和企业设立审批在冲突法上的地位并无实质差异,似乎没有必要区别对待,但是基于文义解释可以将上述条款限于三类企业设立合同的法律适用。由此,在《关于审理涉外民事或商事

[①] 包括转让股权的股东以及外资企业两种情况。在外资企业承担报批义务时,转让方应促使外资企业报批。

[②] 参见邵舜年、邵景春《〈中华人民共和国涉外经济合同法〉中的法律适用问题(中)》,《中国法学》1988年第2期。就该条款的演进情况,可参见丁伟《论三类特殊涉外合同之债准据法制度的转型发展》,《国际商务研究》2017年第2期。

合同纠纷案件法律适用若干问题的规定》出台以前，关于中外合资经营企业股权转让纠纷的法律适用，当不满足审批要求，我国法院有的以违反公共利益为由否定了当事人选择域外法的适用，从而适用中国法，有的则根据《合同法》第126条第1款最密切联系原则确立中国法，而并非总是援用第126条第2款，此问题是否属于中外合资经营企业合同纠纷存在不明。① 然《关于审理涉外民事或商事合同纠纷案件法律适用若干问题的规定》的出台解决了这一疑惑，其第8条第4款明确了三资企业股份转让合同都必须适用中国法。

直接适用外资股权转让审批要求的做法面临域外法院的质疑。在我国香港法院审理的第一激光案②中，原告澳门公司和被告福建省政府在香港设立的窗口公司在香港签订转让被告全资拥有的内地某外商投资企业部分股份的协议。③ 原告支付了价款，被告以未经内地有关部门审批为由不履行协议，将企业出售给第三人。在香港法院审理的旨在解决被告以不方便法院为由提出的中止之诉中，当事人就能否适用内地股权转让审批要求发生激烈争执。被告认为应将诉讼请求定性为财产之诉，从而根据财产所在地法适用作为公司所在地的股权登记地的法律，即内地法。原告则主张股权转让合同自体法是香港法。毕竟合同在香港缔结，被告是一家主要管理机构在香港的公司，而且合同价款将以港币在香港支付。不仅合同纠纷适用香港法，相应的信托之诉也应适用香港法。④ 法院认为，案件不同争议点的解决可能需要

---

① 但见（2009）泉民初字第597号判决书、（2010）黄民二（商）初字第339号判决书。

② First Laser & Ors. v. Fujian Enterprises (Holdings) & Ors, Judgment: 12 December 2002, No 4414, p. 2001.

③ 原告和被告签订了三份协议。最初，双方约定成立一家合资企业，被告须转让其拥有的位于大陆的外商投资企业的股权作为出资；拟成立的合资企业建成后，该企业同被告商定购买被告位于大陆的外商投资企业的股权；最后，原告又同被告达成旨在代替前两份协议的购买被告在大陆的外商投资企业股权的协议。

④ 根据香港法，被告基于原告的信托持有涉案股份。无论股份转让给何人，原告都有权向被告主张因转让获得的款项。

援引不同的法律体系。由于该判决仅关系到案件的管辖权这一程序事项，每个争议点最终的法律适用并非本案裁决的内容，故适用法上的因素不足以支持福建为更方便的法院地，无法满足签发禁诉令的要求。总之，我国香港法院不认同内地外资股权转让审批规定构成直接适用法。

如前所述，由于《中华人民共和国中外合资经营企业法实施条例》第20条规定未经审批的股权转让合同无效，此种行政法规认定的合同无效属于效力性强制性规定的范畴。作为一项完善法，不允许法官出于保护当事人的正当期待作其他解释。合同的未生效不等于合同无效，关于报批义务的特别约定具有独立性，合同的是否生效不影响当事人履行此类条款项下的义务。① 最高人民法院注意到了认定未经审批的股权转让合同无效的弊病，于2010年出台《关于审理外商投资企业纠纷案件若干问题的规定（一）》予以纠正。第1条认为，依法律、法规须经审批机关批准才生效的外商投资合同未经批准的，应认定未生效，且不影响报批义务条款的效力。再结合第5条转让方和外商投资企业在股权转让合同成立后不履行报批义务的，受让方可请求解除合同并主张返还财产和损害赔偿，不难看出此时转让方承担的是违约责任。

反映在冲突法上，未审批发生的私法效果应由平衡当事人利益的合同准据法决定，无直接适用的必要。由此，目前各地法院在处理未经审批的股权转让纠纷时以《法律适用法》第4条的直接适用法制度取代《合同法》第126条第2款或《关于审理涉外民事或商事合同纠纷案件法律适用若干问题的规定》第8条第4款的做法②并不合适，理应适用当事人选择的准据法。

---

① 刘贵祥：《论行政审批与合同效力——以外商投资企业股权转让为线索》，《中国法学》2011年第2期。

② （2012）沪一中民四（商）终字第S950号判决书、（2013）民四终字第30号判决书。

二 晚近我国外国投资法发展动向与直接适用法

实体法关于外资股权转让未经审批的效力认定已经从无效到原则上有效，从而导致在冲突法层面对其直接适用法资格认识的变化。这是否说明外商投资企业设立审批的规定同样不构成直接适用法？从实体法的角度，那些对交易事前、事后监督的程序性规定，如许可、核可或报备等，与单纯欠缺自治权能不同，是立法者就特定情形要求契约在进入特定阶段须经主管部门的审查，背后存在特别的公共政策的考量，不同于自治法中的强制，当然是强行法规定，法律行为因程序不备即归于无效。但要斟酌管制和自治的因素，看是否达到必要影响合同效力的程度和幅度，特别预留余地。[①]然而在我国经贸领域去审批化的大背景下，不宜仅因为审批制的存在将之视为直接适用法，应该特别关注那些作为审批对象的实质性的禁止规定所发生的私法效果。结合我国外国投资法的发展动向，以下着重分析负面清单、反垄断审查和国家安全审查的直接适用法资格。

（一）负面清单的直接适用法资格

虽然国务院发布的《指导外商投资方向规定》对禁止外资进入的行业、限制外资进入以及允许或鼓励外资进入的部门作出了明确规定，但整体上对外商投资仍采用审批制。为了扩大对外开放，推进外商投资管理制度改革，有必要全面落实外资准入阶段的国民待遇。晚近我国投资法发展的动向是限制甚至取消外资设立审批，即采用负面清单的模式。凡不在此清单之列的企业设立、变更行为都采用备案制，从而变事前监管为事后监管。

应特别注意的是，全国人大常委会于2013年8月30日授权上海自贸区暂停实施外资、中外合资和中外合作企业设立及变更审批等有

[①] 苏永钦：《寻找新民法》，北京大学出版社2012年版，第312—313页。

关法律规定①，此类做法又延伸至广东、天津、福建自由贸易试验区。② 由此，在自贸区内全面推行准入前国民待遇加负面清单模式。③ 此后，2016年9月3日第十二届全国人大常委会第二十二次会议通过的《关于修改〈中华人民共和国外资企业法〉等四部法律的决定》规定，在不涉及国家规定实施准入特别管理措施的情况下，将《中华人民共和国外资企业法》《中外合资经营企业法》《中外合作经营企业法》《中华人民共和国台湾同胞投资保护法》等四部法律中规定的审批事项改为备案管理，从而将上述自贸区的负面清单做法在全国实施。

就负面清单，由于其涉及一国重大公益而绝对禁止某些种类的外资进入，在私法层面当然具有直接适用法的资格。对此，《指导外商投资方向规定》一度将危害国家公共安全或者损害社会公共利益作为设置禁止类外商投资项目的理由。只是此类规范过于原则抽象，并不符合负面清单的透明度要求。未来我国应适时废止三资企业法，及时制定统一的《中华人民共和国外国投资法》（以下简称《外国投资法》）④，并宜对负面清单作进一步的细化，注重完善与负面清单管理模式相适应的反垄断审查、国家安全审查等事前审查制度。

（二）反垄断审查和国家安全审查的直接适用法资格

首先，就反垄断审查在我国投资法中的表现，主要涉及外资并购中存在的经营者集中问题。根据《反垄断法》第20条的规定，经营

---

① 《全国人民代表大会常务委员会关于授权国务院在中国（上海）自由贸易试验区暂时调整有关法律规定的行政审批的决定》。

② 《全国人大常委会关于授权国务院在中国（广东）、中国（天津）、中国（福建）自由贸易试验区以及中国（上海）自由贸易试验区扩展区域暂时调整有关法律规定的行政审批的决定》。

③ 作为配套措施，2015年国务院颁发了《自由贸易试验区外商投资备案管理办法（试行）》，并于2016年在自贸区暂时停止实施《中华人民共和国外资企业法实施细则》等行政法规、部门规章等有关规定的适用。

④ 《外国投资法（草案征求意见稿）》已于2015年1月公布，构建"有限许可加全面报告"的准入管理制度，绝大部分外资准入不再进行审批。

者集中是指下列情形：1. 经营者合并；2. 经营者通过取得股权或者资产的方式取得对其他经营者的控制权；3. 经营者通过合同等方式取得对其他经营者的控制权或者能够对其他经营者施加决定性影响。此外，《商务部实施外国投资者并购境内企业安全审查制度的规定》明确规定对恶意的外资并购进行审查和监管以及外购投资者并购境内企业的反垄断审查要求。从可口可乐收购汇源果汁案可以看出反垄断审查的规定完全可以作为导致并购合同无效的直接适用法。为了防止此类审查的滥用，2008年国务院颁布的《关于经营者集中申报标准的规定》规定了需要申报经营者集中的规模标准。适用门槛较高的缘故使得直接适用反垄断审查规定的情形较为罕见。

其次，我国还应建立国家安全审查标准。与反垄断审查主要维护一国经济竞争秩序不同，国家安全审查则重点关注外资并购[1]带来的政治安全问题。许多发达国家颁布了专门立法并设置专门机构审查。如在竞购优尼科时，虽然中海油主动要求美国外国投资委员会（CFIUS）按照1988年《埃克森—佛罗里奥修正案》（*Exon – Florio Amendment*）[2] 进行国家安全审查，但由于美国众议院通过的第344号决议的阻挠，该项并购最终流产。[3]

《反垄断法》只审查具有垄断行为的外资企业在我国境内的并购，相应的国家安全审查机制付之阙如。其第31条笼统规定，对外资并购境内企业或者以其他方式参与经营者集中，涉及国家安全的，除依照本法规定进行经营者集中审查外，还应当按照国家有关规定进行国

---

[1] 以往我国国家安全审查则集中于企业设立审批和行业准入审批。参见江山《论我国外商投资国家安全审查制度的法律建构》，《现代法学》2015年第5期。

[2] 根据授权，美国总统有权暂停或禁止任何被认为是威胁到美国国家安全的外国收购或并购。

[3] 此类审查的应对，参见张正怡《美国国家安全审查制度的刚性、弹性与应对》，《学习与实践》2015年第8期。2007年，美国通过了《外国投资与国家安全法案》（*The Foreign Investment and National Security Act*，FINSA）对外资并购进行国家安全审查。参见于永宁《论我国外资并购国家安全审查制度》，《学术交流》2014年第11期。

家安全审查。对此,《国务院办公厅关于建立外国投资者并购境内企业安全审查制度的通知》《商务部实施外国投资者并购境内企业安全审查制度有关事项的暂行规定》初步构建了我国国家安全审查制度,重点审查并购交易对国防安全、国家经济稳定运行、社会基本生活秩序以及涉及国家安全关键技术研发能力的影响。此类部门规章的位阶不高,而且采用由发改委、商务部牵头的部际联席会议开展工作,没有设置如美国外国投资委员会之类的专门的国家安全审查机构。

《外国投资法(草案征求意见稿)》第四章虽然对现行国家安全审查机制有所改进,但关于联席会议的机构设置及权限配置仍有不足,宜作进一步的完善。[①] 未来应从并购主体、并购行为与控制权标准等方面重构我国外资并购安全审查[②],以满足直接适用法制度妥善运用的需要。不过,从国际私法的角度,法官考虑的不是东道国此类规范发生的行政责任,而是其作用于当事人私法行为的效果,如并购协议与经营者合谋操控市场的合意是否因违反具有直接适用资格的公法性强制规范而无效。

三 中外合作勘探开发自然资源合同与直接适用法

需要补充一点,根据《合同法》第126条第2款,在中国境内履行的中外合作勘探开发自然资源合同同样需要适用中国法,此种做法尤其符合国家对本国境内的自然资源拥有永久主权的理念。[③] 应注意的是,此处的中国境内不仅限于领土,对于中国境外但依照国际法享有主权权利的管辖海域,如专属经济区、大陆架乃至拥有历史性权利的水域[④],亦满足该条的适用范围。

[①] 参见孙南申、胡荻《外国投资国家安全审查制度的立法改进与完善建议》,《上海财经大学学报》2015年第4期。

[②] 参见尚清《加重对外资并购安全审查的几点思考》,《理论探索》2013年第4期。

[③] 参见余劲松《国际投资法》,法律出版社2003年版,第99页。

[④] 参见2015年12月28日《最高人民法院关于审理发生在我国管辖海域相关案件若干问题的规定(一)》第1条。

在国际投资法领域，作为国家合同即国家特许协议的典型代表，以往东道国往往要求合作勘探开发自然资源合同必须适用本国法。这种现象屡见不鲜。以合作开发石油资源为例，1982年英国《石油生产条例》第3条规定，石油开发合同受英国法支配并依照英国法解释。挪威、丹麦等国家的石油开发合同也有类似规定。[①] 又如在中东国家，埃及、土耳其、黎巴嫩等国的石油法曾要求适用各自的国内法。[②]

此种做法是否适当则令人怀疑。如《中华人民共和国对外合作开采海洋石油资源条例》第3条第2款[③]规定，在本条例范围内，合作开采海洋石油资源的一切活动，都应当遵守中华人民共和国的法律、法令和国家的有关规定；参与实施石油作业的企业和个人，都应当受中国法律的约束，接受中国政府有关主管部门的检查、监督。此规定所言之遵守中国法乃是针对中国的公法性行政监管，不宜无差别地扩及至私法层面，毕竟我国对外合作开采海洋石油资源业务已经由中国海洋石油总公司这一公司法人负责，并非国家意志的体现，当事人的选法意思自治仍有发挥作用的余地。

在《法律适用法》出台的背景下，与外资股权转让的情形相似，在中国境内履行的中外合作勘探开发自然资源合同也不必一概适用中国法。那些关于开发过程中遭遇的情势变更情形的处理，适用外国法未必对中方不利。[④] 如果涉及反映中国重大公益的强行法对开发合同的适用，则完全可以求助于直接适用法制度。如果被立法授权开展开发业务的中方主体希望适用中国法，也完全可以通过将相关的准据法条款纳入合同范本完成。至于这样做是否影响合作开发中国领域内自然资源的国际竞争力以及值当与否就另当别论了。

---

① 参见杜焕芳《论国际合同解释的法律适用》，《杭州商学院学报》2003年第3期。
② 参见姚梅镇《国际投资法》，武汉大学出版社2011年版，第320页。
③ 类似的有《中华人民共和国对外合作开采陆上石油资源条例》第4条。
④ 资源开发合同作为一项长期合同，在履行过程中出现影响合同继续的新情势在所难免，故合同中多设置对外国投资者有利的稳定条款（stabilization clause）。我国尚且没有真正的情势变更的规定，求助于外国法是较好的选择。

四 小结

就直接适用法在国际投资领域中的表现，传统上主要涉及外资股权转让的审批要求。随着各自贸区的纷纷建立，以《外国投资法》制定为契机的晚近投资法改革更多关注外资准入领域的放开。以备案制取代审批制从根本上压缩了直接适用法的空间，使得该领域的直接适用法集中于负面清单以及反垄断和国家安全审查当中。对此，最高人民法院在《关于人民法院为"一带一路"建设提供司法服务和保障的若干意见》中强调，要正确理解和把握自贸区建设有关"准入前国民待遇"和"负面清单"的规定和政策，处理好当事人意思自治与行政审批的关系，及时修订和调整相关司法政策，严格限制认定合同无效的范围。然而，可能由于思维上的惯性，《外国投资法（草案征求意见稿）》仍保留一概适用中国法的要求。[①] 无论如何，在直接适用法层面并不确立此类规范违反所发生的行政责任，而应关注其对外资企业的设立、转让、并购等协议的效力影响。由此，在中国境内履行的中外合作勘探开发自然资源合同也不必全部求助于中国法。

第四节 直接适用法在国际航运领域的分布

探讨直接适用法在国际航运领域的分布具有特别意义，尤其对我国海事诉讼当中较为常见的记名提单无单放货纠纷。此类案件审理的难点不在于案情的复杂，而是如何看待我国记名提单下凭单放货要求的性质。若将之视为直接适用法，则可以优于提单关系的当事人选择的外国法或在没有选择时根据最密切联系指引的外国准据法。着眼于司法实践中能否直接适用的争议，本节从实体法以及比较法层面探讨记名提单凭单放货要求的直接适用法性质，希望对该问题的解决有所

---

① 第164条"法律适用"规定，外国投资者签订的在中国境内履行的投资合同，适用中国法律。

助益。

一 凭单放货要求能否直接适用于记名提单的争议

(一) 记名提单凭单放货要求构成直接适用法的司法实践

记名提单凭单放货要求能否构成无须冲突规范指引的直接适用法在我国司法实践存在争议。《法律适用法》颁布之前即有判决认为凭单放货要求构成直接适用法。在江苏省纺织品进出口集团与华夏货运有限公司无单放货纠纷案①中,二审法院认为,提单背面条款载明的美国1936年《海上货物运输法》及其指向的美国提单法中关于记名提单可以无单放货的规定②,违反了《海商法》第4章第44条和第71条的强制性规定,故提单的法律选择条款无效。此种能够导致当事人选法无效的强制性规定构成直接适用法。③

(二) 记名提单凭单放货要求不构成直接适用法的司法实践

法院在审理类似的案件却肯定此种争议的当事人选择或根据最密切联系原则指引的外国法的适用。在美国总统轮船公司与菲达电器厂等无单放货纠纷再审案④中,最高人民法院认可了提单背后的首要条款(paramount clause)规定的美国1936年《海上货物运输法》及其指引的美国提单法的效力;在江苏轻工诉江苏环球、美国博联公司无单放货案⑤中,武汉海事法院认为,鉴于提单的首要条款约定的1936年《海上货物运输法》对正本提单无单放货没有规定,故依照最密切联系原则确定准据法。最密切联系应考虑与案件的特定争议有关的

---

① (2003)沪海法商初字第299号判决书。

② 美国《海上货物运输法》没有关于记名提单的规定,而其指向的1916年《联邦提单法》即1994年修订后的《美国法典》第49卷第801章第80110条第2款规定承运人可以向记名提单(不可转让提单)所载明的收货人无单放货。

③ 该案的法律适用,可参见杨弘磊《"直接适用规则"及其司法实践评价》,《人民司法》2005年第10期。

④ (1998)交提字第3号判决书。

⑤ (1999)武海法宁商字第80号判决书。

连结因素。该案的争议在于承运人交货行为引发的法律后果,而交货行为直接受交货行为地法律约束,故交货地而非签订地或始发地与该问题存在实质性联系。法院根据《美国统一商法典》第7—303条第1款c项的规定①,免除了承运人因无正本提单向记名收货人放货的责任。

(三) 该问题在《法律适用法》生效后的状况

上述案件的共同点在于,法院认为无单放货纠纷应定性为合同纠纷,从而根据一般的冲突规范寻找合同准据法,承认提单条款对外国法的选择。然而不同的案件结果却是因为我国凭单放货要求能否替代允许记名提单无单放货的外国准据法的规定。就各地的做法而言,上海法院长期坚持记名提单凭单放货要求应当直接适用。②《法律适用法》生效时间尚短,尚无判决表明审判实践的态度发生何种改变。不过,最高人民法院民四庭倾向于认为《海商法》第4章的内容不属于《法律适用法》第4条的直接适用法,当事人可以约定海上货物运输合同适用的法律。③无论此种看法对各地法院能否产生约束,都存在理由不足的缺陷。

二 记名提单凭单放货要求的冲突法分析

冲突法标准对记名提单下凭单放货要求判断体现在超越标准当中。对此,作为可直接适用的公序法的重要表现,法国1966年6月18日《有关租船和海上运输的法律》第16条第1款规定,本章适用于装运港或目的港为法国港口的运输。美国1936年《海上货物运输

---

① 除非提单另有规定,承运人在接到不可流通提单的收货人的指示后,只要发货人未有相反指示,且货物已到达提单所注明的目的地或收货人已占有提单,可以依指示将货物交付非提单注明的人、目的地或以其他方式处置货物。

② (2004)沪高民四(海)终字第87号判决书、(2009)沪海法商初字第932号判决书。

③ 参见刘贵祥《在全国海事审判工作会议上的总结讲话》,http://www.court.gov.cn/spyw/mssp/201212/t20121226_181432.htm。

法》第 13 条规定，本法应适用于启运港和目的港为美国港口的任何海上货物运输合同。该法的适用同样被认为无须冲突规范的指引。而《海商法》第 2 条规定，海上运输是指海上货物运输和海上旅客运输，包括海江之间、江海之间的直达运输。第 4 章海上货物运输合同的规定，不适用于中国港口之间的海上货物运输。

从形式上看，《海商法》对海上货物运输合同规定的适用范围与国际通行做法不同。第 2 条仅仅针对中国港口和外国港口之间以及外国港口之间的运输，不包括国内海上运输，并未强调其必须适用于装运港或目的港在中国的所有海上货物运输。退一步讲，即使《海商法》存在适用范围的规定，也不能表明海上货物运输合同的规定构成直接适用法。因为此类条款往往构成立法对适用范围的自我限定，没有考虑与冲突规范的关系。更何况上述法国法和美国法的规定能否表明该国的海上货物运输法构成直接适用法存疑。毕竟此种必须适用的规定更是为了契合《海牙规则》等提单领域的国际公约在国内实施的要求，往往表现为提单背面的首要条款。① 因此就冲突法标准而言，凭单放货要求不具有构成直接适用法的充分依据。

与之不同的是，我国台湾地区在 2000 年左右修订"海商法"时虽一度希望采用上述法国法和美国法的模式，但最终确立的条文②独具特色，即在允许提单当事人选择合同准据法的同时，赋予该法保护本地收货人或托运人的强制规范以效力。但是记名提单在台湾地区的司法实践中要凭单放货的原因在于此类提单具有流通性③；而根据美国 1916 年《联邦提单法》的规定，可向记名收货人无单放货的记名

---

① 参见许兆庆《海事国际私法上「至上条款」与「即刻适用法则」简析——评新海商法第七十七条之订定》，《月旦法学杂志》2001 年 6 期。

② 我国台湾地区 "海商法" 第 77 条规定，载货证券所载之装载港或卸货港为 "中华民国" 港口者，其载货证券所生之法律关系依涉外民事法律适用法所定应适用法律。但依本法 "中华民国" 受货人或托运人保护较优者，应适用本法之规定。

③ 我国台湾地区 "民法典" 第 628 条规定，除非有禁止背书的记载，否则记名提单仍可背书转让。

提单必须注明"不可转让"字样。由此台湾地区的规定和美国法不存在明显的法律冲突，无取而代之的必要。

三 记名提单凭单放货要求的实体法分析

任意规范不构成一国基本政策的表达，没有理由认为其可优于准据法的适用，直接适用法必须是不为当事人排除的实体强制规范。记名提单凭单放货要求是否构成直接适用法必须从实体法的角度寻求答案。

（一）现行法对记名提单凭单放货要求的实体规定

记名提单凭单放货要求可从《海商法》对提单的定义中推导。仿效《汉堡规则》第1条第7款，《海商法》第71条规定，提单是指用以证明海上货物运输合同和货物已经由承运人接收或者装船，以及承运人保证据以交付货物的单证。提单中载明的向记名人交付货物，或者按照指示人的指示交付货物，或者向提单持有人交付货物的条款，构成承运人据以交付货物的保证。而《海商法》第44条第1款规定，海上货物运输合同和作为合同凭证的提单或者其他运输单证中的条款，违反本章规定的，无效。似乎可以认为这一要求是强制性的，不得通过合同条款加以排除。

就此，根据2009年《关于审理无正本提单交付货物案件适用法律若干问题的规定》第1条，无单放货下的提单情形包括记名提单、指示提单和不记名提单三种形式，从而明确记名提单同样需要凭单放货。不过记名提单在我国法下不可转让[①]、不能流通，无须像空白提单或指示提单那样保护提单持有人的信赖利益。此时提单所表彰的海上货物运输合同属于第三人利益合同，除了作为当事人的承运人和托运人之外，还存在收货人这一关系人。与《合同法》第17章第3节的货运合同类似，记名提单下收货人的权利地位为托运人和承运人缔

---

① 与1916年《联邦提单法》不同，根据《海商法》第79条，纵然记名提单未注明不可转让，也不得转让。

结的运输合同所赋予,在交付之前自然可以为当事人撤销或解除。故《关于审理无正本提单交付货物案件适用法律若干问题的规定》第9条认为,承运人按照记名提单托运人的要求中止运输、返还货物、变更到达地或者将货物交给其他收货人,持有记名提单的收货人要求承运人承担无正本提单交付货物民事责任的,人民法院不予支持。

(二) 记名提单凭单放货要求的正确解释

在记名提单的情形下,承运人按照托运人的指示可以向持有正本提单主体之外的人放货,构成凭单放货的例外。然而《关于审理无正本提单交付货物案件适用法律若干问题的规定》没有对记名提单的收货人无单放货的情形作出特别规定,这能否说明承运人注定要承担责任？由于记名提单无须考虑维护托运人、承运人和记名收货人之外的人的利益。如前所述,此时记名收货人的权利纯粹是托运人和承运人约定的结果,当事人可以变更。能否向记名提单的收货人无单放货,仅仅与托运人和承运人的利益相关。

在国际航运领域选用强制规范的动因,的确与班轮运输服务于公共职能有关,但更多是为了维系缔约双方的平衡,以保护处于弱势谈判地位的托运人的利益。[①] 从海上货物运输实践看,格式合同的广泛运用导致承运人处于强势的缔约地位。记名提单凭单放货要求即使是强制的,也仅仅在于平衡托运人和承运人的利益,即给予托运人以特别保护。在托运人明确许可的情况下,记名提单凭单放货要求可以由其预先通过提单的背后条款加以处分,以实现海上货物运输流程的快捷、高效。然不应该将当事人另行选择法律当中的许可条款视为托运人对记名提单无单放货的认可。《海商法》第44条的约定无效仅仅针对当事人实体层面的约定,并不具有冲突法价值。同样,托运人预先处分记名提单凭单放货要求的例外情形,也不应包括外国准据法当中的许可规定。

[①] 参见胡绪雨《国际航运秩序中强制性规则选择的动因》,《法学评论》2016年第1期。

由此,《海商法》第71条的正确解释是,承运人不得向记名提单的收货人无单放货,但托运人特别许可的除外。此类规范不同于任意规范,在学理上被称为补充性处置性规范,即首先提出了行为人不得违反的强制规范,然后指出除非行为人另有约定,此时只有行为人排除才不适用法律规定。[①] 因此,该仍具有部分强制性。可以看出其具有保护托运人利益的倾向,不同于纯粹由当事人自由选择的情形,这使得探讨记名提单凭单放货要求的直接适用性成为可能。

(三) 记名提单凭单放货要求的直接适用法分析

首先,尽管《〈法律适用法〉解释(一)》第10条在解释直接适用法时明确列举了劳动者保护领域,这一做法的适当性值得怀疑,旨在保护托运人的记名提单凭单放货要求很难构成直接适用法。纵然将维护消费者、劳动者利益之类的保护性强制规范视为直接适用法的范畴,主要针对法人的记名提单凭单放货要求也不可等量齐观。更何况各国并未就此种保护达成共识,实践中的做法十分混乱。

其次,《〈法律适用法〉解释(一)》第10条将《法律适用法》第4条的强制性规定限于法律、行政法规的规定,从而与公法进入私法渠道的《合同法》第52条第5项的强制性规定的位阶一致。这表明直接适用法表现为能作用于合同效力的强制规范,重大公益需要绝对排除当事人的意愿而给予整个合同以否定评价,即所谓自始、绝对、当然无效。《海商法》第44条第1款虽认为违反本章规定的条款无效,但采用分割的方式,特别强调此类条款的无效不影响合同其他条款的效力。[②] 另外,与《罗马条例Ⅰ》第6条第2款明确规定当事人的法律选择不得剥夺消费者惯常居所地国的强制规范的保护不同,条例第5条第1款仍肯定了货物运输合同的当事人具有选择准据法的自由。凡此种种,都说明该领域的强制规范难以反映一国的重大

---

① 参见许中缘《论任意性规范——一种比较法的视角》,《政治与法律》2008年第11期。

② 第45条规定,该法第44条不影响承运人在本章规定的承运人责任和义务之外,增加其责任和义务。

公益。

四 直接适用承运人赔偿责任限制条款的比较法借鉴

记名提单凭单放货要求是否构成直接适用法还可以从比较法的实践中寻求答案。此类争议集中于承运人赔偿责任限制条款能否排除当事人另行选择法律的规定而直接适用。以荷兰法院审理的 Alnati 案[①]为例,该案涉及将一批马铃薯从比利时安特卫普港运至巴西里约热内卢港的海上运输合同。当事人在合同约定承运人无须就货物运输途中发生的任何损失承担责任,并适用荷兰法。后来因发生货损事故,托运人的保险人在荷兰对承运人提起诉讼。本案的争议在于法律适用问题。由于《海牙规则》适用于起运港在缔约国的海上运输所签发的提单,本案提单在比利时安特卫普港签发,而且比利时通过《比利时商法典》实施了《海牙规则》,故根据比利时法损害赔偿问题应满足《海牙规则》的要求。而在合同订立时,荷兰尚未加入《海牙规则》,当事人选择的荷兰法不包括该公约对承运人责任限制的规定。

荷兰最高法院认为,国际合同的当事人原则上可以选择准据法,甚至可以排除包括强制规范在内的合同本应适用的法律,只要这样做不违反荷兰的强行法以及不允许法律选择的冲突规范。就本案讨论的合同而言,如果其他国家对在其领土外遵循特定强制规范拥有如此重要的利益以至于荷兰法院必须考虑,则法院应予以适用。《比利时商法典》虽然构成当事人没有选择时合同应适用的法律,但不能体现比利时的重大利益,无法优于当事人选择的荷兰法。故荷兰最高法院强调规范的重大利益属性,即并非所有的强制规范都具有潜在的直接适用资格,有关海上承运人强制责任的规定不满足这一重大利益要求。

审理 Alnati 案的荷兰法院探讨国际私法层面的外国直接适用法,这是有史以来司法实践首次赋予外国强制规范以直接适用法的资格。

---

① Van Nievelt, Goudriaan & Co's Stoomvaartmij N. V. v. N. V. Hollandsche Assurantie Societ-ieit, Hoge Raad, 13. 5. 1966, NJ, (1967), No. 3, p. 16.

本案最终以此类海事强制规范的公益性质不足为由拒绝适用。故虽然《〈罗马公约〉报告》认为直接适用法包括有关运输的强制规范，但至少就保护托运人利益的记名提单的凭单放货要求而言，此种见解在比较法上难以获得支持。

五　小结

基于以上分析，可以得出如下结论。首先，在实体法层面，记名提单凭单放货要求虽然具有一定的强制性，但不同于《合同法》第52条第5项的强制性规定；其次，在比较法层面，司法实践倾向于否定外国的承运人赔偿责任限制条款构成直接适用法。记名提单的凭单放货要求不宜视为直接适用法，提单当事人选择美国法等域外法的效力在原则上应该予以承认。

从航运实务的角度，为了防止记名提单下无单放货法律适用争议的发生，对于托运人而言，当存在收回货款风险时，应谨慎选用记名提单。如需要签发记名提单且希望承运人在目的港凭单放货，应效仿《鹿特丹规则》第46条的规定在记名提单正面特别注明这一要求；对于签发记名提单的承运人而言，为了防止义务冲突，宜在提单背面规定，除非托运人另有指示，否则承运人可以在目的港验证记名提单收货人的身份后无单放货。如此不仅与美国法的规定一致，而且不违反《海商法》第71条保护托运人的意图。承认该条款的合法效力既尊重了当事人的意愿，又能够达到公正的结果，可以有效避免提单准据法确立争议的发生。

最后，提单领域还可能构成直接适用法的规定首先是《国际海运条例》中办理无船承运业务的登记要求。在常州市武进经纬纺织服装诉厦门建发国际货物运输公司上海分公司海上货物运输合同无单放货案，上海海事法院认为，签发未经登记的无船承运人提单不必然导致海上货物运输合同的无效，并非《合同法》第52条第5项的范畴[①]；

[①] 参见刘仁山《直接适用的法在我国的适用——兼评〈《涉外民事关系法律适用法》解释（一）〉第10条》，《法商研究》2013年第3期。

其次，对一些中南美国家要求承运人货交海关的无单发货强制要求，《关于审理无正本提单交付货物案件适用法律若干问题的规定》明确其构成不承担凭单放货义务的例外。虽然有学者视之为直接适用法①，但实践中该规定多在我国法为准据法时才被援用。②

第五节　直接适用法在竞技体育领域的分布

总部位于瑞士洛桑的国际体育仲裁院（Court of Arbitration for Sport，CAS）是当今世界最权威的体育争端解决机构，在国际体育仲裁领域占据主导地位，其组织、运行反映了竞技体育纠纷解决的自治性。然而体育自治不是绝对的，其边界仍需要国家法厘定，而这一切离不开直接适用法发挥作用。作为国家干预私人交易的表现，此类规范尚未引起理论界的过多关注，但在国际体育仲裁实践中被频频引用，成为维护正常体育秩序的重要支柱。具体而言，分别规定国际体育仲裁院审理普通程序和上诉程序案件的实体法律适用的《与体育有关的仲裁法典》第R45条和第R58条都没有涉及直接适用法。③ 然出于对国家强行法的尊重以及建构体育秩序的需要，仲裁庭借助《瑞士联邦国际私法》的相关条款，探讨了欧盟法、瑞士法以及其他国家法律中的强制规范的直接适用。本节首先介绍直接适用法在竞技体育领域中的表现，然后剖析造成直接适用法在该领域产生特殊性的原因，并得出对我国的启示。

---

① 参见秦瑞亭《国际私法案例精析》，南开大学出版社2011年版，第325页。
② 达飞公司与被上诉人鑫鸿公司、原审被告华港公司无单放货纠纷案，（2011）浙海终字第70号判决书。
③ 第R45条规定，仲裁庭应根据当事人选择的法律规则解决争议；在当事人未作选择时，应适用瑞士法。当事人可授权仲裁庭根据公允及善良原则（ex aequo et bono）作出裁决。第R58条规定，仲裁庭应根据可以适用的章程以及在作为补充的情况下当事人选择的法律规范解决争议；在当事人没有选择的情况下，则适用作出被上诉决定的体育联合会、体育协会或其他体育组织住所地国的国内法或者仲裁庭认为适合的法律规则。就后一种情形，仲裁庭应给出理由。

一 欧盟法在竞技体育领域的直接适用

作为超国家的法律，无论建立欧盟的基础条约，还是理事会、欧洲议会颁布的次级立法，成员国都必须遵守。此问题表现在国际私法层面，认定对欧盟发生效果的垄断协议无效的《欧洲联盟运行条约》第101条、102条（原《欧共体条约》第81条、82条）无可争议地构成直接适用法。然而由于瑞士并非欧盟成员国，此类规则在瑞士法眼中作为外国直接适用法，从而需要满足《瑞士联邦国际私法》第19条的适用条件。就瑞士的国际商事仲裁实践，虽然该条不会使仲裁庭主动承担适用外国直接适用法的义务，但如果仲裁的当事人主张合同产生影响欧盟内部市场竞争的效果，进而根据《欧共体条约》第81条无效，则位于瑞士仲裁的仲裁庭必须进行审查。[①] 基于体育行业的特殊需要，国际体育仲裁院在面临此类规范的适用时采取不同的态度。

（一）承认直接适用欧盟法的实践

在国际体育仲裁院审理的98/200案[②]中，虽然双方同意适用欧盟竞争法，但仲裁庭认为此类规范在当事人未达成共识的情况下也应被考虑。《瑞士联邦国际私法》第19条规定，如果根据瑞士法的观念判断为合理，一方对此拥有明显重要的利益，且案件事实与之存在密切联系，则可以考虑该法指引外的法律中的强制规范。是否这样做取决于它们的目的以及根据瑞士法能否达到适当的结果。

该案完全满足上述条件。首先，竞争法构成典型的直接适用法；其次，包括本案当事人在内的许多实力雄厚的足球俱乐部位于欧盟，参加欧足联组织的联赛，与欧盟发生密切联系；另外，欧盟竞争法和瑞士竞争法的含义相同，与瑞士法律体系的价值相容。故此，区别于

[①] Christoph Müller, *Swiss Case Law in International Arbitration*, Schulthess, 2010, p. 257.

[②] AEK Athens and Slavia Prague v. UEFA, CAS 98/200. 本文中引用的国际体育仲裁院的案例可通过案号在其官网的数据库中查询。http://jurisprudence.tas-cas.org/Help/Home.aspx.

只有当事人援用才加以考虑的国际商事仲裁实践,该案不仅明确了适用欧盟直接适用法的依据,而且特别强调其有义务主动适用。①

(二) 拒绝直接适用欧盟法的实践

国际体育仲裁院审理的 2008/A/1485 案的焦点在于《国际足联球员身份和转会规则》第 19 条禁止转让未成年球员的规定是否与欧盟公共政策相符。仲裁庭认为,国际体育仲裁院应主要适用国际足联的各项规章,附带适用瑞士法,这为《国际足联章程》第 66 条第 2 款、《与体育有关的仲裁法典》第 R58 条以及《瑞士联邦国际私法》第 187 条第 1 款所肯定。由于当事人没有选择欧盟法,故上诉人不能要求适用该法当中的任意规范。然即使当事人选择了私法规范,仲裁庭须考虑被证明拥有充分利益的强制规范的适用。

当事人主张欧盟法如能在涉及《国际足联章程》法律适用条款的案件中适用,则应证明其具有瑞士法下的强制性质。保护未成年球员合理利益的《国际足联球员身份和转会规则》第 19 条与欧盟公共政策相符,无须考虑欧盟法的直接适用问题。② 可以看出,欧盟法的能否直接适用取决于是否具有直接适用法的特别性质,而非其拥有高于成员国国内法的地位。

二 瑞士法在竞技体育领域的直接适用

如前所述,《瑞士联邦国际私法》第 18 条规定,该法不影响因自身的特殊性质而无须冲突规范指引的瑞士强制规范的适用。此时一旦存在此类强制规范,则国际体育仲裁院必须予以考虑,否则裁决可能会被瑞士法院以违反公共政策为由撤销。

(一)《瑞士民法典》第 75 条的直接适用法分析

在国际体育仲裁院审理的 2008/A/1705 案中,仲裁庭认为,《国

---

① Ivan Cherpillod, Comment on CAS 98/200 AEK Athens and Slavia Prague v. UEFA, *International Sports Law Journal*, Vol. 9, No. 1 – 2, (2010), p. 124.

② Estelle de La Rochefoucauld, Minors in Sport, *CAS Bulletin*, Vol. 5, No. 2, (2014), p. 24.

际足联章程》对瑞士法的援用不表明其希望全面求助该法，而只适用于体育规则支配之外的情况。瑞士法的作用在于填补国际足联规则的空缺，只要能够依据国际足联规则裁判，则它必须让位于此种规定。虽然这要受公共政策的限制，从而防止一项决定与跨国性的基本法律或道德原则相违背，但仅仅构成瑞士法下的强制规范不足以说明其属于公共政策的范畴。

如存在直接适用争议的《瑞士民法典》第75条规定，成员在对社团作出的违反法律或章程的决定不服时，可以在一个月内向法院起诉。该条旨在促使当事人在合理期限内明晰社团决定是否具有约束力，有助于实现法律的确定性和安全性，不得由社团章程修改。然而国际足联《球员身份委员会及争端解决机构程序规则》第15条第1款将上诉期限缩短至10日的做法不违反比例原则。毕竟申请人只需在此期间提起书面申请即可维护上诉的权利，且该规定平等适用于该单项体育联合会的所有成员，由此不属于反映重大公益的直接适用法。

（二）《瑞士债法典》第335A条的直接适用法分析

在2005/A/983&984案中，仲裁庭探讨了足球俱乐部将球员劳动合同单方延长至特定期间的选择权条款的效力。为保障劳动合同当事人拥有平等的解约权，《瑞士债法典》第335A条"解除通知"第1款规定，雇主和雇员享有的解除通知期限应该相同，这与单方延期选择权条款存在冲突。虽然此选择权主要关乎合同的续订，但也涉及合同的解除。赋予作为雇主一方的俱乐部以此种权利会使得球员失去平等解约的自由。由此而言，单方延期选择权与单方解约权都属于民法上的形成权，即一方无须对方配合即可根据自己的意思变更、解除民事法律关系，只是意思表示的形式不同罢了。俱乐部不按期行使单方延期选择权，合同将终止；对单方解约权而言，合同继续有效。①如

---

① 董金鑫：《CAS处理单方延期选择权条款效力争议研究》，《武汉体育学院学报》2014年第11期。

果将合同约定的工作时间看作一个整体，完全可以将针对后一段时期的单方延期选择权看作前一段时期经过后由一方独有的无条件解约权。

即使单方延期选择权条款违反了《瑞士债法典》第335A条规定的平等解约权的规定，该条能否构成直接适用法仍存在疑问。平等解约权看似平衡雇主和雇员的利益，实质在于保护作为弱势群体的雇员。与体现强烈国家干预经济活动意图的公法不同，各国立法保护理念更为相似的保护性强制规范可以通过合适的分类以及恰当连结点的选用创设特别冲突规范，实现该领域的国际交换。冲突规范制定地越详细，则越无须援用直接适用法制度。《瑞士联邦国际私法》第121条第3款就劳动合同的法律适用已经设置了冲突规范，专门限定双方选择法律的情形。即便在极为特殊的情形下准据法对雇员保护为公共政策不容，也宜借助公共秩序保留制度排除。

三 其他国家法律在竞技体育领域的直接适用

除欧盟法以及瑞士法之外，国际体育仲裁院还经常面临当事人直接适用其他国家法律的主张，多为一方住所地的强行法。此类规范往往与瑞士法以及体育法（lex sportiva）的基本理念不同，而且违背体育争端统一处理的精神，故直接适用请求多被驳回。

（一）在管理性竞技体育案件中的适用

在国际体育仲裁院审理的2007/A/1424案中，基于只允许由一个协会代表该国加入国际单项体育联合会的西班牙法规定，西班牙保龄球协会对国际保龄球联盟接纳加泰罗尼亚自治区保龄球协会的决定表示异议。关于西班牙法的可适用性，首先仲裁庭拒绝了上诉人关于该法可以根据《瑞士联邦国际私法》第187条体现的最密切联系原则以及《与体育有关的仲裁法典》第R58条仲裁庭认为适合的法律规定适用的要求；其次就申请人提出该法构成直接适用法，仲裁庭认为，此类规范必须与所适用的对象存在密切联系，即所拥有的国际意图被国际社会普遍认为合理，且采用的手段与达到的目标成比例。本案西班牙法不满足上述标准，与英国等国允许本国不同地区的协会加入国际单项体育联合会的国际实践不符。

（二）在商业性竞技体育案件中的适用

在 2009/A/1956 案中，俱乐部辩称，根据法罗群岛的法律，职业球员合同需要足协批准才能生效，本案合同因未经批准无效。仲裁庭认为，由于国际体育仲裁院上诉纠纷首先适用国际足联的章程并补充适用瑞士法，除非另一国的法律规范被仲裁地法即瑞士法视为强制规范，否则没有适用的空间。上诉人无从证明其所宣称的法罗群岛的现行有效规则具有瑞士法下的强制性质，仲裁庭也没有理由认可。毕竟瑞士法设置的条件非常严格，不具有准据法资格的规范只有在极其例外时才可以因其强制性而直接适用，更何况上诉人关于合同无效的看法违反善意原则。首先，合同不会因需要法罗群岛足协的批准而无效；其次，上诉人在一段时间内履约的做法表达了其遵守合同的意愿。事后毁约与合同终止前的态度明显不一致，此种前后矛盾（*venire contra factum proprium*）为善意原则所禁止。

四 竞技体育领域的直接适用法的特殊性及启示

作为体育自治和国家管制之间矛盾对立的集中反映，直接适用法不仅能够在国际体育仲裁的各阶段发挥作用，而且因竞技体育领域的特点表现出如下特殊性。

（一）解决问题的特殊性

无论在竞技体育还是国际私法领域，直接适用法都旨在维护社会公益，以此划定意思自治的边界。然而体育仲裁中的直接适用法更多是为了应对特别重要的国家强行法与体育组织规则之间的冲突，明确国家管制不能被体育自治替代的范围。这不同于国际私法当中的国家法冲突，即无须冲突规范指引的强制规范对准据法的排除。体育仲裁中的直接适用法乃是维护国家法秩序的需要，不能为体育组织制定的规则所替代，而在国际体育仲裁院等体育纠纷争端解决机构审理案件时必须适用的实体强制规范。①

该特殊性的根源不仅在于以体育组织章程为代表的非国家法的盛行，还与自治的体育仲裁机制不无关系。虽然体育仲裁建立在竞技体育的专业性、自治性和国际性的基础上，这使得国家法既没有能力调整特殊的体育竞技关系，又无法应对因地域分割造成的法律适用结果大相径庭的局面。但一旦超出国家容忍的范围，即当体育组织规则和国家法发生正面冲突时，特定强行法仍保留最后救济的可能，直接适用法正是此种有限干预的集中体现。

（二）适用依据的特殊性

商事仲裁不存在法院地，不必遵循仲裁地国等任何国家的法律，《国际贸易法委员会仲裁规则》《国际商会仲裁规则》的法律适用条款都未规定直接适用法。不同的是，为避免遭遇司法审查以实现行业自治，国际体育仲裁院不仅以《瑞士联邦国际私法》为依据，而且特别关注欧盟及国际体育仲裁院所在地国——瑞士的直接适用法。虽然瑞士未加入欧盟，但毕竟欧盟构成欧足联这一国际足联重要成员的活动开展地。相反，出于统一适用法律的目的，国际体育仲裁院往往漠视其他国家的直接适用法。在 2005/A/983&984 案中，仲裁庭以所处理的是国际转会事宜、案件的国际性超出当地联系的需要为由，认为应受制于全球统一的规则，故不存在利用《瑞士联邦国际私法》第 19 条考虑乌拉圭强制规范的可能。②

同样，作为直接适用法判断标准的重大公共政策在体育领域也有特别之处。在国际商事仲裁，公共政策源于各国法的基本原则、普遍正义、国际公法中的强行法和各国普遍接受的公共政策，必须反映国

---

① 参见董金鑫《论国际体育仲裁视野中的直接适用法》，《天津体育学院学报》2016年第1期。

② 此种内外有别的做法受到佩希斯坦案的冲击。德国法院拒绝承认国际体育仲裁院的裁决引发了对国际体育仲裁的信任危机。参见第五章第一节的内容。

际社会的根本价值、伦理规范以及长期的道德共识。① 而国际体育仲裁就该问题的解释却集中体现了瑞士特色，特别反映在在法律适用阶段，外国直接适用法的合理性需经过瑞士法观念的考验。同样在 2005/A/983&984 案中，仲裁庭认为，如果乌拉圭强制规范的适用发生与瑞士法观念不一致的结果，根据《瑞士联邦国际私法》第 19 条第 2 款不予考虑。由于许可俱乐部行使单方延期选择权以及对球员施加制裁的乌拉圭规定，与保护雇员的最低标准不相容，纵然乌拉圭法因满足《瑞士联邦国际私法》第 19 条第 1 款对合理利益需要的规定而有直接适用资格，国际体育仲裁院仍会拒绝适用此类潜在违反公共政策的规范。

（三）判断结果的特殊性

根据存在领域的不同，有学者将直接适用法分为体现国家干预意图的指导性直接适用法（lois de police ' de protection'）和维护弱者利益的保护性直接适用法（lois de police ' de protection'）。② 国际体育仲裁院和法院倾向于认同反垄断法的直接适用资格，这说明其更关注体育的竞争秩序。审理 Meca – Medina 案的欧盟法院认为，反兴奋剂规则不能整体豁免竞争法的规制。但在评价此类规则时，应考虑限制竞争的效果是否存在合理的目标以及实施手段是否与之成比例。故为避免与国家法秩序发生对抗，进而危及体育仲裁乃至行业自治，国际体育仲裁院重点关注欧盟法以及瑞士法当中的直接适用法。

弱者保护则多交由单项体育联合会的统一规则支配，从而妥善处理球员流动性与合同稳定性之间的关系。一般而言，各国劳动法的适用遵从属地原则，以对抗当事人选择的法律。无论《罗马公约》第 6 条、《罗马条例Ⅰ》第 8 条规定合同当事人的选法不得剥夺劳动者没有选法时要适用法律中的强制规范的保护，还是《法律适用法》第

---

① Okezie Chukwumerije, Mandatory Rules of Law in International Commercial Arbitration, *Afr. J. Int'l & Comp. L.*, Vol. 5, No. 3, (1993), p. 577.

② Andrea Bonomi, Overriding Mandatory Provisions in the Rome I Regulation on the Law Applicable to Contractual Obligations, *Yb. Priv. Int. L.*, Vol. 10, (2008), p. 291.

43条主要适用劳动者工作地法，都能实现与劳动者密切相关的特定国家的劳动基准法的适用。而在体育行业，统一的劳工政策有助于竞争秩序的形成，求助于不同国家的法律会阻碍球员的跨国有序流动，不利于竞技体育运动的开展，故各国的保护性强制规范多不被承认。

（四）对我国的启示

虽然我国体育协会制定的章程多将宪法和法律作为制定依据，但在具体运用时仍有冲突的可能。一方面，在《中国足球改革发展总体方案》出台的背景下，体育自治理念得以彰显，亟须明确行业规则与国家强行法之间的关系；另一方面，《法律适用法》第4条的直接适用法制度虽然仅适用于涉外领域，但仍可以作为参考。结合直接适用法在国际体育仲裁中的表现，可以预见其对我国未来建立的体育仲裁制度必将产生影响，应特别关注直接适用法在我国竞技体育领域的特殊表现。

首先，《〈法律适用法〉解释（一）》第10条认为直接适用法以涉及我国公益为限，但没有施加程度上的要求。从国际体育仲裁院的实践看，单纯一国的强制性规定不足以构成直接适用法，即不能优先于体育组织制定的规则，而必须维护政治、经济乃至社会运行中的重大公益。如在前面提到的2009/A/1956案中，仲裁庭认为球员合同不因未经法罗群岛足协的批准而无效。就我国而言，作为此种重大公益的反映，能够导致合同无效的只能是《合同法》第52条第5项所指的强制性规定。

珠海横琴新区凯基投资有限公司与辽宁省篮球运动管理中心服务合同纠纷案充分说明了这一点。① 就当事人因借用球员发生的合同履行纠纷，珠海市中级人民法院认为，篮球运动员注册规定不是效力性强制性规定，双方违反《中华人民共和国体育法》第29条②和部门

---

① （2015）珠中法民二终字第300号判决书。
② 全国性的单项体育协会对本项目的运动员实行注册管理。经注册的运动员，可以根据国务院体育行政部门的规定，参加有关的体育竞赛和运动队之间的人员流动。

规定签订《球员转借协议》只应承担行政责任，不影响该协议的法律效力。虽然中国篮协根据立法授权拥有篮球行业内的管理权，但此类注册批准要求当然不构成直接适用法。该合同是双方真实意思的表达，且不违反重大公益性质的强行法，其效力有认可的必要。另外，自治规章的制定者可能比法官更熟悉相关事务，更胜任处理相关问题。① 对于竞技体育而言，此种重大与否不宜单纯借助法律位阶来判断，在必要时体育协会制定的公法性质的自治规章也有直接适用的资格。②

其次，《〈法律适用法〉解释（一）》第10条将直接适用法的分布类型化，忽视个案中存在的不同情形。直接适用法不仅在功能上表现为对国家社会生活的重要性，还强调手段的合理性，即为达成此目的所必需，以满足比例原则的要求。以体育禁赛为例，与未支付违约金的 Matuzalem 案不同，《世界反兴奋剂条例》规定多次服用兴奋剂的运动员终身禁赛不违反《瑞士民法典》第27条个体自由不得放弃的要求；反之，如果位于瑞士的国际体育组织章程将上诉国际体育仲裁院的期限缩短至决定后的3日或者1日，则因违反比例原则需要直接适用《瑞士民法典》第75条。

此外，如前述裁判 Meca – Medina 案的欧盟法院那样，应重视体育特殊性对规则具体实施的影响。在广东粤超体育发展股份有限公司与广东省足球协会、广州珠超联赛体育经营管理有限公司垄断纠纷案中③，最高人民法院认为，再审申请人粤超公司主张案涉协议书关于批准珠超公司决定参赛球队的数量和加盟球队的资格的约定系为限制商品数量的约定，但是决定参赛球队数量和资格乃举办相应足球联赛

---

① 参见［德］阿克塞尔·贝阿特《〈德国民法典〉第134条中"法律"的概念》，胡剑译，《中德私法研究》第13集（2016），第102页。

② 如2016年《中国足球协会职业足球俱乐部转让规定》第3条规定，职业足球俱乐部所属球队的参赛资格不可转让。如不考虑现行法对效力性强制规范的位阶要求，该交易禁止旨在否定相关交易的效力。

③ （2015）民申字第2313号判决书。

所必须执行的规则要求，系管理、运营比赛的应有之义，从而没有支持该项请求。在此，虽然《反垄断法》第13条对限制商品数量、分割市场等具有排除或限制竞争效果的横向垄断协议的规制无疑具有否定合同效力的强制性规定资格，但此类规定在竞技体育领域中的运用却要考虑行业的特殊性。为了维护竞技的观赏性以及赛事的组织性，存在一定程度的分割市场的必要。总之，应谨慎对待竞技体育领域的直接适用法。

五 小结

尽管竞技体育的发展需要更大的自由空间，但直接适用法仍发挥着重要作用。由于《与体育有关的仲裁法典》没有设置直接适用法制度，国际体育仲裁院借助《瑞士联邦国际私法》第18条、19条探讨了欧盟法、瑞士法以及其他国家法律当中的强制规范的直接适用。体育行业乃至体育纠纷解决的自身特点导致竞技体育中的直接适用法在解决问题、适用依据以及判断结果上呈现诸多特殊性，这对我国未来建立的体育仲裁制度也将产生影响，有必要引起我国体育界的高度重视，以此实现国家管制和体育自治的平衡。另外，出于维护行业秩序的必要，体育协会制定的自治规章也宜突破《合同法》第52条第5项强制性规定的位阶限制，拥有直接适用的资格。

第五章

直接适用法的管辖影响

作为一种法律适用方法，直接适用法在司法管辖层面的表现尚且没有得到过多关注。基于直接适用法的实体性质，学理上倾向于认为将某些事项排除管辖权的规定不能视为直接适用法。[①] 然而，如果当事人选择在国外仲裁或诉讼，则一国直接适用法的适用意图面临落空的危险，演变成为法律规避[②]的新方式，这说明二者仍存在关联。由此产生如下疑问，超越当事人选法的直接适用法能否作用于合同争端解决条款的效力，甚至构成一国新的专属管辖情形？如果一国直接适用法不影响外国裁判机构的管辖，则它在裁决或判决的承认和执行阶段又将发挥何种作用？凡此种种，宜结合直接适用法在比较法上的司法实践作进一步探讨。以下从仲裁和诉讼两方面分析直接适用法在管辖权确立阶段和裁决或判决承认执行阶段的地位，然后集中探讨我国直接适用法对管辖的影响。

第一节 直接适用法对仲裁管辖的影响

仲裁建立在当事人有效协议的基础之上，从而对抗法院的诉讼管辖。当存在当事人真实的仲裁合意时，影响仲裁管辖权确立的关键在于争议类型是否符合法律对可仲裁性（arbitrability）的规定。传统上

[①] See Ivana Kunda, Defining Internationally Mandatory Rules in European Contract Conflict of Laws, *GPR*, Vol. 4, No. 5, (2007), p. 222.

[②] 区别于通过改变连结点事实的做法，此种法律规避针对公法性强制规范。

认为可仲裁性问题应该交由冲突规范决定,即由当事人选择的法律或仲裁地的法律支配。然该要求反映了一国的公共政策,从而与实体法层面的直接适用法发生必要的关联。更何况即便直接适用法不影响争议的可仲裁性,其适用与否对裁决的承认与执行而言同样关系重大。

一 直接适用法对争议的可仲裁性的影响

(一) 直接适用法能否影响可仲裁性的争议

自审理三菱案[①]的美国法院承认涉及反垄断的私人纠纷可以仲裁以来,直接适用法能否影响仲裁管辖权一度引发热议。目前,源自《谢尔曼法》《证券交易法》《防止诈骗及反黑法》(RICO)等大多数美国监管性立法的争议都允许进行国际私人仲裁。[②] 对此,理论上认为直接适用法并不影响仲裁庭对案件的受理,而只影响案件如何裁决,[③] 涉及以增进公益为主要目标的法律的问题具有可仲裁性。[④] 作为依据,无论《罗马公约》还是《罗马条例Ⅰ》都将仲裁协议的效力排除于调整范围。[⑤]

反映在一起国际商会仲裁院审理的案件中[⑥],意大利公司与比利时公司订立了分销合同,约定任何一方如要单方终止合同都必须提前3个月向对方发出通知。案件争议适用意大利法,并提交国际商会仲

---

① 该案是最早承认直接适用法支配的领域可以进行国际商事仲裁的案件。Mitsubishi Motors Corp. v. Soler Chrysler – Plymouth, Inc., 473 U.S. 614 (1985). 案情参见丁颖《美国商事仲裁制度研究——以仲裁协议和仲裁裁决为中心》,武汉大学出版社 2007 年版,第 181—186 页。

② Philip J. McConnaughay, International Law Restraints on the Reach of National Laws Conflict of Laws, *Stan. J. Int'l L.*, Vol. 35, No. 1, (1999), p. 598.

③ See Loukas A. Mistelis & Stavros L. Brekoulakis, eds., *Arbitrability*: International and Comparative Perspectives, Kluwer Law International, 2009, p. 128.

④ See Nathalie Voser, Mandatory Rules of Law as a Limitation on the Law Applicable in International Commercial Arbitration, *Am. Rev. Int'l Arb.*, Vol. 7, No. 3 – 4, (1996), p. 331.

⑤ See Ivana Kunda, Defining Internationally Mandatory Rules in European Contract Conflict of Laws, *GPR*, Vol. 4, No. 5, (2007), p. 213.

⑥ ICC Case No. 6379.

裁院解决。意大利分销人在履行过程中按照约定的期限提前发出解除合同的通知，比利时方以该行为违反比利时法当中必须提前3年发出解除分销合同通知的强制规范为由提起仲裁。仲裁庭认为，应由当事人约定的意大利法决定当事人发出终止合同的通知是否合法。意大利法允许分销合同的当事人就终止期限作出约定，故分销人无须承担责任，比利时的强制性规定不适用于本案。同理，比利时法赋予代理人在该国起诉供货人的强制司法管辖权不能优于作为准据法的意大利法的适用。

的确，将某些民事领域排除于仲裁的程序法本身不构成直接适用法，但此种做法往往反映一国公益的需要，从而构成直接适用法存在的证明。为了维护重要的实体强制规范所要达到的法律适用结果或秩序，有必要限制当事人提交仲裁特别是域外仲裁的权利。具体而言，对可仲裁性的限制能够作为直接适用法在程序事项上的反映，如一些国家禁止将劳动争议等特定类型的争议提交仲裁，而由法院专属管辖，这多半是将劳动法当中的保护性强制规范视为直接适用法。[①] 以下以足球劳动合同争议为例作集中探讨。

（二）直接适用法能否影响可仲裁性的实践

1. 作为国际体育仲裁院仲裁地的瑞士对可仲裁性的态度

就此问题，首先要提及作为国际体育仲裁院仲裁地法的瑞士法的态度。[②] 瑞士法没有在仲裁管辖权确立阶段进行过多干预。根据《瑞士联邦国际私法》第177条第1款，具有财产性质的争议都可视为仲裁对象。虽然法律没有作出明确界定，但瑞士联邦法院认为立法试图确立广泛求助于国际仲裁的机会，从而需要宽泛解释财产

[①] 参见许耀明《法国国际私法之国际管辖权决定：以涉外劳动契约之国际管辖权决定为例》，载《国际私法新议题与欧盟国际私法》，元照出版社2009年版，第91页以下（探讨法国直接适用法对确立司法管辖权的影响）。

[②] 《与体育有关的仲裁法典》第R28条认为，国际体育仲裁院的所在地以及仲裁地都位于瑞士洛桑。即便经各方当事人同意首席仲裁员决定在其他地点进行庭审时，也不例外。

的概念。① 这也体现在《与体育有关的仲裁法典》第 R27 条第 2 款当中，即由国际体育仲裁院解决的争议包括任何与体育相关的一般性活动或事项。在实践中，该院从来没有单纯以争议与体育无关为由拒绝管辖。故区别于意大利、法国等国不承认劳动争议的可仲裁性，基于工资在劳动合同中的重要地位，瑞士承认劳动争议的财产性质。

根据《瑞士联邦国际私法》第 177 条第 2 款，除国家或国有公司和组织外，仲裁协议的当事人不得援引本国法作为可仲裁性的抗辩，即仲裁庭无须考虑那些严格解释可仲裁性的外国强制规范。如果外国法规定法院对某类案件享有强制管辖权，则只有出于维护公共政策的目的才可以拒绝争议的可仲裁性，至于仲裁裁决能否得到潜在的承认和执行地国法院的认可并非瑞士法关注的问题。②

在 2011/O/2609 案中，仲裁庭认为墨西哥劳动法构成该国的公法性强制规范，然而考虑当事人的选择，可仲裁性应由瑞士法支配。这不仅须适用《瑞士联邦国际私法》第 177 条第 1 款，而且根据瑞士联邦法院的法理，与劳动合同有关的纠纷都可以仲裁；另外，根据国际商会仲裁院第 8420 号裁决，劳动争议根据意大利法不具有可仲裁性的事实不意味着其不能在瑞士仲裁。对瑞士的仲裁庭而言，案件能否受理的唯一限制是《瑞士联邦国际私法》第 190 条的公共政策。

2. 国际体育仲裁院考虑限制可仲裁性的"外国"直接适用法的实践

基于《瑞士联邦国际私法》第 19 条对外国直接适用法的规定，国际体育仲裁院曾考虑限制劳动争议可仲裁性的"外国"③ 直接适用

---

① Me William Sternheimer, Arbitrages ordinaires pouvant êtres oumis au Tribunal Arbitral du Sport, *CAS Bulletin*, Vol. 3, No. 1, (2012), p. 51.

② See Despina Mavromati & Matthieu Reeb, *The Code of the Court of Arbitration for Sport: Commentary, Cases and Materials*, Wolters Kluwer Law & Business, 2015, p. 32.

③ 仲裁不存在法院地，所有准据法体系外的直接适用法都视为"外国"的直接适用法。然而由于国际体育仲裁院习惯援用《瑞士联邦国际私法》第 19 条为依据，此处的外国是指瑞士以外的国家。

法的效力。在 2011/O/2626 案中，被申请人辩称，根据《保加利亚民事程序法》第 19 条第 1 款，除争端对象涉及不动产所有权、赡养费以及雇佣关系外，财产纠纷的当事人可以合意提交仲裁，该案因涉及教练员雇佣纠纷不得仲裁。由于《瑞士联邦国际私法》第 19 条允许考虑外国直接适用法，故该法第 177 条就可仲裁性的规定不构成作出决定的障碍。根据上述保加利亚法体现的公共政策，仲裁庭以案件缺乏可仲裁性为由拒绝管辖。

在 2006/O/1055 案中，被申请人辩称，土耳其足协的仲裁机构根据土耳其第 3813 号法拥有排他管辖权，当事人提交国际体育仲裁院仲裁的约定违反该强制规范而无效。仲裁庭认为，所谓赋予土耳其足协排他管辖权的强制规范不足以使仲裁庭援引公共政策拒绝管辖。土耳其第 3813 号法没有明确规定，被申请人宣称此种排他管辖源于国内惯例也未能加以证实。更何况无论强制与否，此类规范与公共政策无关。它不涉及由法院专属管辖，而只是交由土耳其足协下属的仲裁机构，后者仅具有仲裁或准仲裁的性质。即使土耳其足协所属的理事会以及仲裁庭构成真正意义的仲裁机构，法律规定提交仲裁或类似程序的事实并不关乎土耳其公共政策，故国际体育仲裁院没有理由拒绝管辖。

3. 对国际体育仲裁院上述实践的评价

从上述实践可以看出，出于维护公共政策的目的，国际体育仲裁院对限制体育劳动争议可仲裁性的强制性规定予以适度关注。不过，就采用哪一国的公共政策作为标准尚缺乏一致的意见。无论 2011/O/2609 案将瑞士公共政策作为唯一的判断理由，还是 2011/O/2626 案只考虑"外国"公共政策，都有失偏颇。值得赞许的是，国际体育仲裁院在审理 2006/O/1055 案时既考虑到外国法是否具有直接适用的意图，又认为需要作为仲裁地的瑞士公共政策的检验，实现二者的有机结合。

就国际体育仲裁院的仲裁庭借助《瑞士联邦国际私法》第 19 条考虑"外国"直接适用法的实践而言，此种比附法院裁判的做法曾备受质疑。故有认为出于防止法律适用的碎片化以及有损运动员之间公平的考虑，国际体育仲裁院应该拒绝适用准据法之外的强制规范。然而上述见解不应该作为违反那些包含在各国乃至欧洲社会强行法当中最为至关重要的条款的理由。又何况如同其他的仲裁庭那样，国际体育仲裁院在适用直接适用法问题上仍留有一定的自由发挥的余地。①

二 直接适用法对裁决的承认执行的影响

（一）外国直接适用法影响裁决的承认执行的实践

关于一国法院在承认和执行外国仲裁裁决时是否要考虑外国直接适用法的适用，传统上的做法多以承认执行地的公共政策仅包括该地的直接适用法为由拒绝加以考虑。如在一家内地公司申请香港法院承认和执行中国国际经济贸易仲裁委员会（CIETAC）向香港法院作出的仲裁裁决时，被申请人香港公司认为该裁决的执行将违反公共政策。依据内地的法律，作为基础合同一方的申请人不具有缔结外贸合同资格，进而导致合同发生不法的情形。香港法院认为应该具体权衡不法性问题，在内地不具有缔约资格的不法不同于赌博合同或需要实施不法行为的不法。而且作为拒绝承认、执行裁决依据的是执行地的公共政策，没有证据表明此类合同构成香港法的不法。综上，该案不满足实施公共政策的门槛。②

然而，外国直接适用法可以化身为执行地国拒绝承认和执行外国仲裁裁决的公共政策。在英国法院审理的 Soleimany 案中，③一对父子曾达成从伊朗走私波斯地毯的合资协议，后来二者对如何分配销售收益发生争议。作为一项宗教传统，他们向犹太法庭（Beth Din, Court of Chief Rabbi）寻求仲裁。裁决要求父亲向儿子支付部分利润，由于

---

① Antoine Duval, The Court of Arbitration for Sport and EU Law: Chronicle of an Encounter, *Maastricht Journal of European and Comparative Law*, Vol. 22, No. 2, (2015), p. 237.

② Shantou Zheng Ping Xu Yueli Shu Kuao Trading Co. v. Wesco Polymers Ltd., HCCT 107/2000, 14 December 2001.

③ Soleimany v. Soleimany, [1998] APP. L. R. 02/19.

父亲没有自愿履行，儿子在英国申请执行。尽管合同准据法是伊拉克法，由于合同的实施将损害伊朗的利益，英国上诉法院仍拒绝执行认定合同有效的仲裁裁决。根据英国上诉法院在 Foster 案[①]中确立的普通法规则，如果当事人缔约的意图在于违反某一友好国家的法律，则该合同的执行因损害英国与该国的友好关系而不得强制执行。上述规则传统上只有在法院实质审理案件时才被援用，但基于发展国际友好关系的需要，英国法院在仲裁裁决的承认执行阶段将外国直接适用法所要维护的利益通过本国的公共政策加以考量，从而间接实现了外国直接适用法在私人诉讼中发挥作用的目的。

(二) 本国直接适用法影响裁决的承认执行的实践

将本国直接适用法未能在国际仲裁中适用作为拒绝承认与执行仲裁裁决的依据得到了一些学者的支持。梅耶认为，公序法的违反构成基于裁决内容而不予承认的依据，从而可以将该机制整合到公共政策当中。[②] 对此应关注发生在竞技体育领域的实践。基于体育自治的理念，国际体育仲裁院作出的仲裁裁决大多不需要求助于国家法院，从而免于承认与执行地国法院的审查。为满足本国直接适用法的需要，晚近审理佩希斯坦案的德国慕尼黑上诉法院（*oberlandesgericht*）打破了这一传统，对国际体育仲裁院作出的生效裁决进行干预。

1. 佩希斯坦案的基本情形

德国速度滑冰运动员佩希斯坦，在 2009 年参加挪威哈马尔世界杯之后，被国际滑联纪律委员会以血液检测不合格为由处以两年禁赛处罚。佩希斯坦表示不服，根据她参加上述世界杯必须签订的仲裁条款向国际体育仲裁院提起仲裁。在仲裁失利后，她以裁决违反公共政策及平等听证原则为由两度向瑞士联邦法院提出申诉，并提交专家报告证明血检结果中的红细胞数目异常乃因遗传球形红细胞（贫血）

---

① Foster v. Driscoll, [1929] 1 KB 470 (CA).
② See Bernard Hanotiau & Olivier Caparasse, Arbitrability, Due Process, and Public Policy Under Article V of the New York Convention: Belgian and French Perspectives, *Journal of International Arbitration*, Vol. 25, No. 6, (2008), p. 731.

症所致,但未获得支持。该院重申《瑞士联邦国际私法》第 190 条第 2 款构成撤销国际仲裁裁决的全部理由。除非裁决中的实体问题违反了瑞士公共政策,否则其无权审查国际体育仲裁院作出的事实查明。

佩希斯坦回到德国,针对国际滑联以及德国滑冰协会提起 390 万欧元的高额民事损害赔偿之诉。在 2015 年年初,慕尼黑上诉法院对因当事人之间的兴奋剂禁赛处罚争议发生的损害赔偿诉讼作出部分判决。[①] 根据《德国民法施行法》第 34 条、《德国民法典》第 134 条以及《德国反限制竞争法》第 19 条第 1 款以及第 4 款第 2 项,认定国际滑联迫使运动员签订交由不中立的仲裁庭仲裁的协议构成市场优势地位的滥用,进而以违反《纽约公约》第 5 条 b 款的公共政策为由拒绝承认维持国际滑联处罚决定的国际体育仲裁院裁决。[②]

2. 运用直接适用法审查仲裁裁决的逻辑

就慕尼黑上诉法院的适法过程,首先,《德国反限制竞争法》下的经济活动包括在市场上提供商品或服务的任何活动,与体育相关的事实不能排除竞争规则的适用。国际滑联乃速度滑冰世界杯这一重要赛事的唯一提供者,满足相关市场的支配地位;其次,拥有支配地位的安排为《德国反限制竞争法》第 19 条第 1 款及第 4 款第 2 项所禁止,由于国际体育仲裁院缺乏中立性,国际滑联迫使佩希斯坦签订仲裁协议乃是滥用市场优势地位的表现。结合《德国民法典》第 134

---

① OLG München, Teil – Urteil vom 15. Januar 2015 Az. U 1110/14 Kart, https://openjur.de/u/756385.html.

② 慕尼黑上诉法院的判决虽然被联邦最高法院推翻,但仍产生重大影响,以至于国际体育仲裁院在回应这一案件时不得不表明继续改革自身体制的态度。Statement of the CAS on the Decision Made by the Oberlandesgericht München in the Case between Claudia Pechstein and the International Skating Union (ISU), http://www.tas-cas.org/en/general-information/news-detail/article/statement-of-the-cas-on-the-decision-made-by-the-oberlandesgericht-muenchen-in-the-case-between-clau-2.html. 联邦最高法院判决的英文译本,see English Translation of the Judgement of the German Federal Court of Justice, of 7 June 2016 – KZR 6/15, *CAS Bulletin*, Vol. 7, No. 1, (2016), pp. 43 – 61.

条，仲裁协议违反法律禁止无效；最后，作为违反强行法发生的无效结果在国际私法层面的反映，有必要援用《德国民法施行法》第34条认定《德国反限制竞争法》的直接适用法资格。

此案的特殊之处是将一国反垄断法规制对象从常见的交易合同引申到仲裁协议，并推翻了体育自治的传统认识。其法律适用的逻辑主线在于先判断公法强制规范是否违反，然后得出此种违反在德国法下发生的实体法效果，进而援用直接适用法制度使之成为德国法院在审理案件时必须要用的法，最后基于此类规范内在的重大公益属性上升为德国法院在仲裁裁决承认和执行阶段所要考虑的《纽约公约》的公共政策。尽管法院并未就此作过多分析，实际认同了直接适用法在承认和执行外国仲裁裁决时只能通过化身为国家基本公共政策的方式发挥作用的做法。

3. 对上述做法的评价

在国际商事仲裁当中，国际商会曾在《国际合同法律适用建议草案》中将仲裁裁决有可能在一国执行作为合同或当事人与直接适用法所属国存在密切联系的表现。[①] 但专门考虑执行地国直接适用法的做法不受欢迎。其一，对于复杂的多国案件，不易猜测哪一方当事人能执行裁决；[②] 其二，预测执行地则必须确定胜诉方，而胜诉与否往往取决于是否适用直接适用法，会发生恶性循环。[③] 对于外汇管制而言，即使被告能够证明其在管制国之外不拥有资金，从而事实上不能支付，也不改变诉讼的结果。不能调度必要的资金从来不构成无须还债

---

① See Ole Lando, Conflict–of–Law Rules for Arbitrators, in Herbert Bernstein, et al., eds., *Festschrift für Konrad Zweigert zum 70 Geburtstag*, Mohr Siebeck, 1981, p. 176.

② Luca G. Radicati Brozolo, Arbitrage Commercial International et Lois de Police: Considérations sur Les Conflits de Juridictions dans le Commerce International, *Recueil des Cours*, Vol. 315, (2005), p. 469.

③ Zhilsov, Mandatory Rules and Public Policy Rules in International Commercial Arbitration, *N. Int'l L. R.*, Vol. 42, No. 1, (1995), p. 112.

的抗辩,正如不能因为债务人没有偿债能力而免于履行债务。① 因此考虑与案件关联不大却要求免除债务的资产所在地的强制规范十分荒谬。之所以考虑是为了执行,而考虑的结果是不需要偿债,故无所谓执行。与此同时,国际商事仲裁裁决承认和执行的日趋便利使得各国往往表现出更大程度的忍让,不轻易援引公共政策否定外国裁决的效力。②

然而这不表明仲裁可以一概无视承认和执行地的直接适用法,否则将难以逃脱司法审查,即便对于一直强调体育争端解决自治性的国际体育仲裁院也是如此。在应对直接适用法问题时,国际仲裁庭应适当行使自裁管辖权(Competence – Competence),③ 力求与跨国公共政策保持一致,从而达到法律适用结果的国际协调。对普遍认为构成非法的合同,不宜单纯因遵循当事人的意愿而维持其效力。

第二节 直接适用法对诉讼管辖的影响

为了维护直接适用法所要达到的特定法律适用结果或秩序,有时需要限制当事人提交域外法院审理。故此,直接适用法对管辖的影响不仅表现在仲裁领域,还往往关系到一国法院管辖权的行使,特别当发生一国未明确法院享有专属管辖的情形。本节从比较法的角度介绍

---

① Ehwad C. Freutel, Exchange Control, Freezing Order and the Conflict of Law, *Har. L. R.*, Vol. 56, No. 1, (1942), p. 40.

② 更有甚者,印度最高法院基于本国外汇管制法的未能适用而考虑撤销外国商事仲裁裁决。Venture Global Engineering v. Satyam Computer Services, (2008) 4 SCC 190. See Koji Takahashi, Jurisdiction to Set Aside a Foreign Arbitral Award, in Particular an Award Based on an Illegal Contract: A Reflection on the Indian Supreme Court's Decision in Venture Global Engineering, *Am. Rev. Int'l Arb.*, Vol. 19, No. 1, (2009), p. 173. 该裁决在美国承认和执行情况,参见高橋宏司『外国仲裁判断の取消訴訟は積極的意義を有しうるか——内国取締法規違反による取消しを中心に』,『ワールドワイドビジネスレビュー』,2009年第10卷,第230页。

③ See R. Kreindler, Competence – Competence in the Face of Illegality in Contracts and Arbitration Agreements, *Recueil des Cours*, Vol. 361, (2012), p. 302 et seq.

英、德、法等代表性国家的司法实践，并分析其优劣。

一 无心之举——普通法系法院的实践

（一）Hollandia 案

在前面提到的英国法院审理的 Hollandia 案①中，除了选择适用荷兰法外，国际海上货物运输的当事人还约定由荷兰的阿姆斯特丹法院管辖。该案合同的责任限制根据实施《海牙——维斯比规则》的1971年英国《海上货物运输法》第8条的规定为无效。同时该法第5条规定其适用于所有启运自英国港口的海上运输，本案满足这一要求。

为了案件能在阿姆斯特丹法院审理，被告提请中止诉讼。英国上诉法院认定实施《海牙——维斯比规则》的英国《海上货物运输法》包括的公益性质②具有超越当事人选法条款适用的性质。虽然当事人约定由荷兰法院管辖，为《海上货物运输法》适用之目的，同时也排除了该国法院的管辖。从而没有考虑当事人选择外国法院是否有类似立法，也没有考虑外国法院对本国直接适用法的态度，一刀切地发挥本国直接适用法在确立诉讼管辖权的作用。

（二）Akai 案

Akai 案主要涉及保险理赔的争议，其中保险人为新加坡公司、被保险人为澳大利亚公司。当案件在英国审理时，由于当事人选择适用英国法，法院拒绝考虑澳大利亚1984年《保险合同法》中的强制规范的适用，并为此发出禁诉令。③ 而此前案件在澳大利亚审理时，澳大利亚高院却认为此类规范在与澳大利亚存在最密切联系时必须适用，直接否定了当事人选择英国法院排他性管辖条款的效力。④

根据普通法系法院的实践，上述《保险合同法》中的强制规范构

---

① The Hollandia, [1983] 1 AC 565 HL.
② 如前所述，这样做并不合理，统一实体法的公益属性不同于直接适用法的公益。
③ Akai Pty. Ltd. v. People's Insurance Co. Ltd., [1998] 1 Lloyd's Rep 90.
④ Akai Pty. Ltd. v. People's Insurance Co. Ltd., [1996] 188 CLR 418.

成能够直接适用的超越法,但超越法的适用往往是片面的,不会考虑外国同类立法的域外直接适用。为了防止本国超越法适用意图的落空,澳大利亚高院借此确立的本国强制诉讼管辖权扩大了本国司法主权的范围。但其将直接适用法引入管辖权确立阶段进而否定当事人的选择法院协议却未作有力说明。如该案所示,这不利于司法礼让和判决的一致,发生平行诉讼,最终将对跨境交易产生不良的影响。[1]

二 防患未然——德国法院的实践

与普通法的实践不同,德国法院根据外国法院对待德国直接适用法的态度决定当事人协议选择域外诉讼的效力。在德国联邦最高法院审理的一起关于商事代理合同终止时是否要补偿代理人的案件中,[2] 美国公司同德国商事代理人签订了在欧盟成员国境内从事代理销售活动的合同,约定美国公司在解除代理合同时无须对代理人进行补偿,且所发生的争议由美属维尔京的法院排他管辖,并适用该地法。

德国代理人请求根据1986年12月18日的欧共体《商事代理人指令》获得补偿。由于合同中包含管辖权条款,故需要明确强制规范的适用与该条款效力的关系。斯图加特上诉法院认为,如果案件交由美属维尔京的法院审理,适用该地法将导致无须补偿的条款有效,这违反《商事代理人指令》第17、18条的规定,故而管辖约定无效。[3] 美国公司上诉至德国联邦最高法院,并申请就此提请欧盟法院作出先

---

[1] 这无疑鼓励平行诉讼并造成国际僵局。参见[德]迈克尔·J.温考普、玛丽·凯斯《冲突法中的政策与实用主义》,阎愚译,北京师范大学出版社2012年版,第61页。

[2] BGH 5 September 2012 – VII ZR 25/12. 在2006年,慕尼黑上诉法院已经有类似的实践,只是尚未得到德国联邦最高法院的检验。OLG München, 17 May 2006 [2006] Wertpapier Mitteilungen 1556. See Jan. Kleinheisterkamp, Eingriffsnormen und Schiedsgerichtsbarkeit: Ein praktischer Versuch, *RabelsZ*, Bd. 73, H. 4, (2009), p. 820.

[3] Oberlandesgericht (OLG) Stuttgart 29.12.2011 – 5 U 126/11.

决裁决。联邦最高法院不予批准，认为当事人选择的美属维尔京的法律不仅没有关于商事代理合同终止时需要对代理人进行强制补偿的规定，而且美属维尔京的法院不会考虑欧盟强制规范的适用。如果案件在该地审理，原告必然败诉。为了实现《商事代理人指令》的适用，法院还援引审理 Ingmar 案的欧盟法院作出的该指令必须在联盟内强制适用的判决。

在 Ingmar 案中，[①] 一家英国公司在英国代销美国加利福尼亚公司的货物，约定合同适用加州的法律。由于加州公司在解约时未给予补偿，英国公司援引英国实施《商事代理人指令》的国内立法提出索赔。英国高等法院认为，由于合同适用加州的法律，被代理人解除合同时不必支付补偿金。原告提起上诉，英国上诉法院就该案的法律适用向欧盟法院提请先决裁决。欧盟法院认为，《商事代理人指令》第 17 条和第 19 条不仅保护商事代理人的利益，还有助于联盟内设业自由的实现以及公平竞争的开展。为实现欧盟基础条约的目标，上述条款有必要在联盟内得到普遍遵守，不论合同选择适用何国法律。[②] 总之，在欧盟法院看来，欧盟商事代理制度拥有确保设业自由并避免扰乱内部市场竞争的双重目标，故有必要在联盟内统一适用。而德国联邦最高法院借助 Ingmar 案认定当事人交由美属维尔京的法院管辖的约定无效，无疑将这一指令的必须适用从法律适用层面延伸至管辖权确立的阶段，扩大了直接适用法发挥作用的空间。

三 秋后算账——法国法院的实践

就本国直接适用法能否影响司法管辖权的确立，法国最高法院在

[①] Ingmar GB Ltd. v. Eaton Leonard Technologies Inc., C‐381/98, [2000] E.C.R. 1‐9305.

[②] 这引起很大争议，美国学者给予否定评价。Johan Erauw, Observations about Mandatory Rules Imposed on Transatlantic Commercial Relationships, *Hous. J. Int'l L.*, Vol. 26, No. 2, (2004), pp. 263‐286. 要注意的是，该案不属于《罗马条例Ⅰ》第 3 条第 4 款规定的欧盟法当中的强制规范的适用情形。

2008年①和2010年②审理的两起单方中止分销协议的管辖权纠纷中表明了支持当事人选择域外的法院或仲裁庭管辖的立场。前者关于美国供货人和法国分销人在签订分销协议时约定纠纷由美国旧金山法院管辖，后者涉及瑞典供货人和法国分销人选择在法国境外仲裁。

规范分销协议的《法国商法典》第L.442-6，I，5条③主要出于私人利益的维护，是否构成无须冲突规范指引的直接适用法存在疑义。但法国最高法院认为，当仲裁协议或选择法院协议本应有效时，不会仅仅因为存在强制规范而排除协议选择外国诉讼或仲裁的效力，即使上述规范构成必须适用于该案的法国公序法。不过，一旦最终行使管辖权的外国法院或仲裁庭没能适用上述法国公序法，则法国法院将基于国际公共政策拒绝承认或执行该外国法院或仲裁庭作出的判决或裁决。④

四 对上述做法的评价

与普通法国家的法院对直接适用法和管辖权关系的认识还处于模糊的朦胧状态不同，德法两国的司法实践明显意识到了直接适用法在法律适用外的阶段也有发挥作用的可能。在德国法院看来，为实现《商事代理人指令》统一适用的意图，即使此类争议无须由欧盟成员国法院专属管辖，也有必要防患于未然，对欧盟直接适用法在域外法院适用的情况进行评估。一旦得出域外法院存在不适用的风险，即否

---

① Civ. 1ère, 22 octobre 2008, *R. C. D. I. P.*, Vol. 98, n° 1, (2009), p. 69.

② Civ. 1ère, 8 juillet 2010, noted by Dominique Bureau & Horatia Muir Watt, *R. C. D. I. P.*, Vol. 99, n° 4, (2010), p. 743.

③ 为保护分销协议中分销人的利益，该条规定，在没有提前书面通知的情况下，突然终止分销协议的经营者需要承担赔偿责任。《法国商法典》第L.330-3条也包含了一条类似的规定，即特许合同的许可人有义务事先提供信息，该条款的能否直接适用同样存在较大争议。See Rosa Lapiedra, et al., Managing Asymmetry in Franchise Contracts: Transparency as the Overriding Rule, *Management Decision*, Vol. 50, No. 8, (2012), p. 1497.

④ Elisabeth Flaicher - Maneval, Les litiges internationaux, *Journal des sociétés*, n° 85, (2011), p. 33.

定当事人选择法院协议的效力,而交由本国法院审理。这样做往往是武断的,对那些不存在外国直接适用法制度的国家,基于礼让的需要,实践中也往往会关注此类规范的适用。[①] 更何况根据 2005 年海牙《选择法院协议公约》第 6 条,只有赋予排他性选择法院协议以效力会导致明显的不公正或会将明显违背法院地国的公共政策,被选择之外的缔约国法院才应中止或驳回协议所适用的诉讼。此处的公共政策是指由法院专属管辖的规定,明显不包含上述情形。

有学者认为法国最高法院就上述案件管辖的裁定旨在强调直接适用法仅仅关乎合同实质部分的效力问题,而不能作用于针对争端解决的选择法院协议。[②] 该院虽然没有直接基于本国公序法的存在扩大司法管辖权,却倾向于采取事后控制(contrôler a posteriori),在判决的承认与执行阶段加以审查。此种模式最早在美国的司法实践中盛行,即当案件涉及《证券交易法》《谢尔曼法》等维护社会公益的强制性立法时,法院不会因此认定争议不具有可仲裁性,而是留待承认和执行阶段进行二次观察(second look)。[③] 这较好地解决了本国强行法的直接适用要求与合同当事人自由选择裁判地之间的紧张关系,既维护了直接适用法背后的重大公益,又避免当事人的争端解决意图遭受过多限制。

然而这样做并非没有问题。就上述分销解除争议而言,在境外获得胜诉判决或裁决的外国供货人无须再向分销人承担赔偿责任,自然不会在法国启动承认或执行程序。而对于《纽约公约》下的生效仲裁裁决,败诉的法国分销人也无法要求法国法院审查。[④] 上述看法过

[①] 如《第二次冲突法重述》第 187 条第 2 款 b 项。

[②] See André J. Berends, Why Overriding Mandatory Provisions that Protect Financial Stability Deserve Special Treatment, *N. Int'l L. R.* Vol. 61, No. 1, (2014), p. 80.

[③] See Martin Davies, Forum Selection, Choice of Law and Mandatory Rules, *Lloyd's Maritime and Commercial Law Quarterly*, No. 2, (2011), p. 246.

[④] See Valérie Pironon, Négocier et renégocier hors la loi française: quelles possibilités?, Pratiques contractuelles et droit de la concurrence, *Concurrences/colloque*, n°1, (2011), p. 29.

于看重域外判决或裁决的既判力,如果法国分销人在法国重新提起诉讼,法院须附带审查域外判决或裁决的效力,[①] 纵然其根据《纽约公约》或双边司法互助协定有承认的义务,也不排除因为本国直接适用法的违反例外地作出公共政策层面的保留。

不过,不宜将一切与本国直接适用法适用结果不符的情况均视为拒绝承认和执行的对象。如在本章第一节提到的国际商会审理的分销合同案中,虽然比利时作为分销人的营业地以及商品的销售地,故该国有关通知的强制规范与案件存在密切联系,但当事人选择意大利法同样具有合理性,应视为平等商业主体对风险的预先安排,故获得了仲裁庭的支持。对事后审查的法院而言,即使该国保护性强制规范在仲裁中的未适用,从而一方获得较低程度的保护,也不宜作为该国公共政策受损的情形,从而避免作过多的实质审查。

最后,德国法院将保护商事代理人的强制规范视为直接适用法的做法似乎与其传统上坚持干预规范理论的重大公益属性不符。[②] 此种例外乃是基于欧盟法的要求,即指令以及实施指令的国内立法构成欧盟范围的直接适用法。由此引发了如下疑问,当出现各成员国实施上述指令的保护程度不一致时,如何解决纯粹发生在欧盟领域内的直接适用法之间的冲突,特别是能否基于本国直接适用法的必须适用否定当事人选择在其他欧盟成员国诉讼的权利?

对此应关注 Unamar 案。[③] 该案涉及一份比利时人代理保加利亚公

---

① 正如审理佩希斯坦案的慕尼黑法院需要考虑先前裁决是否发生既判力。

② 即使传统认为保护弱势一方群体的立法构成直接适用法的法国也是如此。法国最高法院商业审判庭曾认为,拥有独立身份的商事代理人不同于雇员,不需要冲突法层面的特别保护,保护商事代理人的法律不构成直接适用法。与 Ingmar 案不同,该保护商事代理人的规则并非实施《商事代理人指令》的结果。Com., 28.11.2000.

③ United Antwerp Maritime Agencies (Unamar) NV v. Navigation Maritime Bulgare, Case C184/12. María Asunción & Cebrián Salvat, Agencia comercial, leyes de policía y derecho internacional privado europeo, *Cuadernos de Derecho Transnacional*, Vol. 6, n° 1, (2014), pp. 355 – 364. Jan D. Lüttringhaus, Eingriffsnormen im internationalen Unionsprivat – und Prozessrecht: Von Ingmar zu Unamar, *IPRax*, Jah. 34, H. 2, (2014), p. 146.

司从事集装箱班轮运输服务的商事代理合同，约定适用保加利亚法，并在保加利亚仲裁。作为欧盟成员国的保加利亚实施《商事代理人指令》的法律对代理人保护的标准低于比利时，故在解约时出现补偿纠纷，比利时代理人根据该国法对商事代理案件享有专属管辖权的规定在比利时法院起诉。一审法院认为，根据《商事合同代理法》第27条，除比利时加入的国际条约另有规定外，在比利时拥有主要营业地的商事代理人的任何活动都适用比利时法并由比利时法院管辖，该法即使不属于国际公共秩序，也要排除当事人选择的外国法，构成直接适用法。二审法院推翻了一审判决，商事代理人上诉至比利时最高法院。最高法院就该法第18、20、21条是否构成直接适用法向欧盟法院提请先决裁决，欧盟法院认为国内法院可以依据《罗马公约》第7条第2款的法院地直接适用法制度排除当事人选择的另一成员国实施欧盟指令的法律。这表明即便实施欧盟《商事代理人指令》的成员国立法满足欧盟对保护欧盟境内商事代理人的最低限度要求，其他成员国也没有承认的义务。由此，为了此类直接适用法的最终实施，一国仍有可能限制当事人在其他成员国境内进行诉讼或仲裁。

第三节 中国直接适用法对管辖的影响

中国国际私法学界仅仅关注直接适用法对法律选择的影响，尚且没有发现其在管辖权确立及判决承认和执行中的地位。作为法律适用解释，《〈法律适用法〉解释（一）》第10条未说明直接适用法对管辖产生何种效果。结合上述比较法的观点以及我国的司法实践，本节将从仲裁和司法两方面分析中国直接适用法对管辖的影响。

一 中国直接适用法对仲裁管辖的影响

（一）对可仲裁性的影响

该问题集中于劳动争议的可仲裁性。《中华人民共和国仲裁法》第2、3条从原则和例外两方面界定仲裁的范围，即平等主体的公民、法人和其他组织之间的合同等财产权益纠纷都可以仲裁,并未禁止将劳动争议提交仲裁,故无论保护劳动者的强制规范是否构成直接适用法,都不影响我国涉外仲裁机构受理此类案件。① 结合国际体育仲裁院的仲裁实践,即便为礼让之目的,我国仲裁机构需要考虑外国限制或禁止劳动争议仲裁的规定,也宜服务于公共政策的需要而从严把握。

(二) 对仲裁裁决承认和执行的影响

1. 我国司法实践的态度

从司法实践看,为善意履行《纽约公约》,最高人民法院在 1995 年 8 月 28 日下发的《关于人民法院处理与涉外仲裁及外国仲裁事项有关问题的通知》设计了拒绝承认和执行外国仲裁裁决的报告制度,使得各级法院在运用公共政策拒绝承认外国仲裁裁决问题上表现得过于谨慎。一味将公共政策限于承认仲裁裁决的结果违反我国的基本法律制度、损害我国根本社会利益的情形,忽略了我国直接适用法的适用要求。

在 ED&F 曼氏(香港)申请承认和执行伦敦糖业协会仲裁裁决案中,② 最高人民法院认为,境内企业未经批准不得从事境外期货交易。被申请人擅自从事境外期货交易的行为依照中国法律应认定为无效。但违反法律的强制性规定不等同于违反我国的公共政策,故裁决不存在违反公共政策的情形。③ 同样在三井物产案中,虽然我国企业在未经外汇管理部门批准并办理外债登记的情况下对外承担债务违反了外债审批及登记规定,但最高人民法院认为,对行政法规和部门规章中

---

① 《仲裁法》第 77 条将劳动争议仲裁交由行政性质的《中华人民共和国劳动争议调解仲裁法》下的强制仲裁解决。当案件具有明显的涉外情形,这不妨碍劳动争议的当事人达成商业性的仲裁协议。

② 类似案件,参见何其生《国际商事仲裁司法审查中的公共政策》,《中国社会科学》2014 年第 7 期。

③ 《最高人民法院关于 ED&F 曼氏(香港)有限公司申请承认和执行伦敦糖业协会仲裁裁决案的复函》。

强制性规定的违反不必然构成对我国公共政策的违反。①

2. 对实践做法的评价

无论根据《〈法律适用法〉解释（一）》第 10 条还是我国既往的司法实践，规范证券期货交易和承担外债的法律法规都是直接适用法的重要表现形式。的确不能将仲裁实体结果的公平与否作为认定承认和执行仲裁裁决是否违反我国公共政策的标准，②但不表明仲裁裁决可以无视承认和执行地的直接适用法。此类规范乃是基于维护一国至关重要公益的目的，当事人不具有处分权，不能因为其选择域外仲裁而被规避。国际法协会 2002 年发布的《关于以公共政策为由拒绝执行国际仲裁裁决的最终报告》（Final Report on Public Policy as a Bar to Enforcement of International Arbitral Awards）明确将违反执行地国的直接适用法作为《纽约公约》下拒绝承认和执行外国仲裁裁决的公共政策的情形之一。③

需要注意的是，作为外国法适用例外的公共秩序保留和仲裁承认和执行中的公共政策考量不在同一语境之下，不能等同视之。④虽然一国法院应谨慎援用仲裁承认和执行中的公共政策，从而使得于该国看来必须适用的法在国际商事仲裁中不必直接适用，但这主要针对矫正当事人之间公平正义的内设型和外接型强制规范，而不应扩及到维护一国重大公益的前置型强制规范。后者即使在判决或裁决的承认和执行阶段也应该由法院主动审查，从而化身为承认和执行地国的公共

---

① 《最高人民法院关于日本三井物产株式会社申请承认和执行斯德哥尔摩商会仲裁院仲裁裁决案的复函》。各级法院在公共政策审查标准差异的总结，参见徐春龙、李立菲《〈纽约公约〉中"公共政策"的理解与适用》，《中国海商法研究》2014 年第 4 期。

② 《最高人民法院关于 GRD MINPROC 有限公司申请承认并执行瑞典斯德哥尔摩商会仲裁院仲裁裁决一案的请示的复函》。

③ 报告强调，一般意义的强制规范，无论来自法院地法、准据法、合同履行地法还是仲裁地法，都不构成承认执行的障碍。file:///C:/Users/pc/Downloads/international_ commercial_ arbitration_ res_ 2002_ english.pdf.

④ See Jan–Jaap Kuipers, *EU Law and Private International Law*, Martinus Nijhoff, 2011, p. 67.

政策发挥作用。

3. 未来的应对之道

仲裁不是逃脱国家监管的手段。尽管一国法院很少会以本国直接适用法的未能适用为由拒绝执行外国仲裁裁决,[①] 但这是悬在仲裁庭头上的达摩克利斯之剑,提醒其注意国家法秩序的存在,故我国法院尤其是最高人民法院的态度应当转变。

就审查理念而言,德国法院审理的佩希斯坦案说明通过仲裁解决纠纷的方式并非法律的真空,在严重背离国家直接适用法构建的强行法秩序时仍有被推翻的可能。法院在这一过程中应重视仲裁行业的特殊性,全面权衡仲裁自治与国家规制的关系,在必要时才可以借助直接适用法进行干预。

就审查阶段和范围而言,由于我国立法上鲜有基于直接适用法限制当事人对争端解决方式的选择,应关注法国适用公序法晚近的司法实践,对我国直接适用法进行事后控制。即在仲裁裁决的承认和执行阶段予以审查,从而尽量维护当事人选择域外解决争议条款的效力,避免管辖权的冲突。借鉴审理 Soleimany 案的英国法院的做法,审查的范围应不限于我国直接适用法,当外国直接适用法的实施涉及我国的国际法义务、国际交往利益或维护与友好国家的关系时,同样应作为外国仲裁裁决在我国承认与执行的条件,以进一步实现直接适用法的双边化。

就审查方式而言,首先要结合直接适用法判断的实体法标准,关注转介条款对强制规范的解释方法,[②] 使得直接适用法在承认和执行阶段遵循与我国法院审理案件时的相同判断标准,以维护涉外司法的

[①] Horatia Muir – Watt & Luca G. Radicati di Brozolo, Party Autonomy and Mandatory Rules in a Global World, *International Law FORUM du droit international.*, Vol. 6, No. 2, (2004), p. 90.

[②] 法院对外国仲裁机构针对违反我国管理性强制性规定的合同所作出的仲裁裁决的承认和执行不违反我国的公共政策。参见崔学杰、何云《论对涉及违反管理性强制性规范的合同所作出的外国仲裁裁决的承认和执行——利夫糖果(上海)有限公司申请承认和执行新加坡国际仲裁中心仲裁裁决案评析》,《北京仲裁》2010 年第 2 期。

公信力。目前却难以保持标准的一致。ED&F 曼氏（香港）案和三井物产案涉及的外汇管制措施都构成审判实践中的直接适用法,最高人民法院轻率地将其排除于公共政策审查的范围。尽管外汇管制措施的直接适用资格存疑,往往不构成效力性强制性规定,但最高人民法院的做法却无益于改善这一现状,陷入自相矛盾境地;① 其次要考虑可能需要直接适用的强制性规定的作用对象、持续时间以及有无溯及力或例外。② 广东省高级人民法院在审查伦敦某行业协会仲裁裁决的执行时认为,尽管国家质检总局发出暂停申请人向中国出口巴西大豆资格的公告,但公告的内容没有直接针对该仲裁裁决项下的货物,故该案适用公共秩序保留原则缺乏足够依据,不宜认定该裁决在中国的承认和执行违反中国的社会公共利益。③ 国家质检总局的禁令虽然在理论层面构成直接适用法,但一旦不满足自身的适用范围,不得在个案中援用。

二 中国直接适用法对诉讼管辖的影响

（一）对专属管辖的影响

中国直接适用法在专属管辖领域集中体现在前面多次提到的《合同法》第 126 条第 2 款。该规范形式上构成单边冲突规范,但实质上却是为了实现我国投资领域的公法性强制规范的适用。为了防止此类规范被当事人通过选择域外法院的方式规避,根据《中华人民共和国民事诉讼法》第 266 条,因在中国履行中外合资经营企业合同、中外

---

① 这同样反映在涉嫌违反《公司法》第 20 条第 1 款的对赌协议效力问题上。参见沈永东《论"对赌"与公司法强制规范的司法及仲裁适用》,《北京仲裁》2016 年第 1 期。

② 《关于以公共政策为由拒绝执行国际仲裁裁决的最终报告》认为,如果禁止裁决结果在本国实施的法院地直接适用法在该裁决作出之后才颁布,则只有立法者意图将直接适用法适用于其颁布之前作出的裁决时,法院才可以据此不予承认或执行。

③ 《最高人民法院关于邦基农贸新加坡私人有限公司申请承认和执行英国仲裁裁决一案的请示的复函》。此类因临时禁令而引发争议的案件,可参见陈安《论英国 FOSFA 裁决之严重枉法、不予执行——中国中禾公司采购巴西含毒大豆案述评》,《国际经济法学刊》2009 年第 1 期。

合作经营企业合同、中外合作勘探开发自然资源合同发生纠纷提起的诉讼由中国法院专属管辖,当事人不得通过协议选择外国法院的方式排除。然而这在实践中并不妨碍当事人在国外申请仲裁。[①] 2015 年《关于适用〈中华人民共和国民事诉讼法〉的解释》第 531 条规定,属于我国法院专属管辖的案件,当事人不得协议选择外国法院管辖,但可以协议选择仲裁。

此种专属管辖权的事先安排服务于直接适用法的适用需要,然而这样做并不合适。[②] 与该问题在法律适用上的表现类似,此时中国法的必须适用其实针对个别的直接适用法规范,为此全盘否定当事人选择在域外法院诉讼的权利违反比例原则,与直接适用法追求的目标不符。其次,在直接适用法制度双边化的大背景下,即使案件由域外法院管辖,我国直接适用法也有被认可的可能。另外,区别对待当事人选择域外诉讼和域外仲裁的作法并无充分理由。尽管这体现了有利于仲裁的理念,但直接适用法所维护公益的本质是一致的,其适用要求不会因为争端解决方式的不同而有所差异。

(二) 对协议管辖的影响

对不涉及我国专属管辖的涉外财产性纠纷,当事人可以合意选择域外法院进行审理。关于此种选择是否受制于中国直接适用法应关注近期发生的一起案件。在 Excalibur Special Opportunities LP 诉长春永新迪瑞合同纠纷上诉案[③]中,案外人永新药业是一家在美国特拉华州成立的公司,它向本案的上诉人——加拿大安大略省公司出

---

① 对此种做法的异议,参见周艳波、庞玉石《论外资争议事项的不可仲裁性与我国仲裁管辖制度的完善——以哇哈哈与达能公司强购案为例证》,《商业研究》2013 年第 7 期。

② 上一节提到的比利时《商事合同代理法》第 27 条要求在比利时拥有主要营业地的商事代理人的任何活动都应由比利时法院管辖在该国的司法实践中并未被完全遵守。See Jan. Kleinheisterkamp, Eingriffsnormen und Schiedsgerichtsbarkeit: Ein praktischer Versuch, *RabelsZ*, Bd. 73, H. 4, (2009), pp. 823 – 824.

③ (2015) 吉民三涉终字第 4 号判决书。

售公司债券,该笔债务的偿还由永新药业的五个中国子公司提供担保。认购及担保合同约定由纽约法院管辖,并适用纽约法。争议发生后,上诉人即原审原告选择向永新药业五个中国子公司所在地的长春市中级人民法院提起诉讼。该院以不具有管辖权为由驳回起诉,上诉人向吉林省高级人民法院提起上诉。就管辖争议,该院肯定了长春市中级人民法院援引《关于适用〈中华人民共和国民事诉讼法〉的解释》第 531 条第 1 款[①]认定当事人选择由美国纽约法院管辖的协议有效的做法。在此,高院特别强调这一约定不违反中国法律的强制性或禁止性规定。然这更应该指民事诉讼管辖中的程序性强制规范,如我国的专属管辖规定,并非实体法层面的强制规范,从而不涉及直接适用法的范畴。

不过,上诉人提起上诉的理由是一审法院的裁定用外国法认定保证合同的效力,与《〈担保法〉解释》第 6 条相悖,违反了"当事人规避我国强制性或者禁止性法律规范的行为,不发生适用外国法律的效力"的规定。由于本案的担保人均为中国企业,所担保债务的债权人是外国法人,构成对外担保,从而需要面临我国外汇管理部门的审批登记要求。对此,吉林省高级人民法院认为,当事人约定的协议管辖条款独立于合同效力,合同的有效与否、变更与否或者终止与否都不影响解决争议条款的效力,故不予支持。不难看出,吉林省高级人民法院认为上诉人主张的是当事人签订的保证合同因规避了中国的强制性或者禁止性规定而无效,从而导致合同下的选择域外法院管辖的约定无效。这看似坚持了争端解决条款的独立性,却是对上诉人主张认识不清的结果。虽然上诉人没有明确援用《法律适用法》第 4 条而求助于法律规避禁止制度,但事实上认为如果法院认定当事人选择的纽约法院管辖有效,这将使得中国对外担保审批规定的直接适用目的

[①] 该款规定,涉外合同或者其他财产权益纠纷的当事人,可以书面协议选择被告住所地、合同履行地、合同签订地、原告住所地、标的物所在地、侵权行为地等与争议有实际联系地点的外国法院管辖。

落空。

　　当然，即便上诉人援用了直接适用法制度作为否定域外选法协议效力的依据，也很难说服该案法官，毕竟我国的司法实践普遍缺乏将直接适用法引入案件管辖阶段加以考虑的意识。有疑惑的是，是否应将直接适用法的意图作为当事人选择法院协议的有效要件。对此应注意选择法院协议和法律选择协议的不同。就前者，直接适用法可以作为法律选择协议支配准据法范围的外部限制，不宜因为某些强制规范的直接适用全盘否定当事人的选法约定；就后者，由于管辖对象的不易分割，直接适用法在管辖权确立阶段的发挥作用将使得整个争议的管辖情况发生根本变化，基于比例原则和维护当事人意思自治的需要，我国法院应该谨慎处理，仿效法国法院事后审查的做法是更恰当的选择。另外，虽然本案当事人除了选择纽约法院还约定适用纽约法，从而导致中国对外担保领域的强制规范在域外审理时多半不具有合同准据法的地位，但审慎观察纽约法院的审理实践，可以发现中国直接适用法仍有被认可的空间。[①] 故即使遵从德国法院预先判断域外法院法律适用结果的模式，也需要维护当事人的争端解决意愿。总之，无论采取哪种做法都与最终审理结果无太大的出入，但法院的说理难以令人信服。

---

① 此类规定在纽约法院的适用路径，参见第六章第二节标题二、三的内容。

第六章

直接适用法的域外承认

体现中国重大公益的直接适用法能否获得域外承认需要我国理论界和实务界的特别关注。仅从外汇管制的角度，中国对资本项目下的用汇一直采取较严格的外汇审批制度。如前所言，虽然从实体法的角度会得出不同的结论，但根据法律法规、司法解释以及实践做法，事前未经审批或事后未经登记的外汇交易及对外担保合同注定无效。在发达国家和地区已取消审批等外汇管制措施的背景下，此种实体法差异的存在极易导致法律冲突。同时，涉外合同适用当事人选择的法律是国际私法公认的原则，而许多中方参与的外汇交易、对外担保往往约定适用域外法并实际由域外法院管辖，使得该问题表现得更加突出。

作为中国两大经贸伙伴，欧美对中国直接适用法的态度至关重要。目前在审理涉外合同案件时有条件承认外国直接适用法的私法效力已经在欧盟层面达成共识。《罗马公约》第 7 条第 1 款和《罗马条例Ⅰ》第 9 条第 3 款实现了外国直接适用法制度的欧盟化。[①] 然而，此类规则针对外国直接适用法施加了联系要求、适用效果等诸多限制，而且在具体运用上赋予成员国较大的自由裁量权，因此中国直接适用法的适用前景存在不明之处。在大西洋的彼岸，美国冲突法对直

[①] 根据《罗马公约》第 22 条第 1 款 a 项，英国、爱尔兰、德国、卢森堡、葡萄牙、拉脱维亚和斯洛文尼亚七国对外国直接适用法制度提出保留。由于《罗马条例Ⅰ》属于欧盟机构制定的、直接在成员国生效的条例，除了不参加欧盟司法合作的丹麦外，其他欧盟成员国都接受了这一条款。

接适用法的概念几近于陌生。① 在缺乏外国直接适用法制度的情况下，中国直接适用法能否以及如何在美国发生的诉讼中适用同样成为亟待解决的命题。本章通过分析英美法院近年来审理的经典案例，发现中国直接适用法能够得到境外承认的途径，为参与域外诉讼的中方当事人提供参考。

第一节 中国直接适用法在英国的承认

伦敦是著名的国际金融航运中心，探讨作为中国直接适用法的对外担保审批规定在英国的适用有重要意义。发生于2010年的Emeraldian案②是集中考虑该问题的典型，突出反映了英国法院在《罗马公约》时期对待外国直接适用法的态度。虽然就英国的合同法律适用而言，《罗马公约》已经为《罗马条例Ⅰ》取代，③ 但考虑到目前因英国退欧带来的不确定因素，④ 这一案件仍具有重要的研究价值。本节以 Emeraldian 案为中心，首先探讨中国对外担保审批规定的法律适用价值，其次分别展示在《罗马公约》和《罗马条例Ⅰ》阶段英国法院承认中国对外担保审批规定的具体依据，再者分析造成中英两国法律适用差异的原因，最后总结中国可以采用的应对方法。

---

① Patrick J. Borchers, Categorical Exceptions to Party Autonomy in Private International Law, *Tul. L. Rev.*, Vol. 82, No. 5, (2007 – 2008), p. 1652.

② Emeraldian Limited Partnership v. Wellmix Shipping Limited & Guangzhou Iron & Steel Corporation Limited, [2010] EWHC 1411.

③ 除内容上的差异，英国《合同（准据法）法》将《罗马公约》转化为国内法适用，《罗马条例Ⅰ》则无须转化，发生直接效力。

④ 退欧以后，如果《罗马条例Ⅰ》不再作为英国法而适用，实施《罗马公约》的英国《合同（准据法）法》将恢复效力，不过，由于《罗马条例Ⅰ》本质为私法性质，其最终前景取决于英国与欧盟未来达成的安排。See Andrew Dickinson, Back to the Future – The UK's EU Exit and the Conflict of Laws, *J. Priv. Int'l L.*, Vol. 12, No. 2, (2016), p. 202, 210.

一 中国对外担保审批规定的法律适用价值

在《法律适用法》颁布之前，对外担保审批规定构成中国法院审理对外担保合同必须要用的法。当对外担保的当事人选择适用中国法或在没有选择时而合同与中国存在最密切联系时，则中国对外担保审批规定被视为准据法的一部分而具有适用资格；另外，理论上最密切联系原则会指引域外法，但在司法实践中如果对外担保的当事人没有选择法律，则中国法几乎无一例外地构成客观准据法。[①] 即使在极个别情形下根据特征性履行理论指向外国法，也会通过但书条款转而适用中国法。[②] 当对外担保的当事人选择包括香港法在内的域外法作为合同准据法时，法院往往援引公共秩序保留或法律规避禁止处理此类案件，从而排除域外法，并根据统一联系原理适用中国对外担保审批规定。[③] 无论如何，未经审批的对外担保合同都会被认定无效，进而发生《〈担保法〉解释》第7条的承担无效责任的后果。

如前所述，中国银行（香港）诉铜川鑫光担保纠纷上诉案[④]认定

[①] Guangjian Tu & Muchi Xu, Contractual Conflicts in the People's Republic of China: The Applicable Law in the Absence of Choice, *J. Priv. Int'l L.*, Vol. 7, No. 1, (2009), pp. 198 – 199. 根据2013年《关于审理独立保函纠纷案件若干问题的规定（征求意见稿）》第5条，担保人和受益人之间的涉外独立保函争议适用保函约定的法律。当事人主张涉外独立保函争议应当适用基础法律关系所适用的准据法的，人民法院不予支持。未就法律适用达成一致的，应当适用担保人经常居所地法律。这说明在当事人没有选择法律时，法官很有可能适用担保人经常居所地即我国法。

[②] American Eel Depot Corp 等与慈溪佳康进出口有限公司买卖合同纠纷上诉案，(2009) 闽民终字第792号判决书（法院以美国担保人所担保的买卖合同下的货物交付发生在中国为由，认为担保合同与中国有更密切联系）、先进氧化铁颜料有限公司与HOP投资有限公司居间合同纠纷上诉案，(2010) 苏商外终字第0059号判决书（法院以居间的业务针对中外合资经营企业的股权转让，股权转让事实及变更登记手续发生在我国境内且必须适用我国法为由，排除了本应适用的居间人的住所地法）。

[③] 中国银行（香港）诉湛江第二轻工公司、罗发、湛江市政府担保纠纷案，(2004) 粤高法民四终字第26号判决书。

[④] (2004) 粤高法民四终字第6号判决书。

对外担保审批规定具有超越当事人选择的域外法适用的效力,即在法院审理的内地机构对外担保案件中具有直接适用的效力。然关于对外担保的强制性规定的直接适用仅仅导致准据法中与该规定冲突的法律排除,并不影响准据法中的其他相关规定的适用。在《法律适用法》颁布之后,普遍认为只需援引直接适用法制度即可实现中国对外担保审批规定的目的。[①] 与公共秩序保留或法律规避禁止不同,直接适用法制度针对个别条文,即只有强制性规定适用于具体的争议点,除此之外仍求助于准据法。[②] 故认为未经审批的对外担保合同无效的认定和无效的后果应该分别适用法律。前者的适用依中国法,后者由当事人选择的准据法决定。

二 《罗马公约》背景下中国对外担保审批规定在英国的承认

在 Emeraldian 案中,原告利比里亚船东和第一被告租船人华美公司因使用不安全泊位产生的滞期费的负担发生争议。作为第二被告的广州钢铁集团公司(以下简称广州钢铁)曾就租船人在租船合同下承担的义务向原告出具保函。在庭审中,广州钢铁认为,该保函因未获得中国外汇主管部门的批准无效。作为主合同的租船合同约定适用英国法并由英国法院管辖,但保函未包括准据法条款,故法院需解决中国对外担保审批规定的能否适用问题。无论在《罗马公约》还是《罗马条例Ⅰ》的背景下,根据冲突法领域的英国成文法以及传统普通法,中国对外担保审批规定均有可能经由合同准据法、强制规范以及公共政策三种途径适用。

[①] 参见刘贵祥《涉外民事关系法律适用法在审判实践中面临的几个问题(下)》,《中国法律》2011 年第 6 期。另外,《关于审理独立保函纠纷案件若干问题的规定(征求意见稿)》第 6 条曾规定,除我国境内银行开立的独立保函,独立保函构成对外担保的,人民法院应当根据《法律适用法》第 4 条,直接适用我国法律关于对外担保的强制性规定。基于近期外汇管理体制改革,该规定在 2016 年 12 月 1 日生效时取消了这一条文。

[②] Yongping Xiao & Weidi Long, Contractual Party Autonomy in Chinese Private International Law, *Yb. Priv. Int. L.*, Vol. 11, (2009), pp. 205 – 206.

（一）合同准据法的确定

首先，就准据法的确定而言，根据《罗马公约》第3条第1款，合同当事人可以通过明示或默示的方式选择准据法。双方对此没有异议，但未能就该款适用的后果达成共识。原告认为，由于保函和租约二者的关系密切，在租约约定英国法为准据法的情况下，应认为当事人就保函默示选择英国法。广州钢铁则认为，作为在上海证券交易所上市的中国公司，他意图承担中国香港公司在租约下的责任，且保函系在其广东总部签发并送至原告位于上海的办事处，凡此种种说明当事人默示选择中国法。

租约包含的高等法院争端解决条款（High Court Dispute Resolution Clause）规定，任何与租约有关的争议都应由英格兰及威尔士高等法院管辖，适用英国法。广州钢铁在其2008年公司年度财务报告中将租船人描述为其船舶代理人，这说明他已经同意参与租船交易的租船人选择适用英国法。故有理由推定担保合同的当事人默示选择英国法作为准据法，与中国的联系不能视为当事人有选择该国法的意图。退一步讲，基于与主合同的联系，即使当事人不存在默示选择英国法的意图，担保合同根据《罗马公约》第4条与英国发生最密切联系，英国法同样应该适用。[①]

由于英国法院不区分准据法公法和私法性质，除了严重违反法院地的公共政策以及外国公法诉讼之外，[②] 准据法包括公法规范，不排除准据法所属国的直接适用法。[③] 当中国法构成准据法，中国对外担

[①] 此种做法由来已久。Land Rover Exports Ltd. v. Samcrete Egypt Engineers and Contractors SAE, [2001] EWCA Civ 2019, [2002] CLC 533. 埃及保证人和英国债权人因担保合同发生纠纷。就该案的准据法，英国上诉法院认为，担保人的支付义务构成担保合同的特征性债务，故担保人的营业地所属国即埃及的法律构成与合同有最密切联系的法律。然而，法院发现该案基础合同项下的支付应在英国完成，这构成推翻《罗马公约》第4条第2款关于最密切联系推定的充分理由，转而适用英国法。

[②] Lawrence Collins, et al., eds., *Dicey, Morris & Collins on the Conflict of Laws*, 14th ed., Sweet & Maxwell, 2006, p. 100.

[③] Adrian Briggs, *The Conflict of Laws*, 2nd ed., Oxford University Press, 2008, p. 52.

保审批规定适用于担保合同,原则上无须再考虑其他的适用依据。在当事人没有明示选择适用法的情况下,无论根据默示选择还是最密切联系都将倒向英国法。其中,英国法院关于最密切联系的推定尤其不能成立。作为《罗马公约》第4条第1款下最密切联系的具体化,基于特征性履行理论,其第2款明确采用特征性履行方的经常居所地国、管理中心所在地国或营业地国。担保合同乃典型的单务合同,只有担保人承担该合同下的履行义务,故与本案担保关系有最密切联系的地域应该是担保人的管理中心所在地——广州,但法院在没有给出充分依据的情况下援用更密切联系的例外条款[①]认定英国法为客观准据法。尽管《罗马公约》第18条要求各国法官在解释公约时,应该考虑到公约的国际性质并实现适用的一致性,但欧盟法院长期没有解释《罗马公约》的充分权限,[②] 故英国法院的做法未被质疑。

(二) 强制规范的适用

其次,广州钢铁认为,《罗马公约》第3条第3款赋予中国对外担保审批规定以适用资格,即当作出选择时所有与案情有关的其他因素都仅与一国联系,不论当事人是否同时选择该国法院,选择外国法的事实都不影响该国不能通过协议减损的强制性法规范的适用。英国法院认为,该款只有在案件的所有因素都发生在中国的情况下才能适用,而所担保的基础债务适用英国法,且作为担保受益人的船东是利比里亚公司。广州钢铁关于不应考虑这些涉外因素的主张未被支持。

就外国直接适用法的适用,《罗马公约》第7条第1款规定,当

[①] 基于不同的司法传统,在履行地不同于特征性履行一方住所地的情况下,采取弱假定方法(weak presumption approach)的英国运用例外条款转向履行地国法的概率要远远大于荷兰等采取强假定方法(strong presumption approach)的国家。See James J. Fawcett & Janeen M. Carruthers, eds., *Cheshire, North & Fawcett Private International Law*, 14th ed., Oxford University Press, 2008, pp. 718 – 722.

[②] Jan‑Jaap Kuipers, Sara Migliorini, Qu'est‑ce que sont les Lois de Police? – Une Querelle Franco‑Allemande après la Communautarisation de la Convention de Rome, *European Review of Private Law*, Vol. 19, No. 2, (2011), p. 188.

根据本公约适用一国法律时，可以给予与案情有密切联系的另一国法律中强制规范以效力，当且仅当此类规则根据该国法律必须予以适用而无论合同准据法为何。在决定是否给予此类强制规范以效力，应考虑到它们的性质、目的以及适用或不适用所产生的后果。英国对此提出保留，于是只能借助《罗马公约》第3条第3款考虑外国直接适用法超越当事人选法的适用，然而案情却不足以援用中国对外担保审批规定。

（三）英国公共政策规则

最后，广州钢铁以担保合同违反英国特别公共政策而不可执行为抗辩，即该合同的履行构成在友好国家实施不法的行为。原告却认为，如不能提供故意违反外国法的充分证据，仅合同涉及实施外国法下禁止的行为不能使之无效。法院认为不应支持在中国实施触犯刑法的合同，但本案当事人没有就存在违反外国法的意图提出有力依据。现有证据虽然可以证明中国外汇管理条例规定对外担保必须经过外汇主管部门的批准，在未获批准时不仅要受到行政处罚，而且担保合同无效，但此时无效的后果需要根据当事人的过错来确定相应的民事责任。如果中国法都不认为无效的担保合同不可执行，那么该合同在英国的执行将不违反司法礼让。基于上述考虑，法院认为广州钢铁仍要承担连带赔偿责任。

中国对外担保审批规定在英国的适用应考虑传统普通法关于因外国法造成合同非法的规则，即如果担保合同的当事人有意违反中国法，则此类合同的执行会违反英国和中国的友好关系这一需要法院特别维护的公共政策，从而英国法院不会执行该合同或者因以违约为由判令赔偿。该规则乃是基于公共政策和国际礼让。在 Regazzoni 案中，[1] 来自英国和瑞士的当事人订立买卖一批黄麻麻袋的合同，货物将在意大利港口交付，约定适用英国法。虽然合同未规定货物的来源地和销售地，但有证据证明黄麻麻袋自印度出口并转售南非，以逃避

---

[1] Regazzoni v. K. C. Sethia (1944) Ltd., [1958] AC 301 (HL).

为抗议南非政府歧视南非籍印度人而颁布的禁止向南非出口黄麻的法令。英国上诉法院认为，出于国际司法礼让的考虑，虽然合同本身不存在迫使当事人履行根据任何国家的法律为违法的行为，但不应执行合同或者因以违约为由判令卖方赔偿，因为这一合同的履行涉嫌违反印度这一英联邦成员国的法律。不能因为法院不会执行外国的税法或者刑法就认为法院应该执行一项要求在外国实施此类违法行为的合同。

就此，本案法院考虑了适用 Regazzoni 规则的两大要件。首先，当事人缔约时的主观不良意图需要被告广州钢铁举证证明，否则不予考虑；其次，直接适用法必须造成合同非法。法院考查中国对外担保审批规定是否导致担保合同违反法律以及违反后果。就非法性问题，法官在私人诉讼中更看重违反强制规范发生的私法效果。如果合同虽然非法，但仍可以为一方或双方执行，则法院仍会支持当事人的诉讼请求。英国法院认为，虽然担保合同因违反批准要求无效，但区别于英国法对因非法造成的合同无效问题不给予任何救济的做法，中国法仍会根据过错确定当事人的民事责任，不属于绝对无效的情形，故中国法违反的程度不足以援引特别公共政策。

三 《罗马条例Ⅰ》背景下中国对外担保审批规定在英国的承认

取代《罗马公约》的《罗马条例Ⅰ》已经生效，英国法院在审理涉外案件时将更多适用《罗马条例Ⅰ》。假设 Emeraldian 案中的担保合同签订于《罗马条例Ⅰ》生效之后，则中国对外担保审批规定在英国的适用依据可能会发生变化。

（一）合同准据法的确定

关于合同准据法的确定，《罗马条例Ⅰ》尊重当事人明示或默示的选法自由。当主合同适用英国法时，英国法院仍可推定担保合同的当事人有默示选择英国法的意图；当根据最密切联系选择法律，《罗马条例Ⅰ》仍采用特征性履行方的所在地作为最密切联系原则的推定。这可以被拥有更密切联系的法律取代。总之，关于担保合同准据法的确定，除非欧盟法院应成员国的请求作出解释，否则英国法院适用《罗马条例Ⅰ》时不会有太大的变化。

（二）强制规范的适用

就案件完全发生在一国时的该国国内强制规范的适用，《罗马条例Ⅰ》与《罗马公约》的规定基本一致。此外，《罗马条例Ⅰ》不仅通过第9条第1款就直接适用法予以定义，还在第3款中重新设置了外国直接适用法制度，该条款在英国的运用值得关注。

1. 外国直接适用法所属国的范围

由于《罗马条例Ⅰ》将可以赋予效力的外国直接适用法限于履行地国，应首先确定履行地的位置。就该案的担保纠纷而言，保函没有明确担保的履行地，应推定在债权人所在地即尼日利亚履行债务，中国的规定不会导致履行行为构成履行地下的非法。

能否将履行过程中涉及的其他地域视为履行地？关于该问题，可以从《罗马条例Ⅰ》生效后发生的 Gujarat 案[①]中获得启示。第一申请人向被申请人出售一批冶金焦。被申请人根据约定向第一申请人在印度开立的账户汇入一笔预付款，第二申请人向被申请人担保返还该款项。由于第一申请人未能履约，也没有返还预付款，从而发生争议。买卖合同和担保合同都约定适用英国法，并在英国伦敦海事仲裁员协会（IMAA）仲裁。在仲裁程序开始前，当事人达成了预付款返还协议，但随后申请人拒绝履行，被仲裁庭判令败诉。

申请人在向英国高等法院女王座分院商事法庭提起撤销裁决之诉中辩称，由于被申请人向第一申请人在印度的银行账户汇款，如果判令归还这笔款项，根据印度1999年《外汇管理法》需要印度储备银行的事先批准。在印度还款的当事人必须遵守印度的外汇管制，这说明支付以获得印度储备银行的批准为前提。在未获得批准时，不能按照支付协议的期限合法地完成支付。法院援引2010年出版的《戴赛、

---

① Gujarat NRE Coke Limited, Shri Arun Kumar Jagatramka v. Coeclerici Asia (PTE) Limited, [2013] EWHC 1987 (Comm).

莫里斯和柯林斯论冲突法》①之规则 264 条第 1 款 b 项作为印度外汇审批能否得以适用的依据,即外汇管制法必须构成合同支付义务履行地的法律,且该法中的超越型强制条款能够导致合同的履行不合法。该地指的是支付发生的法定债务所在地。根据英国冲突法的解释,支付地是债务人有义务付款的地域,也是债权人根据合同有权收款的地域。由此,一方能否必须通过发生在包括其母国在内的另一国的行为使之能够支付无关紧要。除非存在合同义务使之在该国支付,否则当事人基于其母国施加的外汇管制限制提出支付义务不履行的抗辩不成立。本案债务根本不存在此种情形,不影响当事人之间的支付协议的效力。

2. 合同履行不合法的结果

其次,作为适用外国直接适用法的一项要求,中国的对外担保审批规定必须能导致合同的履行发生不合法的结果。从公法层面,审批要求作为公法性规定,其违反能够产生行政责任,具有导致合同非法的资格。如有学者认为,《外汇管理条例》不仅规定提供对外担保和经营外汇业务须经外汇管理机关批准,而且规定了行政惩罚措施。擅自提供对外担保不仅产生民事责任,而且行为人要承担行政甚至刑事责任。这说明关于对外借款或担保的外汇管理法主要保护公法利益,而且明确体现此类规范的干预意图;同时,有专门的行政机关负责此类法律的实施,故该类法规显然构成中国的干预性法规。②

然而从私法层面,虽然根据中国法未经审批的担保合同无效,但无效的效果却并非发生财产返还以及缔约过失责任,而是产生类似于合同履行的效果。英国法院确认了中国司法实践的做法,即无效担保合同的担保人仍要承担债务人未能清偿债务一半的责任。当担保人作出保证获得批准的许诺,除非能证明双方缔约时有意回避审批要求不

---

① Lawrence Collins, et al., eds., *Dicey, Morris & Collins on the Conflict of Laws*, 15th ed., Sweet & Maxwell, 2010, sec. 37 – 061.

② 参见秦瑞亭《国际私法案例精析》,南开大学出版社 2011 年版,第 238 页。

法地履行合同，英国法院将认为合同当事人已经对未能审批这一履行风险的承担进行预先安排，认定构成担保人需要承担违约行为。如担保人谎称已经获得审批，即使此种行为根据中国法导致对外担保合同无效，英国法院也不会接受中国法下一半赔偿的后果。法院会将此视为担保人违反特别许诺的情形，发生类似于担保合同履行的违约效果。这使得英国法院很难认同中国对外担保审批要求构成能最终被采纳的外国直接适用法。

（三）英国的公共政策规则

在《罗马条例Ⅰ》出台的背景下，Regazzoni 案对待外国直接适用法的特别规则是否继续有效？如果将该规则视为一项冲突规范，则在《罗马公约》生效即《合同（准据法）法》颁布后，当准据法所属国既非英国又非能导致合同不法的规则所属国，不存在适用的余地；① 如果将该规则视为实体规则，则在英国法为合同准据法时可以作为准据法的一部分而适用。如准据法为英国法以外的法律，还可以根据《罗马条例Ⅰ》对法院地直接适用法的规定将之视为英国的直接适用法；如视为一项引用外国直接适用法的规则，则要么认为《罗马条例Ⅰ》第 9 条第 3 款已将之取代，要么认为该款不具有法律适用上的排他效力（*Absoluter Sperrwirkung*）② 而继续有效。

考虑到该规则在英国的司法实践中无一例外地在英国法具有准据法资格时才被援用，作为一种温和的实体法方法仍存在用以处理合同违反外国法的可能。不过，与是否构成《罗马条例Ⅰ》第 9 条第 3 款下不法的争议类似，中国对外担保审批规定的违反产生特别的民事责任类型，故英国法院很有可能继续认为此种情形尚且达不到援引英国公共政策的程度。

---

① Lawrence Collins, et al., eds., *Dicey, Morris & Collins on the Conflict of Laws*, 14th ed., Sweet & Maxwell, 2006, p. 1596.

② Paul Hauser, *Eingriffsnormen in der Rom I - Verordnung*, Mohr Siebeck, 2012, S. 112.

四 法律适用冲突出现的原因

基于上述分析，不难看出中英两国在对外担保领域存在严重的法律适用冲突。表面上看，正是法律适用过程中的法院地法倾向造成中英两国在审理未经审批的对外担保案件时发生大相径庭的结果。对外担保审批规定在中国法眼中是直接适用法，只要满足属人范围要求即一定要适用，不存在履行地等地域限制；对英国法而言，中国对外担保审批规定是第三国直接适用法，其适用不仅要满足条文自身的适用范围，还要限定于与交易存在密切联系的情形，而这种密切联系以地域表现时，则必须构成履行地的法律。中国对外担保审批规定本质上是属人规范，适用于一切提供对外担保的中国企业；而英国法院对外国直接适用法的承认原则上以能导致履行无效的履行地国的法律为限。虽然请求审批的义务可以看作履行义务的一部分，但由于担保人所属国与履行地国不可能完全一致，二者的分离会出现两国处理类似的涉外担保案件的法律适用结果差异。然而更深层的原因却发生于实体法层面。

（一）外汇管制手段的差异

首先，两国外汇管制手段的差异乃是法律适用冲突发生的根源。每个国家有不同的历史文化传统，实行不同的社会制度或经济政策，从而于经济管制领域存在不同的措施。与反贿赂、反垄断、环境治理、文物保护等具有稳定性的长期政策不同，外汇管制领域的政策在社会经济转型期可能会作相对频繁的调整。[①] 就中国而言，为了社会主义市场经济的需要，外汇领域尚且存在大量的审批要求，此类规范的直接适用法属性为《〈法律适用法〉解释（一）》第10条所肯定。相反，英国虽然曾在"二战"期间制定了《金融防卫条例》，对本国

[①] 肖永平、龙威狄:《论中国国际私法中的强制性规范》,《中国社会科学》2012年第10期。

国民发生的外债进行审批监管,① 但早已全面取消了外汇管制。②

此种立法的差异原则上应该得到各国的相互尊重,特别在已然为国际法承认的情况下。根据《国际货币基金协定》第 8 条第 2 款 b 项,涉及任何成员国货币的外汇合同,如与该国所维持或实施的且与本协定一致的外汇管制法规相抵触的,在任何成员国境内均不可强制执行。成员国可以相互合作采取使彼此的外汇管制法规更为有效的措施,只要此类措施和法规与本协定相符。中国不允许资本项目下的自由兑换,《国际货币基金协定》事实上也未设置此种义务,③ 而且中国对外担保审批规定并未针对特定国家实施,该管制措施的私法效果不能一概被包括英国在内的其他成员国法院所否认。故管制手段的差异虽然构成法律适用冲突的根源,却非唯一的原因。

(二) 对违反公法发生私法效果的认识不同

其次,此种管制落实到私法层面上,更是因为各国公私法理念的不同发生真实的法律冲突,影响管制措施的域外承认。仍以外汇管制为例,中国对资本项目的外汇监管并非被英国法院一概排除。如以外国公法不承认为由,正是两国对此种管制被违反所发生私法效果的认识不同而造成中国对外担保审批规定不被认可的结果。就英国法律体系,当需要审批的合同不审批时,首先考虑一方当事人是否需要向对方承担违约责任,而非合同无效。④ 就中国法而言,由于立法明确了此类不审批所能导致的私法效果,故无论出于何种缘由,都会导致对外担保合同的无效。

因此,二者的冲突不仅在于管制手段的差异,还与对管制措施发

---

① Boissevain v. Weil, [1949] 1KB 482 (CA); [1950] AC 327.

② Charles Proctor, ed., *Mann on the Legal Aspect of Money*, 7th ed., Oxford University Press, 2012, p. 319.

③ 参见温军伟《国际货币基金组织与资本项目可兑换》,《金融理论与实践》2013 年第 11 期。

④ Carole Murray, et al., *Schmitthoff's Export Trade: The Law and Practice of International Trade*, Sweet & Maxwell, 2007, pp. 128–129.

生的私法效果的认识有关。即前者希望最大限度维护当事人的意思自治，即便存在违法事宜，也要具体分析此种违法性出现的原因、当事人的主观状态以及违反的严重程度和后果，从而尽可能维护合同效力；后者则集中体现了公益优先的理念，涉及违法的合同往往被认定为无效，这增大了当事人缔约时的注意义务。总之，上述两国法律适用冲突与对外担保未经审批所能发生私法效果的认识密切相关。

（三）中国法下的对外担保无效后果的特殊性

最后，仅仅将能导致对外担保合同无效的审批要求视为直接适用法，相应将对外担保无效后果的规定排除在外，会产生更大的法律冲突。与公共秩序保留或法律规避禁止不同，国际私法的通说认为，直接适用法针对案件中的具体争议，除此之外仍适用合同准据法。然而一旦对外担保合同的准据法为中国法，则根据《〈担保法〉解释》第7条，担保合同虽然因为未经审批而无效，债权人通常仍可以向保证人主张债务人不能清偿部分的1/2；如果担保合同适用域外法，同时直接适用中国对外担保审批规定，则由域外准据法支配的无效后果至多发生缔约过失责任，反而不如一概适用中国法。①

中国法关于担保合同无效损失分担的规则在任何其他法域都无法找到对应物。于是乎，债权人选用域外法不仅不能避开中国对外担保的强制审批规定，而且无法实现担保合同无效后分担责任的结果。这要么使得对外担保的当事人放弃域外法的适用，要么促使当事人排他约定外法域的法院或仲裁机构管辖。无论发生何种情形，都不利于国际司法管辖权的协调。

五 中国的应对办法

在直接适用法制度纷纷确立的情况下，中国对外担保审批规定有域外适用的存在，从而能减少甚至消除各国公私法领域的法律冲突，

---

① 参见董金鑫、王科《论未经审批的对外担保合同的效力》，《西安电子科技大学学报》（社会科学版）2013年第4期。

实现判决的一致。然而根据英国法院审理的 Emeraldian 案，无论在《罗马公约》还是《罗马条例Ⅰ》阶段，至少在合同准据法为英国法且履行地位于中国之外时，未经中国外汇主管部门审批的对外担保等外汇合同原则上仍然会得到英国法院的认可；与此同时，如由中国法院审理，此类合同不仅会被认定为无效，而且根据分割理论当事人选择英国法的行为不能逃避我国外汇审批规定的适用，反而使得债权人得不到中国法下的有利赔偿。从中国的角度，可以考虑从如下三个方面消除此种法律适用冲突。

（一）进一步缩小外汇审批要求

首先，从实体法的角度，取消外汇审批要求应成为应对该领域法律适用冲突的首要选择。由于英国乃至多数国家都取消了外汇审批规定，这使得中国法的适用意图很难获得域外认同。此前，2010 年《关于境内机构对外担保管理问题的通知》大幅缩小了对外担保审批的范围，而《跨境担保外汇管理规定》更是全面取消了对外担保的事先审批。在当前人民币加入特别提款权（SDR）进而逐渐成为国际储蓄货币的大背景下，我国外汇管理部门有必要考虑逐步开放资本项目下的人民币的可自由对换，缩小对外担保审批之外的其他外汇审批规定的适用范围，进而在国际私法层面压缩直接适用法存在的空间。

（二）尽量维护合同的效力

其次，即便此类管制措施在相当长的过渡期间内尚存，为促进国际经贸往来，我国法院宜改变以往对未经审批的外汇合同一概无效的态度，即原则上将审批要求作为合同的履行条件，从而归于一方当事人承担的履行风险。根据前文提到的对《合同法》第 52 条第 5 项这一转介条款的限缩解释，除双方当事人存在恶意逃避审批的情形，不审批不能导致合同无效，而应由合同准据法决定是否构成违约。

（三）对外担保无效后果的处理

最后，虽然对外担保审批要求已经被取消，由于案件发生的滞后性，即便我国司法机关在继续以我国直接适用法为由认定未经审批的对外担保合同无效时，也宜将对外担保合同无效的后果交由我国法支配。对此，虽然包括《罗马条例Ⅰ》第 12 条在内的国际通行做法规定由合同准据法支配合同发生的无效效果，我国学者也认为关于对外担保合同无效的后果，人民法院本应尽可能尊重当事人的意思自治，适用当事人选择的合同准据法，[①] 但这在应对因直接适用法产生的合同无效问题时并不总是合适。

合同无效的后果分为单纯对合同的效果以及对当事人的效果。首先，既然允许作为效力判断特别规则的直接适用法在前者即合同效力问题上发挥作用，为何一定要排斥其对后者的影响？二者都是对合同准据法的超越；其次，虽然《罗马公约》第 10 条明确将准据法的范围限于第 3 条至第 6 条以及第 12 条确立的法律，但《罗马条例Ⅰ》第 12 条未采用此种限制，其根据条例适用的法律没有将第 9 条排除在外，这说明《罗马条例Ⅰ》认为直接适用法可以构成第 12 条下能支配合同无效后果的法律一部分。故有学者认为，因《罗马条例Ⅰ》第 9 条直接适用法的适用造成的无效后果不再属于该条例第 12 条第 1 款 e 项规定的由合同准据法支配的范围，而应由直接适用法所属的法律体系支配。[②]

对此不能简单化地得出结论，而应该具体问题具体分析。一旦直接适用法否定了合同的效力，此种无效的间接后果多交由准据法支配，如财产的返还、缔约过失责任的承担。如马蒂尼认为，原则上应由准据法来决定具体的间接私法效果。如嗣后颁布的监管审批是否溯及地影响交易的效力，永久不能和无效产生的后果，如不当得利，以及如仅单一合同条款被视为无效则对整个合同效力的影响应该由合同准据法确定等。[③] 不过，直接适用法也有发挥作用的余地。如果直

[①] 参见肖永平、张弛《论中国〈法律适用法〉中的强制性规定》，《华东政法大学学报》2015 年第 2 期。

[②] See Ole Lando & Peter Arnt Nielsen, The Rome I Regulation, *C. M. L. R.*, Vol. 45, No. 6, (2008), p. 1716.

[③] Martiny, VO (EG) 593/2008 Art. 9 Eingriffsnormen, in Franz Jürgen Säcker & Roland Rixecker, hrsg, *Münchener Kommentar zum BGB*, Band 10, 5. Auflage, C. H. Beck, 2010, Rn. 54.

适用法所在的法律体系规定了特殊的责任形态，如我国担保无效的处理规则，此种要求值得考虑，而不再准用准据法的一般规定。总之，虽然该问题较为复杂，但我国的司法实践也要有所关注，防止因直接适用法带来的过度分割造成该领域法律适用冲突的扩大，从而避免法院或仲裁庭处于尴尬的境地。

第二节 中国直接适用法在美国的承认

美国各州的冲突法制度不尽相同，纽约的司法审判实践大致可以反映出采用《第二次冲突法重述》的美国半数州的做法。[①] 同时，纽约为了维护其作为国际商事交易中心的地位，还在合同冲突法领域制定了特别成文法，探讨作为外国直接适用法的中国法在美国纽约的适用具有典型意义。本节通过分析"雷曼兄弟诉有色金属和中国五矿"案[②]（以下简称雷曼兄弟案）这一经典案例来探究中国外汇管制法在纽约法院[③]的适用方法，以此观察中国直接适用法的域外实施效果，希望有助于在美诉讼的中方当事人能充分维护合法权益。

雷曼兄弟是一家总部位于纽约的全球性投资银行，作为五矿国际有色金属贸易公司（以下简称有色金属）母公司的中国五金矿产进出口公司（以下简称中国五矿）是中国的国有企业。在20世纪90年代，雷曼兄弟同有色金属缔结了一系列的代为投资期权等外汇交易。与此同时，中国五矿以签发担保书（Letter of Undertaking）等方式担保有色金属由此发生的债务。后来，美联储提高银行利率使得有色金

[①] See Symeon C. Symeonides, Choice of Law in the American Courts in 2015: Twenty-Nine Annual Survey, *Am. J. Comp. L.*, Vol. 64, No. 2, (2016), pp. 284–286.

[②] Lehman Brothers Commercial Corporation & Lehman Brother Special Financing Inc. v. Minerals International Non-ferrous Metals Trading Company & China National Metals and Minerals Import and Export Company, 179 F. Supp. 2d 118 (S. D. N. Y. 2000).

[③] 美国存在联邦和州两套法院体系。就管辖权而言，州际和国际案件由联邦法院审理。

属所从事的外汇交易发生巨额亏损,无法按约定追加保证金。于是雷曼兄弟向作为联邦地区法院的纽约南区联邦法院(以下简称纽约法院)[①] 提起诉讼。

在决定是否作出简易判决的诉讼阶段,无论作为外汇交易人的有色金属,还是作为保证人的中国五矿都提出了交易非法抗辩,[②] 理由是上述外汇交易合同以及担保合同因为不满足中国外汇管制法的审批要求而不可强制执行,合同中的法律选择条款也是无效的。纽约法院在分析中国直接适用法的政策考量以及案件选法的具体情况之后,支持了中方当事人提出的该项抗辩,在是否承认中国直接适用法问题上存在如下冲突法、实体法和国际法等三条路径。

一 冲突法路径——《第二次冲突法重述》

在没有确立外国直接适用法制度的情况下,根据前面提及的统一联系原理,[③] 当外国直接适用法属于准据法所在的法律体系,只要不严重违反法院地的公共政策,包括美国在内的现代各国通常不会拒绝适用。此外,可以考虑借助对选法范围、选法意图以及选法结果等当事人选法自由的限制适用本应作为第三国法的外国直接适用法。在雷曼兄弟案中,由于担保合同的当事人选择的特拉华州与本案无实质关联,且有必要维护与案件存在最密切联系的中国外汇管制法背后的政策,纽约法院根据《第二次冲突法重述》第187条第2款的规定否定当事人选择特拉华州法律的适用,从而根据最密切联系原则确立了包

---

① 中方当事人经常在纽约南区联邦法院被诉的重要原因在于其与美国的联系仅仅是参与纽约证券交易所的交易,且联邦法院根据1933年《联邦证券法》拥有事项管辖权,本案属于此种情形。

② 法院将非法性拆分为准据法、非法及不可执行、《国际货币基金协定》和担保诉讼等四个事项。为论述的便利,先探讨中国外汇管制法基于冲突法标准在担保诉讼中的适用,然后论述实体法和国际法方法在基础交易纠纷中的表现。

③ A. V. M. Struycken, General Course on Private International Law: Co-ordination and Co-operation in Respectful Disagreement, *Recueil des Cours*, Vol. 311, (2004), p. 425.

括外汇管制法在内的中国法的适用资格。

（一）当事人选择法律的限制

就此，原告宣称由于当事人在担保合同中约定适用特拉华州的法律，担保合同根据中国法是否无效的问题与本案无关。法院认为，应根据纽约普通法来判断当事人合意选择特拉华州法的效力。[①] 适用于纽约州的《第二次冲突法重述》第187条第2款规定，出现如下情形之一的，针对当事人不能自由处分问题的法律选择条款无效：（a）当事人选择法律与当事人或交易无重要联系，且没有合理基础；（b）所选择法律的适用将违反与案件有最密切联系的另一具有更大利益的法域（more‑interested jurisdiction）的基本政策。

就担保合同中的法律选择条款的效力，首先，相对于特拉华州，中国构成具有更大利益的法域。基础交易所有重要的活动都发生在中国，而且担保合同在中国履行。原告虽然在特拉华州注册，但不具有独立的办事机构，只构成缔约媒介，担保合同与特拉华州没有联系；[②] 其次，法律选择条款的执行违反中国的基本政策。中国外汇管制法规乃是为了落实监管货币市场以及本国公司承担外债限度的政策，该政策在中国从计划经济向市场经济转型过程中扮演着重要的角色。中国法不仅要求国有公司在签订任何担保外债的协议之前必须获得外汇管理局的批准，还要求其事后向该局登记并获取登记证书，以此应当认定本案中未经批准和登记的担保合同为非法。最后，就担保合同非法性这一当事人不能自由处分的事项而言，选择特拉华州法的行为因不满足《第二次冲突法重述》中的适法要件而无效。

（二）合同客观准据法的确立

根据《第二次冲突法重述》第187条第2款b项，法律选择条款

---

① 位于纽约的联邦地方法院必须适用纽约的冲突规范。Dornberger v. Metropolitan Life Ins. Co., 961F. Supp. 506, 530 (S. D. N. Y. 1997).

② 虽然法院作此说明的目的在于论述中国构成该款b项中更大利益的法域，但不难发现当事人选择的特拉华法律同样符合该款a项的情形。《统一商法典》第1—105条也有类似的对选择法律的合理要求。UCC § 1‑105 (1989).

违反拥有更大利益法域的公共政策无效的前提是上述法域的法律构成未选择时应适用的法律。在确立与交易存在最密切联系的法域时，其特别注重合同磋商地和履行地的聚合。① 由于担保合同的磋商地和履行地都在中国，由此推定适用中国法。另外，该合同关系与纽约的联系不强，原告基于担保合同与基础交易的牵连主张适用纽约州法的请求也不能成立。有色金属从事金融交易的账户虽位于纽约，但交易多数由原告在伦敦和香港的分支机构完成，而且基础交易在中国进行磋商。

根据《民法通则》第58条及原《涉外经济合同法》第7条、9条，非法提供的对外担保不能执行且自始无效（void ab initio）。② 如果合同无效由一方的过错导致，中国合同法会为相对方提供救济方法；如果都有过错，则各自承担损失，由此看来合同无效同样由中国法处理。虽然《第二次冲突法重述》第187条第2款仅就不能自由处分的事项另行确定准据法，其他问题仍由当事人选择的法律支配，但该款确立的准据法应全面适用，即不仅支配合同的效力，还包括无效带来的后果。

(三) 对冲突法路径的认识

1. 《第二次冲突法重述》第187条第2款的特点

首先，就法律适用方法而言，纽约法院援引的《第二次冲突法重述》第187条第2款是较为特殊的选法规定，与绝大多数英联邦成员国和地区所继承的传统普通法对当事人选法自由的限制不同。在维他食品案中，英国法院确立了善意、合法和公共政策三项用以限制或排除当事人选法意思的事由，对所选择的法律与案件事实的联系不作一

---

① See Restatement (Second) Conflict of Laws § 188 (3). 除转让土地权益及契据和高利贷合同等特殊类型合同外，如果合同磋商地与履行地为同一地，通常适用该法域的法律。根据该款的评注，此时可以推定该国对争议拥有最大利益。除非《第二次冲突法重述》第6条要求适用其他法域的法律，否则该地法应该适用。

② 虽然案件审理时我国1999年《合同法》已经生效，但法院和当事人没有探讨该法的溯及力。

般性要求。① 而重述第187条第2款既对当事人选择的法律作实质联系和合理基础的限定，又关注所选法律与本应适用的准据法是否存在真实的法律冲突。与选法善意要求相比，该款第2项不要求当事人有规避法律的意图；与合法即符合法院地直接适用法相比，该款可用于确定外国直接适用法的适用；与公共秩序保留相比，该款在确立准据法的过程中不仅允许政策考量，还考虑法院地之外另一法域的基本政策。另外，从实施的效果看，重述第187条第2款否定当事人选法的行为，类似于选法善意和公共秩序保留；但从作用范围看，该款只针对当事人不能自由处分的具体争议，当事人选择的法律对其他问题仍有适用的机会，又接近于仅在自身范围内排除准据法的直接适用法。总之，第187条第2款结合了传统普通法对当事人选法限制，并在此基础上有所创新。

其次，需要指出的是，《第二次冲突法重述》第187条第2款b项集中体现政府利益分析方法。该案法院全面权衡当事人选择的特拉华州法和中国外汇管制法的适用利益。其一，基本政策必须能导致合同非法或旨在保护弱势一方免受压迫，② 如果外国的强行法仅仅关于合同须采用要式合同的形式，则不满足这一要求。其二，当案情与一国的联系越大，则该国的法律越有可能适用，故连结点分布的情形十分重要。本案的中国法不仅构成客观准据法，而且交易活动大多发生在中国，联系的不足使得特拉华州的法律不具有适用的旨趣。如果履行地位于特拉华州，不仅中国法构成客观准据法具有困难，而且即使构成，也难以证明中国较特拉华州具有更大利益。

关于外国法的适用，法院地可以动用公共秩序保留③加以排除，

---

① Vita Food Products Inc. v. Unus Shipping Co. Ltd., [1939] A. C. 277 (P. C.).
② Restatement (Second) Conflict of Laws § 187 cmt. g.
③ 《第二次冲突法重述》第90条、《第一次冲突法重述》第612条规定的用以排除外国法适用的法院地公共政策是指那些基本的正义原则、重要的道德观念或根深蒂固的公益传统。Loucks v. Standard Oil Co. of New York, 224 N.Y. 99, 111, 120 N. E. 198, 202 (1918).《第二次冲突法重述》第187条的基本政策无须达到援用公共秩序保留的程度。

然而纽约法院对中国直接适用法的适用却十分友好。虽然各国通常对外国直接适用法的内容和范围施加合理性要求，但纽约法院不仅没有因当地不存在类似法令而拒绝承认中国外汇管制法所体现基本政策的重要性和正当性，还相应排除了当事人另行选择的法律。总之，重述第 187 条第 2 款 b 项对外国基本政策的维护为中国直接适用法超越当事人另行选择法律的效力提供了依据。

2. 与外国直接适用法制度的相似性

《第二次冲突法重述》第 187 条第 2 款 b 项十分类似于一项外国直接适用法制度。从规范对象看，该款关注的是不可通过协议减让的法律条款，而《罗马条例 I》第 9 条第 3 款的外国直接适用法既要满足该条第 1 款对超越型强制条款的定义，还要能导致合同履行不合法，似乎前者所面对的外国直接适用法的范围更宽泛。然并非所有国内法意义的强制规范都能借助基本政策实现对当事人选法的超越。有关要式合同的欺诈法则、合同需要有对价才能执行以及限制已婚妇女缔约能力的规定无疑是强制的，但不构成此处需要特别维护的基本政策。[①] 如此一来，重述第 187 条第 2 款 b 项和《罗马条例 I》第 9 条第 3 款在规范对象上没有显著差异。

从联系要求看，《罗马公约》第 7 条第 1 款采取密切联系要求，《罗马条例 I》第 9 条第 3 款规定只有履行地的直接适用法才能予以考虑，而重述 187 条第 2 款 b 项则需要客观准据法对当事人选法的超越。然仔细观察《第二次冲突法重述》的规定，187 条针对合同的不同争议点确定准据法，于单个事项出现多个与案件或当事人有密切联系法律的可能性不常见。就联系的对象，虽然《罗马公约》使用的案情一词通常应解释为合同的具体事项，但《〈罗马公约〉报告》特别强调联系必须存在于作为整体的合同和一国法律之间。起草公约的工作组拒绝了代表旨在确立争议点和具体的法律条文之间联系的提议，因为这会过分地分割合同的法律适用，使得当事人对直接适用法

---

① See Restatement (Second) Conflict of Laws § 187 com. g.

的适用丧失预见性。故《第二次冲突法重述》与《罗马公约》在联系要求上是一致的。

另外，在现代国际私法，以特征性履行方所在地为代表的最密切联系推定往往导致履行地之外的法律构成客观准据法。① 《第二次冲突法重述》虽然没有全面采用特征性履行方法，但对最密切联系的推定也特别注意发挥履行地在确立客观准据法上的功能。故至少就当事人的能力、合同的形式之外的实质问题而言，履行地之外的法域与合同存在最密切联系的机会并不多。这无不表明发源于政府利益分析学说的《第二次冲突法重述》第 187 条第 2 款 b 项与外国直接适用法制度有异曲同工之处。

二 实体法路径——美国纽约州的特别规则

所谓实体法路径，是指借助合同准据法评价因外国直接适用法造成的合同发生违反善良风俗无效、出现履行障碍等私法效果。② 此种做法既不涉及对传统选法理论的突破，又回避探究外国强制法背后的政策以及和准据法或法院地法可能发生潜在冲突，还无须主动承担查证外国法的责任，③ 是较为谨慎的做法。在雷曼兄弟案中，基础交易适用作为法院地法的纽约州法，如果客观上中国外汇管制法能导致合同的履行为非法且当事人在缔约时即有违法意图，则纽约法院基于上述事实不会执行该合同。

（一）《纽约一般债法》第 5—1401 条对选择纽约州法效力的认可

适用外国直接适用法的实体法路径必须建立在法院地法为合同准据法的前提下。在该案，法院运用纽约成文法确立了基础交易的准据法。1984 年修订的《纽约一般债法》（*New York General Obligation*

---

① 参见《罗马公约》第 4 条第 2 款、《罗马条例 I》第 4 条。
② 参见肖永平、董金鑫《第三国强制规范在中国产生效力的实体法路径》，《现代法学》2013 年第 5 期。
③ 案件事实自然由当事人负证明责任。而一旦作为案件的适用法，根据许多大陆法系国家会法官知法（*iuris novit curia*）的原理，则由法院主动查明外国法。

Law)第5—1401条规定，除劳务、私人服务以及与个人、家庭或日常生活有关的交易之外，对于具有商事目的且金额达到25万美元的交易，即使与纽约没有合理的联系，仍可以执行当事人选择的纽约州法。

虽然本案的基础合同符合上述要求，但被告辩称该条的适用要受《第二次冲突法重述》第187条第2款b项的限制。法院认为，本州的制定法优于《第二次冲突法重述》。纽约法院遵守的本州制定法中不包含公共政策例外，从而应执行当事人约定的法律选择条款。虽然本州成文法要受制于美国宪法限制法律选择的正当程序、商业以及充分信任等原则，但联邦最高法院认为能否适用本州法最终取决于这样做是否公平，故法院拥有广泛的裁量权，可以根据当事人的选择确立本州法。不过，当出现法院地与案件当事人或交易没有任何联系且适用该州法违反具有更大利益州的公共政策的情形，上述宪法原则是否受到影响存在疑问。服务于跨国交易的需要，有人认为应考虑礼让原则，但礼让的概念模糊，本身处于国际义务和恩惠（Courtesy）之间，更何况法院未发现本案存在这种情形。总之，本案的事实与纽约并非毫无客观联系，加上意图将纽约建立成为国际商事交易中心的政策目标，使得纽约州法的选择得以成立。

根据《纽约一般债法》实施前的纽约的司法实践，在当事人选择纽约州法且纽约作为合同履行地的情况下，不会考虑外国外汇管制法的适用。在Wulkan案中，[①] 以色列居民为他人债务的偿还向以色列银行纽约分行提供保证，后未履行。在纽约地方法院诉讼中，被告以保证合同未获以色列货币管制法所要求的外汇审批而非法无效为抗辩，纽约法院认为保证的有效性受当事人选择的纽约州法支配，故对被告的抗辩不予支持。根据《第二次冲突法重述》第187条等纽约冲突法，只要所选择的法律与当事人和交易有实质联系则应予认可。该案原告的住所地、融资协议和保证合同的磋商和履行都在纽约，如给予

[①] Bank Leumi Trust Co. v. Wulkan, 735 F. Supp. 72 (S. D. N. Y. 1990).

以色列外汇管制法以域外效力，即不执行在纽约订立、支付且根据约定适用的纽约州法为有效的保证合同，则违反纽约的公共政策。

（二）纽约普通法规则对中国直接适用法发生事实效果的考虑

即使适用纽约州法，纽约法院仍将关注中国直接适用法。作为纽约实体性质的普通法原则，如果合同当事人缔约时有意违反作为履行地的另一法域的法律，根据该履行地的法律为非法的合同在纽约不可强制执行。[①] 当出现原告明知或有意忽视合同违反中国直接适用法的事实，其订立的合同仍将不能获得执行。

具体而言，此时中国直接适用法要得到纽约法院的适用，则必须满足两大实体要件：1. 合同存在违反作为履行地国法的中国直接适用法的事实；2. 当事人必须知道或应该知道违法性存在的事实。法院详细解读被告提供的我国 1980 年《外汇管理暂行条例》等法规，[②] 认定基础交易违反中国法下的审批义务。至于原告是否具有违反中国法的意图仍值得探究。虽然此项事实要留待陪审团在以后的庭审中认定，但根据当事人签订的国际互换交易者协会（International Swaps Dealers Association）主协议，被告需要提供外汇管理局批准的证明。因此原告在交易时便知道相对方需要外汇许可才能从事外汇交易，虽然他声称其确信相对方已获得许可，但未能要求对方提供许可复印证明确保被告有色金属遵守中国法。

该行为被认为即使不构成放任，也有过失（negligent, if not reckless），由此纽约法院就外国直接适用法的适用问题施加原告以较高的注意义务。而在一起涉及美国运营商向墨西哥客户提供电信服务合同是否违反墨西哥法的案件中，美国得克萨斯联邦地方法院对当事人是否有违反外国直接适用法的主观意图却存在不同的认识。美国运营商试图获取墨西哥法下的许可并不影响其相信所提供的服务是合法的，解释外国法的困难使得没有理由认为他基于违反外国法的意图订立合

[①] Rutkin v. Reinfeld, 229 F. 2d 248, 255–56 (2d Cir. 1956).
[②] 案件事实发生在 1996 年《外汇管理条例》颁布之前。

同。至少在简易判决阶段，不法意图不存在。当合同方在缔约时不具有不法的意图，所谓"有意"违反外国法的合同并非无效。[①]故在这一问题上，法院作何种推定对最终的适用结果至关重要。

（三）对实体法路径的认识

区别于依据《第二次冲突法重述》对选择特拉华州法等域外法的处理，此种实体法路径既表明纽约法院特别保护选择适用本州法的交易的安全与稳定，又反映纽约法院不会纵容当事人通谋违反外国法的行为。一方面，在当事人不能证明违反美国宪法的情况下，符合《纽约一般债法》第5—1401条要求的任何真实选择纽约州法的协议皆为有效，而无须接受《第二次冲突法重述》第187条第2款有关联系和是否符合更大利益法域的基本政策的检验；另一方面，如果当事人缔约时有意违反履行地的法律，纽约法院不会执行履行地法认定履行行为非法活动的合同。此规则实质上是纽约通过判例确定的实体法规则，构成将外国公法视为事实纳入准据法体系下予以考虑的实体法路径，从而间接适用作为外国直接适用法的中国外汇管制法。

1. 与《第二次冲突法重述》的差异

此种集中体现美国纽约州法特色的实体规则与《第二次冲突法重述》处理合同违反域外法的冲突法路径不同。首先，针对的非法性不同。《第二次冲突法重述》第202条第1款规定，非法性对合同发生的效果由准据法支配。该条第2款规定，履行根据履行地为非法的合同通常不得执行。该条适用于自始存在的非法和嗣后发生的非法以及一方或双方当事人知悉或都不知悉的非法；而纽约实体规则仅适用于合同订立时存在且双方有意违反的非法。

其次，适用的步骤不同。《第二次冲突法重述》第202条的能否适用需要作如下分析：第一，根据行为地的法律确定非法性是否存在；第二，如果存在，再依据《第二次冲突法重述》第187条确立合

[①] Access Telecom, Inc. v. MCI Telecommunications Corp., 197 F. 3d 694, C. A. 5 (Tex.), 1999.

同准据法；第三，由准据法决定该非法性的效果。如当事人选择的法律认为合同合法，则选择的法律与非法行为发生地的法律存在真实的法律冲突，从而需要接受基本政策的检验。由于在当事人选择纽约州法时的纽约法院无须考虑第 187 条第 2 款 b 项，故重述第 202 条也被纽约实体法排除。①

最后，利益衡量的角度不同。重述 187 条第 2 款需要衡量当事人选择的域外法和外国直接适用法的基本政策和适用利益的强度和大小，更多出于司法礼让的考虑。而纽约确立的普通法规则构成实体法路径，在准据法得以确立的前提下即可适用。基于维护公共利益的需要，不希望对诉因建立在非法基础上的当事人予以帮助。② 故对外国直接适用法的考虑并非因为礼让，礼让因素仅仅构成将上述国内法原则延伸至外国非法性的理由。③ 施加主观意图和履行地的限定则是为了维护善意缔约人乃至第三人的利益。

2. 与普通法规则的差异

它与通行英联邦国家和地区的普通法规则也有不同。由于典型的直接适用法表现为禁止性的强制规定，通常能导致合同非法或无效，外国直接适用法在传统英国普通法上主要表现为外国非法性问题，④具体包括两条合同因违反外国法而构成非法的国内法规则。其一，根据 Foster 案⑤确立的规则，当合同根据准据法有效，如果当事人缔约时有意通过合同实施违反友好国家法律的行为，该合同即因为损害与

---

① See Vladimir R. Rossman & Morton Moskin, *Commercial Contracts: Strategies for Drafting and Negotiating*, 2nd ed., Wolters Kluwer, 2013, sec. 6, p. 30.

② Holman v. Johnson, [1775], 98 Engl. Rep. 1120 (1. Cowp. 341).

③ Richard Fentiman, *International Commercial Litigation*, Oxford University Press, 2010, p. 131.

④ 英国普通法更习惯使用非法性而非有效性来探讨合同违法无效。反映在国际私法上，学者多考虑外国不法对合同法律选择的影响。But see A. J. E. Jaffey, Essential Validity of Contracts in the English Conflict of Laws, *Int'l & Comp. LQ*, Vol. 23, No. 1, (1974), p. 1.

⑤ Foster v. Driscoll, [1929] 1 KB 470 (CA). 当时美国禁止一切的酒类贸易，几个英国人计划合伙从苏格兰购买威士忌，自英国合法清关，交给境外的走私者。虽然协议最终未实施，但他们就所筹款项的分配发生争议。

友好国家的关系这一本国特别公共政策而不得执行。[①] 这对具有违反外国法恶意的合同当事人进行惩治，不要求强制规范必须构成合同履行地国的规则。即使第三国不构成合同的履行地或存在备选的履行地，也不影响该规则的运用。[②] 英国理论界偏向于认定该规则构成一项的实体法规则，而非自体法规则的例外，毕竟在实践中其都是在准据法为英国法时才被援引。[③]

其二，根据 Ralli 案[④]确立的规则，合同的履行根据履行地法为非法的合同不得强制执行。该规则关注因外国法发生的履行事实障碍，主要针对嗣后发生的不法；不甚关注当事人缔约时的主观状态。虽然其构成非法性由履行地法支配的冲突规范还是合同法中目的落空情形存在争议，[⑤] 但一般认为属于用以解除嗣后违法合同的实体规则。[⑥]

[①] 另外，《第一次合同法重述》第 592 条规定，一项交易如其履行涉及违反友好国家的法律，则为非法。Restatement (First) Contract Laws, § 592.

[②] Peter E. Nygh & M. Davies, *Conflict of Laws in Australia*, 7th ed., Lexis Nexis Butterworth Australia, 2002, pp. 378 – 379.

[③] Lawrence Collins, et al., eds., *Dicey, Morris & Collins on the Conflict of Laws*, 14th ed., Sweet & Maxwell, 2006, pp. 1593 – 1596.

[④] Ralli Brothers v. Compa Ia Naviera Sota Y Aznar, [1920] 2 KB 287 (CA). 原告西班牙承运人和被告英国托运人约定以每吨 50 英镑的运费将黄麻从印度加尔各答运至西班牙巴塞罗那。在运输途中西班牙当局颁布价格管制令，要求所有西班牙进口的黄麻运费不得超过每吨 10 英镑，否则将处以刑罚。原告就差价在英国提起诉讼，被告基于西班牙的强行法提出抗辩。

[⑤] Trevor C. Hartley, Mandatory Rules in International Contracts: The Common Law Approach, *Recueil des Cours*, Vol. 266, (1997), p. 392.

[⑥] Dickinson Andrew, Third – Country Mandatory Rules in the Law Applicable to Contractual Obligations: So Long, Farewell, Auf Wiedersehen, Adieu? *J. Priv. Int'l L.*, Vol. 3, (2007), p. 78. 不过，也有坚持该规则构成自体法的例外。如 Diplock 勋爵认为，非法性的处理存在三项原则：其一，法院不会执行违反英国制定法或普通法的合同，无论准据法如何；其二，法院不会执行根据合同准据法为非法的合同，即使不违反英国法；其三，除涉及外国税法或财政法的情形，当合同需要完成的行为根据特定履行地国的法律为不法，法院不会执行该合同或给予损害赔偿，无论准据法如何。由此在准据法和法院地法之外，能导致合同不法的履行地的强制规范同样可以支配合同的效力。Mackender v. Feldia A. G., [1967] 2QB 590 CA. See also Ole Lando, The Conflict of Laws of Contracts: General Principles, *Recueil des Cours*, Vol. 189, (1984), p. 394. 此种做法实质上混淆了单边主义和双边主义的选法模式。

纽约法院将二者结合，在处理合同自始违反中国直接适用法问题上，作为不予执行的条件，既需要中国必须满足合同履行地的地域性要求，又需要当事人缔约时具有违反中国直接适用法的主观意图，无疑是一种更为审慎而稳妥的做法。

三　国际法路径——《国际货币基金协定》

中国直接适用法在纽约适用的第三条路径乃是通过国际法路径。在当代，国际法已经从主权国家之间的共存（co-existence）阶段发展到追求共同目标的合作（co-operation）阶段，在贸易、环境和人权等领域出现广泛适用的国际条约。[①] 条约有助于各国监管立法的统一，不仅可以减少公法冲突对私人交易的影响，而且可以直接规定缔约国承担相互承认各自管制措施域外效力的国际义务，从而使外国直接适用法的适用具有国际法的依据。

此种国际立法的代表是《国际货币基金协定》第 8 条第 2 款 b 项。虽然《国际货币基金协定》以消除外汇管制、推动货币自由兑换为目标，但考虑到成员国的国际收支情况、金融地位等现实差异也有限地允许成员国采取一定管制措施，具体包括第 6 条第 3 款的资本项下的收支和转移限制、第 8 条第 2 款 a 项的经国际货币基金组织批准的经常项下的收支和转移限制以及第 14 条成员国过渡安排三种情形。此类管制措施有必要获得其他成员国的域外承认，否则不利于成员国开展合作。

（一）国际法路径适用的争议

雷曼兄弟案涉及《国际货币基金协定》第 8 条第 2 款 b 项的适用问题。基于中美皆为《国际货币基金协定》成员国的事实，被告进一步证明该案外汇协议不可强制执行。与根据纽约冲突法或实体法提出适用中国外汇管制法不同，被告援引《国际货币基金协定》主张

[①] See Joost Pauwelyn, *Conflict of Norms in Public International Law: How WTO Law Relates to other Rules of International Law*, Cambridge University Press, 2003, p. 17.

合同的不可执行是纽约法院善意履行美国在国际法上所承担的义务。原告没有一概否认《国际货币基金协定》在国内法院的适用,而是根据中国在交易完成时并没有接受上述第8条的义务,主张该条款对本案没有约束力。被告辩称,尽管与中国政府的理解不同,但中国在交易发生时受《国际货币基金协定》第8条的约束。原因在于,中华民国在1945年以创始会员国的身份加入国际货币基金组织,而中华人民共和国根据《国际货币基金协定》第14条的规定拥有过渡身份(Transitional Status)。因此,即使中国在1996年12月1日之前没有接受《国际货币基金协定》第8条的内容,该条仍有约束力。

根据当事人的陈述,纽约法院认为,《国际货币基金协定》在没有当事国同意的前提下对一国没有法律约束力。中国在涉案交易完成时尚未接受《国际货币基金协定》第8条,被告的该项抗辩理由不被法院采纳。此外,法院也不能接受被告所谓该条款应该在合同被强制执行时发生效力,而非合同缔结或履行时。为了支持自己的主张,被告试图援引20世纪60年代涉及古巴外汇管制的一系列美国判例。[①] 此类与外汇有关的合同缔结于古巴仍然是国际货币基金组织成员国时,但在起诉时古巴已退出该组织,法院曾判决该条款不再对古巴有效。然而,协定对退出的成员不再有效并不意味着它可对新成员的过往行为发生溯及力,纽约法院不同意被告的抗辩。

(二)对国际法路径的认识

从推理逻辑上看,纽约法院关于条约只对缔约国就约定的内容具有约束力以及法不溯及既往的意见无可厚非。新中国在恢复国际货币基金组织的地位时,接受的是《国际货币基金协定》的过渡安排,与1945年中国政府在国际货币基金组织承担的义务不同,《国际货币基金协定》第14条第1款规定成员国可以通知国际货币基金组织采

---

① See Confederation Life Assocs. v. Vegay Arminan, 207 So. 2d 33 (D. Fl. 1968); Pan-American Life Ins. v. Blanco, 362 F. 2d 167 (5th Cir. 1966).

取本条中的过渡办法，而暂时不履行第 8 条 2、3、4 款项下的义务，规定不执行违反其他成员国外汇管制法的外汇合同的协定第 8 条第 2 款 b 项属于上述条款的一部分。

但本案的实质问题在于《国际货币基金协定》第 8 条第 2 款 b 项是否对美国发生约束力，即美国法院能否因为中国作为过渡安排的成员国即不承担不执行违反中国外汇管制法的外汇合同的国际义务。从《国际货币基金协定》制定的意图看，第 14 条规定过渡安排的目的是使那些尚无条件实现经常项目可自由兑换、避免施行歧视性货币措施以及兑付外国持有的本国货币的国家预留更大的外汇管制空间，并非认为接受该条安排的国家的外汇管制法在域外无须得到承认。而且《国际货币基金协定》第 8 条第 2 款 b 项只是偶然地包含在该条，不构成外汇管制措施的实质内容。通过各成员国通力合作实现外汇管制法的有效实施，这使得过渡安排下的成员国外汇管制的域外效力更有必要获得其他成员国的承认。更何况国际货币基金组织的执行董事会曾于 1949 年作出第 446—4 号决议，认定第 8 条第 2 款 b 项约束所有基金成员国。[①] 就条约溯及力问题，纽约法院错误否定了《国际货币基金协定》在本案的适用资格。

另外，包括纽约在内的英美普通法系的法院经常会采取诸如限制外汇合同类型、外汇管制的范围、成员国货币种类等方式缩小该条款的适用范围，[②] 从而免于承担《国际货币基金协定》第 8 条第 2 款 b 项的适用外国外汇管制法的义务。以外汇合同类型为例，外汇合同的含义存在广义和狭义解释两种观点：德国、法国、卢森堡等国的传统观点是予以宽泛解释，即认为只有将外汇合同理解为任何影响成员国的金融状况或货币资源的合同才符合《国际货币基金协定》推动国

[①] 成员国必须将上述原则有效纳入到本国法当中。该义务适用于所有成员国，无论其是否声明协定第 14 条第 2 款的过渡安排。Decision No. 446－4, 10 June 1949.

[②] F. A. Mann, The Private International Law of Exchange Control under the International Monetary Fund Agreement, *Int'l & Comp. LQ*, Vol. 2,（1953）, pp. 101－105.

际货币合作的宗旨;[①] 而英国、美国、比利时等国则反对将之解释为一切影响成员国外汇储备的合同,而倾向于认为只有货币之间的兑换合同才构成此处的外汇合同。[②] 尽管这种做法饱受争议,[③] 但再次说明作为中国直接适用法的外汇管制法通过国际法路径为纽约法院适用的机会并不多。

四 中国的应对之策

从雷曼兄弟案不难看出,虽然美国未设置外国直接适用法制度,但纽约法院仍可通过冲突法、实体法和国际法三条路径适用中国直接适用法,其态度甚至较已经确立该制度的英国更为友好。就适用的顺序,首先,《国际货币基金协定》设计的国际法路径应优于缔约国国内的冲突法和实体法适用,但由于《国际货币基金协定》第8条第2款b项存在解释上的争议,从而使得中国外汇管制法的适用资格完全由国内法来确定。其次,就国内法而言,《第二次冲突法重述》和《纽约一般债法》的不同态度导致中国直接适用法的适用又分为冲突法和实体法两种类型,即在纽约州法得以确立情况下根据纽约普通法规则发生实体法效果,以及在当事人选择纽约州法之外的法律时根据《第二次冲突法重述》第187条第2款超越当事人选法而适用。前者要证明合同违反中国直接适用法且当事人在缔约时知道或应知该非法性的事实,后者则应注意中国直接适用法所体现的政策利益在排除当事人另行选择法律时的作用及要满足的条件。

上述情形表明纽约法院特别关注合同履行地的直接适用法。如合

[①] Philip R. Wood, *Conflict of Laws and International Finance*, Sweet & Maxwell, 2007, pp. 83 – 85.

[②] Eg. J. Zeevi & Sons, Ltd. v. Grindlays Bank (Uganda) Ltd., 37 N. Y. 2d 220, 333 N. E. 2d 168.

[③] See Joseph Gold, Exchange Contracts, Exchange Control, and the IMF Articles of Agreement: Some Animadversions on Wilson Smithett & Cope Ltd. v. Terruzzi, *Int'l & Comp. LQ*, Vol. 33, No. 4, (1984), p. 777.

同履行地不在中国，则中国直接适用法的域外效力无论在法律层面还是事实层面都很难获得纽约法院的承认。仅就中国外汇管制而言，如对外担保审批之类的强制规范本质上构成属人法规范，即针对所有营业地或住所地位于中国境内的居民，无论合同约定在何地履行。由此看来，二者仍存在真实的法律冲突。总之，在面临类似诉讼时，中方不仅应充分利用纽约法院为中国直接适用法的适用提供的路径，争取法律适用请求获得支持，还须未雨绸缪，就合同准据法以及履行地等事项作出有利于中国直接适用法适用的适当安排。

结束语

最后，回到本书所要解决的本源问题，如何借助实体法分析直接适用法的判断标准。具体而言，国际私法如何与公法与私法交叉思维联系到一起，即直接适用法如何与影响合同效力的强制规范发生关联？虽然国际私法学界对直接适用法已经有较多的论述，但尚未将二者的关系清晰地加以说明。对此稍加总结，并谈谈个人的心得体会。

一 直接适用法引发法律冲突的特殊性

谓直接适用法无须冲突规范的援用只是单纯现象的描述，可能会引人误解。直接适用法理论的兴起，并非说明此种强制规范的适用原本应由冲突规范指引。此类特殊规范因内在的公法性以及该领域法律冲突的差异，不具有萨维尼双边选法模式下的可交换性，本身就需要特别对待。直接适用法一直与冲突规范及其指引的准据法二元并立，只是此种准据法的内在限制在当前国家普遍干预的背景下更加显现。故对直接适用法的研究，宜回到更为基础的层面，以做到正本清源，从而系统建构直接适用法理论。

就所属的法律冲突的类型，直接适用法乃是因实体法层面的国家管制引发的法律适用问题。所谓无须冲突规范的指引，正是因为针对各国私法冲突的传统冲突规范不具有解决此种公私法冲突的功能。为何一国不需要对解决内外国纯粹公法冲突的属地原则加以概况规定，[①]却有必要确立直接适用法制度呢？首先在于明确选法方法的差异。由

[①] 作出规定的不多，少数的实践如美国《第三次对外关系法重述》。

于统一联系原理的兴盛，法官往往不区分准据法所属法律体系下的公私法性质而一并适用，从而使得作为双边方法的冲突规范承担不应有的职能；其次，外国特别是第三国直接适用法必须通过直接适用法制度的检验，否则不具有以法律的身份在域外适用的依据。

目前对直接适用法制度的认识却过于简单，只是将其作为特别类型的强制规范在冲突规范指引外适用的宣示条款，没有关注更深层次的问题，此乃重国家法冲突、轻公私法冲突的必然结果。首先，重国家法冲突造成以单一联系为特色的合同准据法理论的盛行，忽视了传统冲突规范不能援用公法规范的事实。统一指引虽然有助于准据法所属国的直接适用法的适用，但此种实用主义的做法欠缺法律适用逻辑，毕竟准据法支配的范围不会因为当事人是否选择法律而有所改变。其次，轻公私法冲突导致对特别联系理论的漠视，从而架空了直接适用法制度，在学理上仍以处理法律体系层面的国家法律冲突的视角看待个体规范层面出现的公私法冲突。

公私法冲突集中发生于合同领域。正如不能纯粹依靠一国的私法体系解决因公法介入对合同效力产生的影响，由冲突规范指引的准据法同样无法妥善处理直接适用法问题。然而不可以因为冲突规范指引的准据法解决涉外的私法冲突，直接适用法解决涉外的公私法冲突，就将二者完全分离。毕竟其经常发生在同一案件当中，直接适用法造成的无效后果多数情况下仍然由准据法支配。同样，不可以认为合同准据法决定合同是否因欺诈、胁迫等产生私法上的无效后果，而将因公法适用产生的合同无效情形完全交由强制规范单边解决。此种公法绝对优位的做法应该被国内民法学界抛弃，更不足以为国际私法所效仿，合同准据法维护的交易秩序以及当事人的合理期待值得考虑。

二 转介条款对直接适用法判断的作用

直接适用法制度反映在立法上本身不过是一则宣示性的空白条款，究竟哪些强制规范能直接适用仍需要通过解释的方式具体判断。借鉴国内实体法对公私法冲突的解决方法，应注意发挥转介条款在这一过程中的作用。作为连接公法和私法的桥梁即国家监管进入私人生活的渠道，转介条款具有平衡公益和私益的双重价值。然而，如何解释这一条款却构成法教义学上的一道难题。对此，晚近民法理论对效力性强制性规定和管理性强制性规定的区分虽较以往求助于法律位阶的做法有所进步，但实际上仍是用判断的结果代替过程。公法性强制规范在何种程度上介入私人生活应取决于在个案中如何运用比例原则权衡其中涉及的公益和私益。与之类似，直接适用法是从法律适用的角度对强制规范作出的分类，不是严格固定的范畴。只有在实际平衡具体案件牵涉的利益之后，才能决定某一规范是否需要超越冲突规范的指引直接适用。

对我国而言，为了实现直接适用法制度同时具有解决国家法冲突和公私法冲突的复合选法功能，《合同法》第52条第5项应该纳入《法律适用法》第4条的解释当中。然而，如果说国内民法立足于对转介条款的解释对解决公私法关系的命题有所建树，反映在国际私法上，如何借以建构直接适用法制度仍有待探索。后者或许是对效力性强制性规定的再限定，然而尚且缺乏可靠的标准以及有效的考虑因素。所谓根据直接适用法的性质、目的不仅内容模糊，甚至不如实体法方法精确。毕竟民法学界不仅深度分析强制性规定背后的公益属性，而且对强制性规定本身进行类型化的处理，还根据其在个案中的适用结果考虑公私利益的平衡。

由此在对直接适用法进行实体法分析当中不可避免地产生如下一组矛盾：如果在直接适用法判断上照单全收国内民法学界的成果，那么其不构成需要在冲突法层面特别研究的问题，完全可以采用拿来主义的态度；如果就直接适用与否还要考虑其他事项，如国际交往利益、国际法和国际关系、国际礼让及普遍价值等要求，那么利益分析的全面引入会使得法律适用的过程十分复杂，往往超出受案法官的能力。故就直接适用法的判断，应该从两方面着手。从理论层面，不应将重心放在设计能直接作出答案的系统公式，而在于阐明解决该问题所要考虑的诸多因素，从而为直接适用法提供更加适当的判断标准；

从实践层面，我国法官应该具备宽广的国际视野，系统掌握其中涉及的公法与私法乃至国际公法知识，全面提升准确行使法律适用中的自由裁量素养，在维护我国重要公益和实现国际交往利益的过程中寻求平衡之道。

三 研究的心得与展望

仍要说明的是，本研究难以给出直接适用法判断的明确答案，就直接适用法的分布也主要基于我国既往的司法实践进行个例分析，难免挂一漏万。这既有本人能力不足的原因，也是问题的复杂性使然。

一方面，在以去审批化为特征的行政体制改革的大环境下，伴随着一带一路倡议与自贸区建设、人民币的国际化以及亚投行的运营，中国越发成为成熟的市场经济体，由此直接适用法制度存在的价值更在于维护我国在国际民商事交往当中的核心根本利益，不能被过分依赖；另一方面，通过实体法分析固然能够揭示直接适用法的本质，但应该避免矫枉过正，过于遵循当事人的适用法意愿。特别对法院地直接适用法制度而言，其扩展了排除外国准据法的可能，从效果上发生替代公共秩序保留和法律规避禁止的效应，构成法律适用领域的新安全阀。在我国当前的社会主义市场经济体制下，仍有发挥作用的空间。

此外，不难发现在对直接适用法进行实体法分析的过程中存在的悖论。由于我国国际私法理论发展的滞后，当国际私法学界在冲突规范指引准据法这一传统选法模式外为管制性立法寻求适用依据而奔走呼号时，国内民法学界已经通过多种方式限制此类规定对合同效力的影响，并获得立法的认同。此种研究的非同步性导致直接适用法制度在涉外司法实践中的运用多少显得不合时宜。单从民法的角度，对管制性立法私法效果的天然警惕可能会产生先入为主地排斥直接适用法制度的偏见。而完全遵从国际私法的立场，民法学界的努力容易在选法过程中被忽略。总之，完善的直接适用法理论不仅需要系统构建管制性立法在方法论层面的适用依据，还要从包括民法在内的实体法角度对其严格加以限制，防止被人为地滥用，二者不可偏废。另外，出于国际礼让的需要并实现跨国判决的一致，未来有必要设置外国直接适用法制度，实现我国直接适用法制度的双边化。

最后，晚近我国直接适用法研究正在发生可喜的变化，这表现为民法学者对该议题开始加以关注。他们有的在介绍国外关于强制规范作用合同效力的观点时附带提及，[①] 有的则将直接适用法在司法实践的运用作为适当解释《合同法》第52条第5项下的强制性规定的依据。[②] 虽然论证还不系统，观点也有待商榷，但反映了在目前频繁的国际经贸往来背景下国家管制对私人交易影响的日益深刻，这在研究层面构成一项重要的私法命题。回顾国际私法发展的历史，从巴托鲁斯到萨维尼，杰出的国际私法学者往往是民法学的大家。[③] 随着民法典时代的到来，未来我国民法学界和国际私法学界应发挥各自领域的专长，携手并进，共同探索管制性立法带来的复杂的合同法律适用问题。

---

① 参见金可可《强行规定与禁止规定——论〈合同法〉第52条第5项之适用范围》，《中德私法研究》第13集（2016），第10页。

② 参见耿林《论中国法上强制性规定概念的统一性》，《中德私法研究》第13集（2016），第45页。

③ 参见梁慧星《民法解释学》，法律出版社2015年版，第24、31、60页。

附　录

直接适用法制度一览

国内立法①

国家或地区与立法时间	法院地直接适用法制度	外国直接适用法制度
德国*②，1986 年	《德国民法施行法》第 34 条	无
瑞士，1987 年	《瑞士联邦国际私法》第 18 条	《瑞士联邦国际私法》第 19 条
加拿大魁北克，1991 年	《魁北克民法典》第 3076 条	《魁北克民法典》第 3079 条
意大利*，1995 年	《意大利国际私法改革法》第 17 条	无
乌兹别克斯坦，1997 年	《乌兹别克斯坦共和国民法典》第 1165 条第 1 款	《乌兹别克斯坦共和国民法典》第 1165 条第 2 款
委内瑞拉，1998 年	《委内瑞拉国际私法》第 10 条	无
吉尔吉斯斯坦，1998 年	《吉尔吉斯斯坦共和国民法典》第 1174 条第 1 款	《吉尔吉斯斯坦共和国民法典》第 1174 条第 2 款
格鲁吉亚，1998 年	《格鲁吉亚调整国际私法的法律》第 6 条	无
亚美尼亚，1998 年	《亚美尼亚民法典》第 1259 条	无
突尼斯，1998 年	1998 年《突尼斯国际私法》第 38 条第 1 款	1998 年《突尼斯国际私法》第 38 条第 2 款、3 款
中国澳门，1999 年	《澳门民法典》第 21 条	无
白俄罗斯，1999 年	《白俄罗斯共和国民法典》第 1100 条第 1 款	《白俄罗斯共和国民法典》第 1100 条第 2 款

---

① 本表仅限列出典型的直接适用法制度，以颁布时间为序。See also Symeon C. Symeonides, *Codifying Choice of Law around the World: An International Comparative Analysis*, Oxford University Press, 2014, pp. 149－151.

② 加星号的国家为欧盟成员国。

续表

国家或地区与立法时间	法院地直接适用法制度	外国直接适用法制度
哈萨克斯坦，1999 年	《哈萨克斯坦共和国民法典》第 1091 条第 1 款	《哈萨克斯坦共和国民法典》第 1091 条第 2 款
塔吉克斯坦，1999 年	《塔吉克斯坦共和国民法典》第 1198 条第 1 款	《塔吉克斯坦共和国民法典》第 1198 条第 2 款
立陶宛*，2000 年	《立陶宛民法典》第二章第一节第 1.11 条第 1 款	《立陶宛民法典》第二章第一节第 1.11 条第 2 款
阿塞拜疆，2000 年	《阿塞拜疆国际私法》第 5 条第 1 款	《阿塞拜疆国际私法》第 5 条第 2 款
俄罗斯，2001 年	《俄罗斯联邦民法典》第 1192 条第 1 款	《俄罗斯联邦民法典》第 1192 条第 2 款
韩国，2001 年	《韩国修订国际私法》第 7 条	无
摩尔多瓦，2002 年	《摩尔多瓦共和国民法典》第 1582 条	无
比利时*，2004 年	《比利时国际私法典》第 20 条第 1 款	《比利时国际私法典》第 20 条第 2 款
乌克兰，2005 年	《乌克兰国际私法》第 14 条第 1 款	《乌克兰国际私法》第 14 条第 2 款
保加利亚*，2005 年	《保加利亚国际私法》第 46 条第 1 款	《保加利亚国际私法》第 46 条第 2 款
土耳其，2007 年	《土耳其国际私法与国际民事程序法》第 6 条	《土耳其国际私法与国际民事程序法》第 31 条
马其顿，2007 年	《马其顿共和国国际私法》第 14 条	无
中国，2010 年	《中华人民共和国涉外民事关系法律适用法》第 4 条	无
波兰*，2011 年	《波兰国际私法》第 8 条第 1 款	《波兰国际私法》第 8 条第 2 款
罗马尼亚*，2011 年	《罗马尼亚民法典》第 2566 条第 1 款	《罗马尼亚民法典》第 2566 条第 2 款
荷兰*，2012 年	《荷兰民法典》第 10 卷第 7 条第 2 款（第 1 款定义）	《荷兰民法典》第 10 卷第 7 条第 3 款
捷克*，2012 年	《捷克国际私法》第 3 条	《捷克国际私法》第 25 条
黑山，2014 年	《黑山共和国关于国际私法的法律》第 10 条第 1 款	《黑山共和国关于国际私法的法律》第 10 条第 2、3 款
阿根廷，2014 年	《阿根廷国家民商法典》第 2599 条第 1 款	《阿根廷国家民商法典》第 2599 条第 2 款
多米尼加，2014 年	《多米尼加共和国国际私法》第 66 条第 1 款	《多米尼加共和国国际私法》第 66 条第 2 款

国际立法

立法名称	法院地直接适用法制度	外国直接适用法制度
1978 年海牙《代理法律适用公约》	第 16 条	第 16 条
1980 年《罗马公约》	第 7 条第 2 款	第 7 条第 1 款
1985 年海牙《信托法律适用及其承认公约》	第 16 条第 1 款	第 16 条第 2 款
1986 年《国际货物销售合同法律适用公约》	第 17 条	无
1994 年《美洲间国际合同法律适用公约》	第 11 条第 1 款	第 11 条第 2 款
2001 年《国际贸易应收款转让公约》	第 31 条第 1 款	第 31 条第 2 款
2006 年海牙《中介机构所持证券若干权利法律适用公约》	第 11 条第 2 款	无
2007 年欧盟《罗马条例 II》	第 16 条	无
2008 年欧盟《罗马条例 I》	第 9 条第 2 款（第 1 款定义）	第 9 条第 3 款
2016 年《关于婚姻财产制事项的管辖权、法律适用和判决承认与执行的条例》	第 30 条	无
2016 年《关于登记伴侣财产制事项的管辖权、法律适用和判决承认与执行的条例》	第 30 条	无

参 考 文 献

一 中文书籍

［德］迪特尔·梅迪库斯：《德国民法总论》，邵建东译，法律出版社2013年版。

［德］马丁·沃尔夫：《国际私法》，李浩培、汤宗舜译，北京大学出版社2009年版。

［法］巴迪福、拉加德：《国际私法总论》，陈洪武等译，中国对外翻译出版公司1989年版。

杜涛：《国际经济制裁法律问题研究》，法律出版社2015年版。

耿林：《强制规范与合同效力》，中国民主法制出版社2009年版。

黄忠：《违法合同效力论》，法律出版社2010年版。

赖来焜：《当代国际私法之构造论》，神州图书出版公司2001年版。

李双元：《国际私法（冲突法篇）》，武汉大学出版社2016年版。

梁慧星：《民法解释学》，法律出版社2015年版。

刘贵祥：《合同效力研究》，人民法院出版社2012年版。

秦瑞亭：《国际私法案例精析》，南开大学出版社2011年版。

邵景春：《国际合同——法律适用论》，北京大学出版社1997年版。

宋晓：《当代国际私法的实体取向》，武汉大学出版社2004年版。

苏永钦：《私法自治中的国家强制》，中国法制出版社2005年版。

苏永钦：《寻找新民法》，北京大学出版社2012年版。

王立武：《国际私法的强制性规则适用制度研究》，中国人民大学出版社2015年版。

王泽鉴：《民法总则》，北京大学出版社 2009 年版。

肖永平：《法理学视野下的冲突法》，高等教育出版社 2008 年版。

许军珂：《国际私法上的意思自治》，法律出版社 2006 年版。

张利民：《经济行政法的域外效力》，法律出版社 2008 年版。

张晓东：《国际经济法原理》，武汉大学出版社 2005 年版。

邹国勇：《外国国际私法立法精选》，中国政法大学出版社 2011 年版。

钟瑞栋：《民法中的强制性规范——公法与私法接轨的规范配置问题》，法律出版社 2009 年版。

二 中文论文

丁伟：《论三类特殊涉外合同之债准据法制度的转型发展》，《国际商务研究》2017 年第 2 期。

何其生：《国际商事仲裁司法审查中的公共政策》，《中国社会科学》2014 年第 7 期。

黄进：《中国涉外民事关系法律适用法的制定与完善》，《政法论坛》2011 年第 3 期。

林燕萍：《〈涉外民事关系法律适用法〉第 4 条及其司法解释之规范目的》，《法学》2013 年第 11 期。

刘仁山：《直接适用的法在我国的适用——兼评〈《涉外民事关系法律适用法》解释（一）〉第 10 条》，《法商研究》2013 年第 3 期。

卜璐：《国际私法中强制性规范的界定——兼评〈关于适用《涉外民事关系法律适用法》若干问题的解释（一）〉第 10 条》，《现代法学》2013 年第 3 期。

孙鹏：《私法自治与公法强制——日本强制性法规违反行为效力论之展开》，《环球法律评论》2007 年第 2 期。

汤文平：《德国法上的批准生效合同研究》，《清华法学》2010 年第 6 期。

王利明：《论无效合同的判断标准》，《法律适用》2012 年第 7 期。

王立武:《国际私法强制性规则适用制度的发展趋势》,《政法论丛》2012年第1期。

吴光平:《重新检视即刻适用法——起源、发展,以及从实体法到方法的转变历程》,《玄奘法律学报》2004年第2期。

肖永平、董金鑫:《中国强制规范在美国适用的方法探析——以纽约南部地区法院审理的"雷曼兄弟"案为中心》,《比较法研究》2014年第3期。

肖永平、龙威狄:《论中国国际私法中的强制性规范》,《中国社会科学》2012年第10期。

肖永平、张弛:《论中国〈法律适用法〉中的强制性规定》,《华东政法大学学报》2015年第2期。

谢鸿飞:《论法律行为生效的适法规范》,《中国社会科学》2007年第6期。

谢石松:《论国际私法中的"直接适用的法"》,《中国国际法年刊》2011年卷。

徐崇利:《法律规避制度可否缺位于中国冲突法》,《清华法学》2012年第2期。

许庆坤:《我国民法地域效力立法之检讨——以〈中华人民共和国民法通则〉第8条第1款为中心》,《法商研究》2015年第5期。

许中缘:《禁止性规范对民事法律行为效力的影响》,《法学》2010年第5期。

袁发强:《法院地法适用的正当性证成》,《华东政法大学学报》2014年第6期。

张晓东、董金鑫:《冲突法性质、归属的法理学分析——对国际私法调整方法和范围的反思》,《法治研究》2010年第1期。

三 外文书籍

Carole Murray, et al., *Schmitthoff's Export Trade: The Law and Practice of International Trade*, Sweet & Maxwell, 2007.

Despina Mavromati & Matthieu Reeb, *The Code of the Court of Arbitration for Sport*: *Commentary, Cases and Materials*, Wolters Kluwer Law & Business, 2015.

Dr Seyed Nasrollah Ebrahimi, *Mandatory Rules and other Party Autonomy Limitations*, Athena Press London, 2005.

Ernst Rabel, *The Conflict of Laws*: *A Comparative Study*, University of Michigan Press, 1947.

Franco Ferrari & Stefan Leible, eds., *Rome I Regulation*: *The Law Applicable to Contractual Obligations in Europe*, Sellier European Law Publishers, 2009.

Franz Jürgen Säcker & Roland Rixecker, hrsg, *Münchener Kommentar zum BGB, Band 10*, 5. Auflage, C. H. Beck, 2010.

George A. Bermann & Loukas Mistelis, eds., *Mandatory Rules in International Arbitration*, JurisNet, LLC, 2011.

Gralf-Peter Calliess, ed., *Rome Regulations*: *Commentary on the European Rules on the Conflict of Laws*, Kluwer Law International, 2011.

James J. Fawcett & Janeen M. Carruthers, eds., *Cheshire, North & Fawcett Private International Law*, 14th ed., Oxford University Press, 2008.

Jan Kropholler, *Internationales Privatrecht*, 6. Auflage, Mohr Siebeck, 2006.

Jan-Jaap Kuipers, *EU Law and Private International Law*: *The Interrelationship in Contractual Obligations*, Martinus Nijhoff, 2011.

Kerstin Ann-Susann Schäfer, *Application of Mandatory Rules in the Private International Law of Contracts*, Peter Lang, 2010.

Lawrence Collins, et al., eds., *Dicey, Morris & Collins on the Conflict of Laws*, 14th ed., Sweet & Maxwell, 2006.

Mahmood Bagheri, *International Contracts and National Economic Regulation*: *Dispute Resolution through International Commercial Arbritatrion*, Kluwer Law International, 2000.

Martin Wolff, *Private International Law*, Oxford University Press, 1945.

Mercedeh Azeredo da Silveira, *Trade Sanctions and International Sales: An Inquiry into International Arbitration and Commercial Litigation*, Kluwer Law International, 2014.

Paul Hauser, *Eingriffsnormen in der Rom I - Verordnung*, Mohr Siebeck, 2012.

Peter E. Nygh, *Autonomy in International Contracts*, Oxford University Press, 1999.

Peter Stone, *EU Private International Law*, 2nd ed., Edward Eltar, 2010.

Pippa Rogerson & John Collier, *Collier's Conflict of Laws*, 4th eds., Cambridge University Press, 2013.

P. M. North, ed., Contract Conflicts, *The E. E. C. Convention on the Law Applicable to Contractual Obligations: A Comparative Study*, North - Holland Pub. Co., 1982.

Richard Plender & Michael Wilderspin, *The European Private International Law of Obligation*, 3rd ed., Sweet & Maxwell, 2009.

Symeon C. Symeonides, *Codifying Choice of Law around the World: An International Comparative Analysis*, Oxford University Press, 2014.

Symeon C. Symeonides, *The American Choice - of - Law Revolution: Past, Present and Future*, Martinus Nijhoff, 2006.

Trevor C. Hartley, *International Commercial Litigation: Text, Cases and Materials on Private International Law*, Cambridge University Press, 2009.

Vladimir R. Rossman & Morton Moskin, *Commercial Contracts: Strategies for Drafting and Negotiating*, 2nd ed., Wolters Kluwer, 2013.

四 外文论文

Andrea Bonomi, Overriding Mandatory Provisions in the Rome I Regulation on the Law Applicable to Contractual Obligations, *Yb. Priv. Int. L.*, Vol. 10, (2008).

Andrew Dickinson, Third – Country Mandatory Rules in the Law Applicable to Contractual Obligations: So Long, Farewell, Auf Wiedersehen, Adieu? *J. Priv. Int'l L.*, Vol. 3, No. 1, (2007).

A. V. M. Struycken, General Course on Private International Law: Co – ordination and Co – operation in Respectful Disagreement, *Recueil des Cours*, Vol. 311, (2004).

Felix Maultzsch, Rechtswahl und ius cogens im internationalen Schuldvertragsrecht, *RabelZ*, Bd. 75, H. 2, (2012).

Frank Vischer, General Course on Private International Law, *Recueil des Cours*, Vol. 232, (1992).

G. Parra – Aranguren, General Course of Private International Law – Selected Problems, *Recueil des Cours*, Vol. 210, (1988).

Ivana Kunda, Defining Internationally Mandatory Rules in European Contract Conflict of Laws, *GPR*, Vol. 4, No. 5, (2007).

Jan D. Lüttringhaus, Eingriffsnormen im internationalen Unionsprivat – und Prozessrecht: Von Ingmar zu Unamar, *IPRax*, Jah. 34, H. 2, (2014).

Jan – Jaap Kuipers & Sara Migliorini, Qu'est – ce que sont les Lois de Police? – Une Querelle Franco – Allemande après la Communautarisation de la Convention de Rome, *European Review of Private Law*, Vol. 19, No. 2, (2011).

Jan. Kleinheisterkamp, Eingriffsnormen und Schiedsgerichtsbarkeit: Ein praktischer Versuch, *RabelsZ*, Bd. 73, H. 4, (2009).

Jieying Liang, Statutory Restrictions on Party Autonomy in China's Private International Law of Contract: How Far Does the 2010 Codification Go? *J. Priv. Int'l L.*, Vol. 8, No. 1, (2012).

Jürgen Basedow, The Law of Open Societies: Private Ordering and Public

Regulation of International Relations, *Recueil des Cours*, Vol. 360, (2012).

Kurt Siehr, ausländische Eingriffsnormen im inländischen Wirtschaftskollisionsrecht, *RabelsZ*, Bd. 52, H. 1 – 2, (1988).

Lutz – Christian Wolff, Hong Kong's Conflict of Contract Laws: Quo Vadis? *J. Priv. Int'l L.*, Vol. 6, No. 2, (2010).

Michael Hellner, Third Country Overriding Mandatory Rules in the Rome I Regulation: Old Wine in New Bottles? *J. Priv. Int'l L.*, Vol. 5, No. 3, (2009).

Nathalie Voser, Mandatory Rules of Law as a Limitation on the Law Applicable in International Commercial Arbitration, *Am. Rev. Int'l Arb.*, Vol. 7, No. 3 – 4, (1996).

Patrick J. Borchers, Categorical Exceptions to Party Autonomy in Private International Law, *Tul. L. Rev.*, Vol. 82, No. 5, (2007 – 2008).

Pierre Mayer, Les lois de police étrangères, *JDI*, Vol. 108, n° 2, (1981).

P. Leibküchler, Comments on the Supreme People's Court's Interpretation No. 1 on the Private International Law Act of the PRC, *China – EU Law Journal*, Vol. 2, No. 1 – 2, (2013).

Sixto Sanchez Lorenzo, Choice of Law and Overriding Mandatory Rules in International Contracts after Rome I, *Yb. Priv. Int. L.*, Vol. 12, (2010).

Symeon C. Symeonides, Choice of Law in the American Courts in 2015: Twenty – Nine Annual Survey, *Am. J. Comp. L.*, Vol. 64, No. 2, (2016).

Thomas G. Guedj, The Theory of the Lois de Police, a Function Trend in Continental Private International Law: A Comparative Analysis with Modern American Theories, *Am. J. Comp. L.*, Vol. 39, No. 4, (1991).

Trevor C. Hartley, Mandatory Rules in International Contracts: The Common Law Approach, *Recueil des Cours*, Vol. 266, (1997).

Yongping Xiao & Weidi Long, Contractual Party Autonomy in Chinese Private International Law, *Yb. Priv. Int. L.*, Vol. 11, (2009).

后 记

江城四月芳菲尽，琴岛玉英姗姗来。
武大樱花尘埃定，石大樱花始盛开。

关于直接适用法，在九年前本人跟随中南财经政法大学的张晓东教授攻读国际经济法硕士学位时就有了初步的印象。张老师在其所著的《国际经济法原理》一书中将强制规范的作用区分为调整跨国财产流转关系和对跨国财产流转活动的管理管制关系两类。虽然当时对法律选择问题认识不多，但这使得我对公法和私法功用和区别产生了兴趣。及台湾地区的苏永钦教授来中南讲解公私法理论对合同效力的影响时，我曾冒昧地提问，如果公私法关系扩及到多国领域，发生源自不同国家的公法和私法冲突时，在法律适用层面又应作何种应对？苏教授坦言对此尚没有太多的研究，不过他强调此种公私法冲突超出了以往的国际私法冲突的范畴，故国际私法更宜称作国际冲突法。

毕业的那一年，我考上了武汉大学国际法研究所，开始跟随肖永平教授从事国际私法基础理论的研究。记得在博士复试谈对学科的认识，时逢《法律适用法》生效，我重点阐述公私法冲突在法律适用法层面的特殊属性以及《合同法》第52条第5项对于我国直接适用法判断的作用。未及入学，在参加2011年华东政法大学举办的上海国际法研究生暑期学校时，有幸于7月5日上午在交谊楼聆听肖老师所作的以《论中国国际私法上的强制性规范》为题的讲座，此种机缘大大激发了我对直接适用法问题的研究热情。

在决定博士论文的选题时，为避免与尚远在荷兰格罗宁根大学访学的龙威狄师兄撞题，经再三权衡，决定着重探究外国特别是第三国直接适用法在法院地国适用发生的特殊问题。由于选题的限制，无法全面展开直接适用法的一般属性，这一度令我难以释怀，唯恐毕业后无暇顾及，留下遗憾。所幸后来在中国石油大学谋得一份教职，使得研究能够得以继续。特别在 2015 年以"我国国际经贸领域的直接适用法"为主题申报教育部人文社科青年基金项目获得立项之后，按期结项的要求迫使我加快了研究的进度，历经两载，最终在《民法总则》出台之际形成了本书近 30 万字的文稿。虽然由于个人能力的不足和近年精力的有限使得观点仍有些粗浅，但可谓了却一桩多年的心愿。

关于直接适用法的研究，虽然众多国际私法学者竭尽所能，但未竟全功。它甚至在一些国际经济法学者的眼中接近于一项伪命题，或者说重复众所周知的事实，即公法的适用不需要国际私法中的冲突规范的援引。然而直接适用法是在处理涉外私人案件时如何看待公法的介入对合同效力的影响，更适合作为私法上的命题。该问题解决的关键在于如何确定对公法性强制规范进行限缩解释的幅度，这一过程必然要体现对外交往背景下的公私法的双重价值，并非单纯强调公法的属地意图可以完成，又何况公法适用理论根本无法实现外国直接适用法在法院地国的适用。总之，通过理论层面的叙述，希望本书能够抛砖引玉，为国际私法和民法的交流搭桥铺路。[①] 同时，与 2016 年出版的《第三国强制规范在法院地国的适用研究》一书双剑合璧、相得益彰，定能对我国直接适用法制度的立法完善有所助益。

本书的部分内容曾在《比较法研究》《环球法律评论》《民商法

[①] 将国际私法和民法结合是笔者一直以来的想法。在作读博报告时，我曾天马行空般地以"冲突法与民（私）法的关系"为研究对象，具体分为二者在法理学中的地位、冲突法产生的背景和学说的民法依赖、民法对冲突法制度的影响、民法对冲突法具体领域的作用、处理二者关系的国际实践以及我国民法典的制定六部分。此种泛泛而谈的宏大叙述自然没有得到诸位老师的响应，不过最终能在直接适用法问题上实现冲突法和民法的结合，也足以聊以自慰。

论丛》《武大国际法评论》《天津体育学院学报》《中国海商法研究》《一国两制研究》等境内外杂志上发表,在此对上述刊物的编辑及审稿专家不弃鄙陋、提携后学的态度表示感谢!另外,作为国内研究直接适用法问题的代表性中青年学者,我的师兄师姐——山东政法学院的王立武教授和苏州大学法学院的卜璐副教授在本人写作和项目申报的过程中提供了大力的支持与帮助,而且我从阅读他们的著述当中也获得了诸多的启发,特此感谢!最后要感谢我的家人多年来不辞辛苦地为我操持,每每作为我最坚强的后盾,鼓励我不断地前进!

是为记。

公元二〇一七年四月于唐岛湾畔